白纻舞及其歌辞的文化解读

王俊 曹化根 著

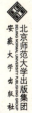
北京师范大学出版集团
安徽大学出版社

图书在版编目(CIP)数据

白纻舞及其歌辞的文化解读/王俊，曹化根著．—合肥：安徽大学出版社，2019.5
ISBN 978-7-5664-1807-4

Ⅰ．①白… Ⅱ．①王… ②曹… Ⅲ．①古典舞蹈－研究－华东地区 Ⅳ．①J722.4

中国版本图书馆 CIP 数据核字(2019)第 051584 号

白纻舞及其歌辞的文化解读

王 俊 曹化根 著

出版发行：	北京师范大学出版集团
	安徽大学出版社
	(安徽省合肥市肥西路3号 邮编230039)
	www.bnupg.com.cn
	www.ahupress.com.cn
印 刷：	合肥现代印务有限公司
经 销：	全国新华书店
开 本：	170mm×240mm
印 张：	15.5
字 数：	260 千字
版 次：	2019 年 5 月第 1 版
印 次：	2019 年 5 月第 1 次印刷
定 价：	39.00 元

ISBN 978-7-5664-1807-4

策划编辑：姜 萍 王 黎　　　　　　　　装帧设计：邓 雁
责任编辑：姜 萍 李晨霞 王 晶　　　　美术编辑：李 军
责任印制：陈 如 孟献辉

版权所有　侵权必究

反盗版、侵权举报电话：0551—65106311
外埠邮购电话：0551—65107716
本书如有印装质量问题，请与印制管理部联系调换。
印制管理部电话：0551—65106311

序

●袁济喜

这本书是国内外结合地域特色,对于传统白纻歌舞及其当代价值进行文化解读的成果,在当前弘扬中华优秀传统文化的思潮中,它是一本值得推介的著作。"白纻舞"是六朝时期著名杂舞,它起源于三国时的吴地,是广泛流行于江南的民间舞蹈,自中唐以后在宫廷中逐渐衰落。"白纻舞"舞谱今虽已不存,但历代文人留下为数众多的白纻舞歌辞,为研究"白纻歌舞"留存了较为丰富的历史文献资料,而且在今天的安徽省当涂县境内有白纻山,相传是东晋大司马桓温经常在此举行大型白纻舞的场所。

在中国文化中,舞蹈不仅是一种艺术门类,而且是身体审美语言的活动,更主要是生命的律动与飞扬,它与诗歌音乐合为人的生命精神的彰显。《礼记·乐记》云:"金石丝竹,乐之器也。诗,言其志也;歌,咏其声也;舞,动其容也。三者本于心,然后乐器从之。"在中国古代经典中,诗歌、音乐与舞蹈三者皆本于人心,是心灵世界的表达,思想情感的抒写。中国最早的诗歌集《诗经》与《楚辞》,莫不与音乐舞蹈相配合,彰显出一种整体之美,对于这两部诗集的解读,离不开对于其中的音乐舞蹈之美的体验。从艺术观念来说,《毛诗大序》中指出:"在心为志,发言为诗,情动于中,而形于言。言之不足,故嗟叹之,嗟叹之不足,故永歌之,永歌之不足,不知手之舞之足之蹈之",孔颖达疏:"舞动其容,象其舞蹈之形也,具象哀乐之形,然后得尽其心术焉。"《诗大序》的作者认为,诗以言志,情以动之,歌以咏言,舞蹈则是情感的递进,是用身体语言来传写内心的情志。而领会中国古典艺术之美,在于将诗、乐、舞与生命与心灵的考量融为一体,从而入其堂奥,略其皮毛。这也是中国文学批评的精华所在。本书所以名之为《白纻舞及其歌辞的文化解读》,也在于彰显这一点。

本书遵循"通古今之变"的精神,对于白纻舞的起源、发展演变,与戏曲艺术的联系,以及在当今的价值,梳理得非常清楚。在研究方法上,汲取了文化学各个领域的特长与特色,打破学科之间的壁垒,从各个方面去解读白纻舞,通过时代背景、民间艺术、士人生活、风俗礼仪、文学创作等多方面因素的展现与铺垫,呈现在我们面前的白纻歌舞,是一个鲜活的生命律动的形象,她宛如充满青春之美的少女,生发于古代,走进现代社会,以其舞姿感染我们,吸引我们,读起来毫不感到枯燥无味,而是充满趣味,这与作者长期在白纻舞故乡从事文物考古与文化管理的具体工作有关。我自己长期在高校从事中国古代文学研究工作,诚如书中所言,学者对于作为乐府诗的白纻舞歌辞的研究,往往是文本解读,难免枯燥乏味,而此书的阅读,可以弥补这种不足。当然,学术,天下之公器,此书也汲取了不少现有的文学史研究成果,这也是毋庸置疑的。

本书的文化解读,表现在对于白纻舞发展过程中的创新与演变,"歌谣文理,与世推移",在这种推移过程中,接受与传播是不可避免的再造,所谓与时俱进,也就是这种演化。我以为,在白纻舞的流变过程中,最值得今人欣赏的是魏晋时期。这个时期,正如美学家宗白华在《美学散步》中指出:"汉末魏晋六朝是中国政治上最混乱、社会上最苦痛的时代,然而却是精神史上极自由、极解放,最富于智慧、最浓于热情的一个时代。因此也就是最富有艺术精神的一个时代。"这种精神在桓温这位人物身上体现得很清晰。桓温是东晋枭雄,也是一位极具个性、争议颇大的人物,宗白华先生认为他代表了魏晋风度中敢作敢为、不拘名节而又风流倜傥的人格精神,《世说新语》留下了桓温的许多轶事。桓温在移镇当涂(姑孰)十年期间,在兴建姑孰城的同时,也把"白纻歌舞"活动推向了高潮。当涂境内原有楚山,东晋大司马桓温"携妓游山奏乐,好为白纻歌",因改名白纻山。"白纻舞"竟让楚山为之更名,可见白纻舞的魅力之大。从本书中收录的晋白纻舞歌辞内容来看,它展现了当时人对于生命短促,人生如寄的咏叹,以及享受生活的观念,与当时王羲之《兰亭序》中的生命情调有相似之处,"歌舞不可求,桓公井空在"(王安石《白纻山》),虽然风流不再,然而,"向之所欣,俯仰之间,已为陈迹,犹不能不以之兴怀",这种生命精神的遗存,"后之视今,亦犹今之视昔"(王羲之《兰亭序》),成为生命的永恒瞬间。白纻舞经过这种改造之后,焕发了青春,从民间走向贵族阶层,雅俗共享。在南朝以及后世的流传,有赖于这种生命精神的激活。本书第二章系全书的精彩所在,值得细读。当然,白纻舞进入宫廷,成为统治者喜好的民间乐舞之后,难免染上意识形态的痕迹,统治集团对它的接受见仁见智,在流变过程中,良莠不齐也是在所难免的,本书也分析了南朝统治集团中人与东晋桓温等人对于白纻舞的欣赏和接受大异其趣,即是明证。

作为中华礼乐文明的有机组成部分,白纻舞在传播与接受过程中生生不息,代有其人,在今天继承与弘扬中华优秀传统文化的过程中,理所当然地引起了今人的关注,有极大的继续研究价值,本书的第五章在深入研究的基础之上,提出了一些开发白纻歌舞、建设地域文化的设想,是非常有价值的。近年来,对于地域文化的开发持续升温,但是笔者在多年的调研中,发现普遍存在着定位不准,商业色彩太浓,遮蔽了其中的文化价值,其中一个重要原因,是文献资料支持不足与基础研究缺乏,急功近利所致。而本书作为基础研究与实际应用相结合的成果,正可以补正当下的这种不足。两位作者既有学术研究的资质与成果,又从事马鞍山当地实际工作多年,对于家乡风土人情有着深厚的感情,源于此,提出的文化建设构想具有很强的针对性与可行性,我们也期待对于白纻舞的文化传承取得实质性进展。

2018 年 8 月 31 日

第三章 历代白纻歌辞的创作

第一节 《乐府诗集》中的白纻歌辞 …… 124

第二节 宋代白纻歌创作 …… 144

第三节 元明清白纻歌创作 …… 167

第四章 白纻歌舞对后世戏剧的影响

第一节 以魏良辅、梁辰鱼为核心看昆曲艺术与白纻歌舞的关系 …… 197

第二节 白纻舞对昆曲、京剧表演艺术的影响 …… 203

第五章 整理、研究、开发『白纻』资源的初步构想

第一节 收集整理出一套资料丰富、相对完整的《白纻歌舞资料汇编》 …… 212

第二节 开动创意思维，策划文旅项目，将白纻山打造为「中国山水实景演出发源地」 …… 213

第三节 加强区域合作，扩大白纻歌舞的影响 …… 216

第四节 编创一台现代大型山水实景歌舞《白纻歌舞》 …… 221

参考文献 …… 224

后记 …… 231

…… 239

目录

绪　论 …………………………………………………………… 001

第一章　白纻舞的渊源 ………………………………………… 009

第一节　《诗经》、周代袖舞中白纻舞的因子 …………………… 010

第二节　《楚辞》中的舞蹈形态对白纻舞风格的影响 …………… 024

第三节　汉魏南北朝诗赋中的舞蹈与白纻舞的密切关系 ………… 033

第四节　汉代长袖舞与白纻舞的舞姿舞容高度相似 ……………… 048

第二章　白纻舞的形成、流变 ………………………………… 061

第一节　白纻舞源起吴地成因 ……………………………………… 062

第二节　桓温与白纻舞的盛行 ……………………………………… 078

第三节　白纻舞在南朝的变化 ……………………………………… 096

绪 论

　　选择白纻歌舞作为研究项目实属偶然（纻、紵、苎、苧，均为音义完全相同的异体字。本书一般通用"纻"字。但引用一些古籍时，为保存原书用字，仍用了紵、苧、苎等异体字，特此说明）。2014年春夏之际，我受朋友之邀到当涂大青山游玩。大青山自然环境良好，且文化底蕴丰厚，桓温、谢朓、李白均与此地有不解之缘。其间我们饶有兴趣地聊到东晋大司马桓温。桓温在移镇当涂（姑孰）十年期间，在兴建姑孰城的同时，也把"白纻歌舞"活动推向了极致。此后史料多有记载：当涂境内原有楚山，东晋大司马桓温"携妓游山奏乐，好为白纻歌"，因改名白纻山。极具魅力的白纻舞让姑孰的楚山为之改名，可见其影响之大。桓温作为东晋中期有巨大影响的人物，对白纻歌舞的钟爱，促成了宫廷及士族阶层对白纻歌舞的喜爱，在桓温的努力下，白纻歌舞最终成为宫廷的宴筵乐舞。六朝时，白纻歌舞因文人的参与和统治者的推崇，在姑孰（今当涂）及广大江南地区盛极一时。然而世事沧桑，白纻山上的朱阁碧瓦、舞榭歌台早已不复存在。清代学者韦谦恒在登姑孰城楼时，留下了

"《白纻歌》随元子去,青山名为谢公留"的诗句,感叹只能见到桓温当年建城的痕迹,可白纻歌舞已随桓温的离去,不再"春风回冶步,夜月舞文衣"了。当涂也只留下了与白纻歌舞相关的地名、景观,以及历代文人墨客咏白纻歌舞的诗句。

白纻舞是我国古代著名的乐舞之一,舞姿轻盈、飘逸,既有"罗袿徐转红袖扬"的慢步徐转,也有"趋步明玉舞瑶珰""飞琯促节舞少年"的迅疾舞步。白纻歌是配合白纻舞表演而产生的乐歌,到了唐代,歌白纻成为一时风气。然而如此轻盈、飘逸的舞姿和美妙的乐歌,却湮没在浩瀚的历史长河之中,仅留下大量的乐舞诗歌。我们于是萌发一个念头,能不能依据这些乐舞诗歌,结合乐舞文物的具象资料,复现白纻舞的风貌。我们从事的是文博工作,平常也接触考古发掘出的舞俑以及汉画像石(砖)、漆画、铜镜上的乐舞图像。即使这些图像已经被泥土侵蚀而残缺,但当我们触及它们时,似乎仍能感受到它们隐隐的温热,宛如内在的生命力依旧在塑造着它。我们感动于那来自久远的艺术感染力,然而对乐舞所要表现的内容,却有着"知其然,不知其所以然"的困惑。正如艾黎·福尔在《世界艺术史》中所说:"艺术呼唤着人与人之间的沟通与交流,凭借着它在我们身上激起的回声,我们彼此认同。对艺术的挚爱促使我们将这回声再传递给别人。"复现白纻舞也逐渐从一个念头转变成更具体的行动,我们查阅史料、阅读大量研究古代舞蹈的书籍;进行采风,收集古老的民歌曲调、歌词和影像资料,从中获取吴声歌曲中原生态的艺术元素。恰巧此时,省委宣传部组织申报第二期文化艺术相关的研究项目,我们便申报了"白纻歌舞研究"项目。对源于吴地且具有深厚历史文化内涵的白纻舞进行深入全面的专题研究,探究白纻舞产生的历史渊源,梳理白纻舞、白纻歌在晋以后各时代的发展轨迹及其特征,无疑是十分有意义的。

白纻舞是六朝时期的著名杂舞。白纻舞起源于三国时的吴地,是广泛流行于江南的民间舞蹈,《宋书·乐志》中载:"《白纻舞》,按舞辞有巾袍之言,纻本吴地所出,宜是吴舞也。"《乐府解题》说:"古词盛称舞者之美,宜及芳时为乐,其誉白纻曰:'质如轻云色如银,制以为袍余作巾,袍以光躯巾拂尘'。"白纻舞最初为田野之作、民间歌舞,白纻舞因舞者身着以白色苎麻制成的舞衣而驰名,进而为王公贵族所喜爱。自晋以来,乐官着意采撷白纻舞,文人对其进行再度创作,遂使之成为宫廷宴飨乐舞。白纻舞继承楚汉袖舞追求仙逸境界的传统,利用白纻色白质轻的特性,营造出一种清逸灵动的舞蹈意境。白纻舞者开始徐徐起舞,翩跹柔曼,那步态似留又行,似推若引,随着舞步的加快,又如游龙飞舞,宛转低昂。白纻舞者以手袖为容,有"扬袖""飞袖""掩袖""拂袖"等多种动作,舞姿飘逸出尘、灵动轻盈。从晋至唐的五六百年间,白纻舞为宫廷富室所喜爱,成为筵宴乐舞中的保留节目。南朝是白纻舞的鼎盛时期,诗、乐、舞为一体,到了唐代,白纻歌与舞逐渐分离,歌白纻盛行。白纻舞作为六朝至唐的歌舞,也引起了当代音乐界、舞蹈界的广泛关注,今人所撰舞蹈史、音乐史论中也多有论述,但因基础研究不够,这些论述一般都非常简略。

"白纻舞""白纻歌"这种艺术类文化遗产,有其代表性的舞蹈动作和古老的音乐旋律。如何将这一优秀的文化遗产传承和发扬光大,我们认为,只有从史料入手,对白纻歌舞相关的历史背景、地理环境、文学创作、舞蹈形式进行整合分析,并充分利用相关的考古乐舞资料等,进行多学科交叉研究,才能形成有价值的学术成果。通过查找古今文献,我们了解到,出现白纻意象的诗词不少于1100首,其中白纻舞辞、白纻歌约200首,以《白纻》为词牌的有12首,宋郭茂倩《乐府诗集》"舞曲歌辞·杂舞"中收录晋至唐白纻歌51首,这是白纻歌的精华部分,也是历代研究者和爱好者关注的重点。

综上所述,本书对源于吴地、兴盛于姑孰的白纻歌舞进行较为全面深入的研究,并且借鉴音乐、舞蹈史学家研究的成果,从以下几个方面较为深入地予以拓展。

首先,整理出文本、实物等资料,并从地域文化角度进行分析。由于白纻舞、歌、辞三者关系密切,我们全面细致地收集了晋以后与白纻相关的舞、歌、辞,并整理出白纻舞、歌、辞相关文本,从文学创作角度分析白纻歌舞的渊源。据我们了解,目前尚无人系统地对之加以梳理分析。古代诗、乐、舞不可分离,《史记·孔子世家》记载:"三百五篇,孔子皆弦歌之。"弦歌,依琴瑟可以歌咏也。这也就是说三百零五篇《诗》,孔子都可以伴随琴瑟的弹奏而歌咏唱其辞。《诗经》之后,作为我国浪漫主义文学源头的《楚辞》,对乐舞场面的描写就更多了,其中《九歌》就是屈原所写的楚国巫觋祭神仪式上的舞曲歌辞。所以我们从《诗经》《楚辞》等古代文学资料和有关舞蹈的资料着手,充分利用考古发掘出的乐舞图像资料,找出白纻舞的渊源关系、影响因素及其与吴文化的关系,以探寻白纻歌舞的文化内涵。

其次,梳理白纻歌舞的发展脉络。东晋、南朝,皆定都建康(南京),广泛流行于吴地民间的白纻舞,从民间走向宫廷,并在京畿之地的姑孰盛行。我们寻求其在吴地的源起、在姑孰兴盛的原因,探寻其流变的历程,以理清其从"哪里来,又到哪里去"的问题,考证"白纻歌舞"在中国古代乐舞体系中的影响。

再次,就是在研究、分析"白纻歌舞"诗、辞、歌的基础上,探索中国戏曲艺术与白纻舞之间的渊源关系。唐宋以后,虽然白纻舞式微,但是白纻舞的许多表现形式却融合到戏曲表演中。戏曲理论家齐如山先生所著《国剧身段谱》认为,白纻舞等舞蹈中水袖的运用、步伐的变化、身体的律动,经过改造都被搬上戏曲的舞台。所以我们又努力反推,试图从戏曲舞蹈中去挖掘、吸纳白纻歌舞可资利用的元素,并结合考古发掘的乐舞具象资料,去探寻白纻舞的舞姿舞容、服饰、乐器的演化过程。

　　白纻歌舞兴盛于六朝至隋唐,自中唐以后在宫廷中逐渐衰落。白纻舞舞谱今已不存,甚为遗憾,但值得庆幸的是历代文人留下为数众多的白纻舞歌辞,为研究白纻歌舞留存了较为丰富的历史文献资料;大量乐舞文物的考古发掘,又为研究白纻歌舞提供了具象资料。这些为复现白纻歌舞的舞蹈形态及其表现情景提供了有益的参照。

　　我国当代舞蹈界的专家学者在研究中国古代乐舞时,对白纻歌舞多有涉及。欧阳予倩主编了中国第一部断代舞蹈史《唐代舞蹈》,在概括唐代乐舞全貌的同时,依据史料对"白纻歌舞"进行了大致梳理;常任侠的《中国舞蹈史话》在阐述每个时代有代表性的舞蹈时,专门介绍了南朝的白纻舞,以古代留存的白纻舞歌辞为内容,简单分析了白纻舞表演的场景、舞姿舞容。随着中国舞蹈界对古代乐舞的逐步重视,一些有关古代舞蹈史的著作陆续出版,如王克芬《中国舞蹈发展史》《中国古代舞蹈史话》,冯双白等《图说中国舞蹈史》,彭松、于平《中国古代舞蹈史纲》,彭松《中国舞蹈通史(魏晋南北朝卷)》,袁禾《中国舞蹈》,王宁宁《中国古代乐舞史》等。这些著作根据不同的历史背景,在探讨各个历史时期的乐舞风貌时,对"白纻歌舞"的产生、发展以及乐舞的动作特征都有所阐述。其中王克芬《中国舞蹈发展史》对白纻舞的服饰、舞姿进行了简单的描述;冯双白等《图说中国舞蹈史》图文并茂地介绍了白纻舞的艺术特色;彭松《中国舞蹈通史(魏晋南北朝卷)》,从白纻舞歌诗着手,较为细致地分析了"白纻舞"在六朝时期的乐舞面貌,对"白纻舞"的价值作出了合理的评判。王宁宁《中国古代乐舞史》在利用史料的同时,对"白纻舞"的发展历程、舞蹈动作、所用乐器进行了论述。此外,于平《中国古典舞与雅士文化》在探讨古代乐舞风貌与士人的文化品格时,对白纻舞歌诗也有论述。以上是舞蹈学界对古代乐舞的研究成果,都不同程度地涉及白纻歌舞,可见白纻歌舞在中国古代乐舞中具有重要地位。这些成果都为深入研究白纻歌舞,提供了重要的参考。

除上述专著中研究"白纻歌舞"外,一些硕博士学位论文也将白纻歌舞作为研究的对象,目前有《〈白纻〉舞、歌、辞考论》《舞曲歌辞研究》《〈乐府诗集〉杂舞歌辞研究》《论魏晋六朝时期的舞蹈审美特征》《魏晋南北朝杂舞与歌诗关系研究》《吴地乐舞"白纻舞"考论》等。另外,专家学者在期刊上也发表了不少涉及"白纻歌舞"的研究论文,如:《六朝时期吴地文化艺术发展脉络及范式》《论〈白纻舞〉的发展与唐代〈白纻辞〉的创作》《荟萃交流 异彩纷呈——论魏晋南北朝文化·乐舞》《清商乐与吴地歌舞》《吴地〈白纻舞〉中水袖于昆曲中的运用——以昆曲〈活捉三郎〉为例》《从〈白鹤舞〉到〈白纻舞〉——吴舞探索》等。从以上这些硕博士学位论文和期刊论文的研究角度分析,大致可以分为四类:

第一类是从古代文学的角度进行探讨。一是重点研究舞曲歌辞,而白纻舞歌辞仅作为研究的一部分;二是以白纻歌、舞、辞为研究对象,探讨诗、乐、舞的关系。

第二类是从吴地乐舞宏观的角度出发,将"白纻舞"作为一个时代的代表性舞蹈加以分析,突出其时代与地域特色。

第三类是通过对魏晋南北朝舞蹈史料的整理研究,探究这一时期杂舞与歌诗的关系以及舞蹈的审美特征。

第四类是以白纻舞为研究对象,对"白纻舞"的产生、发展、流变及舞容乐貌进行考证和论述。

上述学位论文和期刊论文虽然从不同视角探讨,但由于研究的角度、篇幅等原因,难以达到白纻舞乐舞专题史研究的深度与广度,尚未能深入挖掘白纻舞丰富的文化内涵。然这些关乎白纻舞的学术论文都是笔者研究白纻歌舞的学术参考与资料导航,它们具有较重要的启示作用。

　　白纻歌舞是集歌辞、音乐、舞蹈为一体的综合表演艺术,文学界、舞蹈界从不同角度都取得了一定的研究成果,从以上专著和论文可以看出,文学界多是进行诗歌文本研究,而舞蹈界多依据史料揭示乐舞的特征。梁海燕的《舞曲歌辞研究》认为文学界、音乐学界、舞蹈学界人士有关舞曲歌辞的研究,在各自的领域都有创获。但均未对舞歌具有歌诗文学、表演艺术的双重属性给予足够的认识。再就是历史学、考古学在考古发掘出乐舞图像资料后,注重其考古类型的分析和历史题材的考证,在与艺术史相结合的综合研究方面为数甚少。本书试图在已有成果的基础上,尽可能收集白纻歌舞的诗、歌、辞,从文学、历史、乐舞、考古等方面进行资料分析,从其产生的历史环境、流变的轨迹、乐舞容貌三个方面着力进行分析与考证,探究其产生的渊源,梳理其发展脉络,还原其舞容乐貌,目的是对吴地的白纻歌舞进行较为全面深入的专题史研究。希望通过文学、古典音乐、古典舞和考古等相关学科的综合研究,从歌诗本身挖掘更多的相关材料,为舞蹈爱好者、工作者、研究者复现白纻舞的舞蹈形态及其表现情景提供一些有价值的线索和参考。

　　美学大师宗白华在《美学散步》中指出:"汉末魏晋六朝是中国政治上最混乱、社会上最苦痛的时代,然而却是精神史上极自由、极解放,最富于智慧、最浓于热情的一个时代。因此也就是最富有艺术精神的一个时代。"白纻歌舞正是诞生在这个时代。因此要对白纻歌舞有所了解,必须要先了解汉末魏晋六朝时期的社会生活、政治经济、文化背景和审美意象等。为此,本书试图对白纻歌舞追本溯源,将白纻歌舞放置在中国诗、乐、舞的历史长河之中,探寻其发展源头,同时充分收集有关白纻歌舞的文献资料,结合当代考古新发现,从中筛选出与白纻歌舞相关的信息,将影响白纻歌舞发展变化的历史、环境、审美意象等因素吸纳进来,从而梳理出白纻歌舞流变的文化因素。因此,我们认为本书的创新之处,一是广泛地收集了晋至清代有关"白纻"的诗、辞、歌,并将其放置在历史环境中进行分析,丰富了白纻歌舞的历史资料,便于了解白纻歌舞的发展脉络;二是利用丰富的白纻舞辞的诗歌资源,充分结合考古发掘出的乐舞图像资料,具体勾勒出白纻歌舞的艺术形象。

白纻歌舞在中国古代乐舞史上占有重要的历史地位,是历代艺术家精心雕琢的具有江南地方特色的舞蹈作品,既是中华民族传统舞蹈的代表之一,也是魏晋南北朝袖舞的集大成者,对后世戏曲舞蹈的形成和发展有着重要的影响。因此,无论是就吴地乐舞研究而言,还是就中国古代乐舞研究而言,白纻歌舞都有着较高的研究价值,希望我们能在前辈和时贤的基础上将白纻歌舞研究向前再推进一步。

第一章
白纻舞的渊源

"白纻舞"是六朝时期著名的杂舞。"白纻舞"起源于三国时的吴地,是广泛流行于江南的民间舞蹈,《宋书·乐志》中载:"《白纻舞》,按舞辞有巾袍之言,纻本吴地所出,宜是吴舞也。晋俳歌云:'皎皎白绪,节节为双。'吴音呼绪为纻,疑白绪即白纻也。"① 由此可知,白纻舞原是与吴地农作物苎麻有关的民间舞蹈。苎麻浸泡经搓揉后颜色变白,质地柔软,着这种白色苎麻服歌唱跳舞,叫白纻舞。《乐府诗集》认为"白纻舞"之类的六朝杂舞"始皆出自方俗,后浸陈于殿庭"。② "白纻舞"最初为田野之作、民间歌舞,自晋以来,为乐官采撷,文人进行再度创作,成为宫廷宴飨乐舞。从晋至唐的五六百年间,白纻舞为宫廷富室所喜爱,成为筵宴乐舞中的保留节目,是古代的精品舞蹈之一,历代文人都留下了许多赞美白纻舞的诗篇。"白纻舞"由歌舞而辞,与诗、舞、乐关系密切,最早可能是民间舞,与巫舞有关联,用于"娱

---

① (梁)沈约撰:《宋书》,北京:中华书局,1974年版,第552页。
② (宋)郭茂倩编:《乐府诗集》,北京:中华书局,1979年版,第766页。

神",体现乐舞的祭祀教化功能。"白纻舞"有独舞、群舞,且注重手、袖的姿态。"白纻舞"源起、流变的过程及与吴楚文化的关系,这些都需要去探索。"想明白一件事物的本质,最好先研究它的起源;犹如想了解一个人的性格,最好先知道他的祖先和环境"。① 因此本章拟从古代经典的诗、辞、赋相关文献资料及周代有关袖舞的记载着手,结合出土的先秦、汉魏乐舞文物,通过梳理、比较、分析等方式,从中了解"白纻舞"与西周至汉代诗、乐、舞的渊源关系。

第一节
《诗经》、周代袖舞中白纻舞的因子

《诗经》是我国最早的诗歌总集,是一个民族从远古发出的歌唱旋律。它是孔子根据周朝宫廷收集的 3000 多首诗歌,并在其周游列国期间采访和核对歌辞,精选编成上自西周初期,下至春秋中期的 305 首诗篇。《诗经》的产生源于周代的采诗制度,周天子为防止诸侯自专一国,每十二年都要亲自出外巡视。除此之外,每年或隔一年还要派使臣到各诸侯国了解民情,其中有一项就是召集乐师,审听地方音乐、民间歌谣。《汉书·艺文志》说:"古有采诗之官,王者所以观风俗,知得失,自考正也。"乐官将采集的民间诗歌,呈献于天子,以便周代统治者能够从诗歌中体察民情和民声。"所以古人以'风'字代表民间的风俗,而同时也就以'风'字代表民间的歌曲"。② 乐官将所采集的民间诗歌整理、修改,呈献给周天子"以观民风"。郑玄《周礼注》:"风,言贤圣治道之造化也。"可见统治者在政教方面是充分利用

---

① 朱光潜:《诗论》,台北:汉京文化,1982年版,第3页。
② 杨荫浏:《中国音乐史纲》,上海:万叶书店,1952年版,第91页。

民间音乐的，同时也反映出周代民间音乐的兴盛。

《墨子·公孟》："诵《诗》三百，弦《诗》三百，歌《诗》三百，舞《诗》三百。"《史记·孔子世家》亦云："三百五篇，孔子皆弦歌之。""弦歌"，依琴瑟而歌咏也。这也就是说三百零五篇《诗》，孔子都可以伴随琴瑟的弹奏而歌咏其辞。将以上文献合而观之，可知《诗经》原是诗、乐、舞一体的，它不仅是一部诗歌集，也是一部与舞蹈相关联的乐舞集。虽然远古的旋律和舞姿因年代久远，我们不能完全知晓，但从《诗经》的字里行间和出土的这一时期乐舞文物，我们会依稀看到周代乐舞的大致状况。

《诗经》分为《风》《雅》《颂》三大类，其中《风》是民歌，共有"十五国风"，国风是各国的"民俗歌谣之诗"。《诗经》只收集了中原和周王都城以南诸国的国风，地域范围相当于现在黄河流域的陕西、山西、河南、山东以及长江流域的湖北省北部和四川省东部。而长江以南的吴、越、楚之地的民俗歌谣因不在"采风"所及范围，所以没有得到广泛收集和整理，散失得很多。然而从史料零星的记载中，仍可看到南方地区在春秋时期的歌曲，如刘向《说苑》记载的"越人歌"和郭茂倩《乐府诗集》卷八十三所载的"徐人歌"。从这些歌曲流传的区域来看，已涉及现在的江苏、浙江等地。屈原《楚辞·招魂》载："吴歈蔡讴，奏大吕些。""吴歈"就是吴歌，可见当时吴地已有歌谣，周代将吴、越、楚等地视为蛮夷之地，也许采诗人认为这些地方的歌谣是南音，因而不能登大雅之堂。《诗经》中有关周南、召南诗采集的区域，学界历来有不同的说法，一种观点认为"二南"的诗绝大部分采集于周公、召公统治的区域，分别为现在河南陕县以东和陕县以西的地方；另一种认为"二南"绝大部分的诗采集于周王都城南面诸多小国。西汉韩婴叙诗曰："周南、召南，其地当在南阳、南郡之间。"笔者认同第二种观点，"二南"是长江中游汉水流域一带，"二南"与其他国风相比，因其所处的独特地域而易受到汉水流域地方文化的渗透,其诗具有婉约缠绵、情感细腻的风格。《雅》分为《大雅》和《小雅》,前者为贵族的乐歌;后者是贵族在学习民间歌曲后,抒发自己情感的作品。《颂》是统治者祭祀祖先所用的乐歌。《诗经》的开篇是周南的《关雎》,下面是原诗和余冠英《诗经选译》的译文。

【原文】

关关雎鸠,在河之洲。
窈窕淑女,君子好逑。
参差荇菜,左右流之。
窈窕淑女,寤寐求之。
求之不得,寤寐思服。
悠哉悠哉,辗转反侧。
参差荇菜,左右采之。
窈窕淑女,琴瑟友之。
参差荇菜,左右芼之。
窈窕淑女,钟鼓乐之。

【译文】

水鸟儿闹闹嚷嚷,在河心小小洲上。
好姑娘苗苗条条,哥儿想和她成双。
水荇菜长短不齐,采荇菜左右东西。
好姑娘苗苗条条,追求她直到梦里。
追求她成了空想,睁眼想闭眼也想。
夜长长相思不断,尽翻身直到天光。
长和短水边荇菜,采荇人左采右采。
好姑娘苗苗条条,弹琴瑟迎她过来。
水荇菜长长短短,采荇人左拣右拣。
好姑娘苗苗条条,娶她来钟鼓喧喧。

这是一首爱情恋歌,诗人唱的是:河边一个采荇菜的姑娘引起了一个男子的思慕,那"左右采之"的苗条身姿令他日夜都想着她。他想,要是能击打鼓乐,把她娶回家,那该多好啊!杨荫浏将《诗经》各篇的曲式分为十种,认为《关雎》是"同一曲调的五次重复而已"。①《关雎》通过对有些句子的重复咏唱,来表达男子的爱恋之情,通过"左右流之""左右采之""左右芼之"的动作节奏,把欢快的场面和不同的动作表现出来,通过琴瑟钟鼓演奏的音乐,反映出先秦时期乐器使用功能的不同与变化。《关雎》中的"友之",即想象弹着琴和瑟来与心仪的姑娘亲近和恋爱,琴瑟用于比较温馨、悦情的场合,表达爱意;"乐之"则用钟鼓这样的"大合乐"来迎娶心仪的姑娘,可见钟鼓是在庄重、庆典的时候使用的。《关雎》四言为节,整齐划一,其音节顿挫、简单整齐,适合于演奏与吟唱。孔子曾赞赏《关雎》的音乐曰:"师挚之始,《关雎》之乱,洋洋乎盈耳哉!""师挚"是周朝掌乐的官。一开始太师挚演唱序曲,到最后演奏《关雎》篇的"乱"段,其丰富的音乐,繁复杂沓,给人以美妙的听觉享受。阴法鲁等人认为《关雎》之"乱"是指乐曲的末尾。②"《关雎》之乱"作为《关雎》的尾声部分,在乐器的伴奏与烘托下,让人感受到华丽的光彩和热烈的气氛。苏东天认为:乐舞是始于至诚,终于热情奔放,"乱"是指大合乐的共唱共舞。③《诗经》中的演唱已经有了前奏和尾声。这种乐曲进行到高潮时笙管齐下的合奏和合唱的音乐形式,在春秋战国以来的歌曲、乐舞以及汉、魏相和大曲中,均有"乱"的歌词实例。④《晋书·乐志》记载:"相和,汉旧歌也,丝竹更相和,执节者歌。"又,"凡此诸曲,始皆徒歌。既而被之管弦"。相和歌的表演形式就是徒歌配上丝竹管弦乐器进行伴奏。"最多曾用到笙、笛、篪、节、琴、瑟、筝、琵琶(即现在的阮)等八种;到了晋、宋、齐各朝在南方唱奏的时候,就减少了一些"。⑤可见汉魏六朝

---

① 杨荫浏:《中国古代音乐史稿》,北京:人民音乐出版社,2004年版,第61页。
② 阴法鲁、许树安主编:《中国古代文化史》(二),北京:北京大学出版社,1989年版,第61页。
③ 苏东天选释:《诗经新释选》,北京:文化艺术出版社,1996年版,第4页。
④ 中国艺术研究院音乐研究所、《中国音乐词典》编辑部编:《中国音乐词典》,北京:人民音乐出版社,1984年版,第247页。
⑤ 杨荫浏:《中国古代音乐史稿》,北京:人民音乐出版社,2004年版,第144页。

的"相和歌"继承和发展了《诗经》的演唱形式,产生了《相和大曲》,其中有乐器伴奏的歌唱和舞蹈,其舞蹈节奏就不会是固定不变的,形成以歌、舞、乐并重的艺术表演形式。《相和大曲》的结构是由艳、曲、乱三部分组成,"艳在曲之前,趋与乱在曲之后"。[①] "乱"或者叫"趋"在结尾高潮处,就是形容舞蹈奔走急促、倾斜探出的步伐。晋南渡后,北方音乐随政治中心南迁流行到江南,而此时南方的民歌和民间音乐大量涌现,相和歌与南方俗乐融合,逐渐形成清商乐,清商乐与相和歌之间的文化内涵是相关联的。作为清商乐的白纻歌舞,因年代久远,舞谱虽已不存,但诗歌犹在。诗是一种语言艺术,它便于作者对复杂的情节和连续的动作动态进行描述。所以从诗歌中,我们能感受到舞者在琴瑟笙簧的伴奏下,唱歌相和,舞步在由徐到急的转换中,合声奏之,梁尘俱动。我们有理由相信"白纻舞"也受到了这种歌舞大曲的形式和结构的影响,在表演结束后会有快速热烈的高潮场面,也就是这种"乱"或"趋"的曲式结构贯穿其中。

《礼记·乐记》云:"金石丝竹,乐之器也。诗,言其志也;歌,咏其声也;舞,动其容也。三者本于心,然后乐器从之。"[②]认为舞蹈与诗歌、音乐的发生,都是"本于心"的结果,就是说音乐的发生是起源于人类心灵的触动。它所反映的是人们的思想情感有所触动、需要表达,而语言文字又无法充分表达人们内心情感的涌动时,并通过手足特定动作的表现,也就是"手之舞之""足之蹈之"来产生具有形象感的舞蹈。

由此可见,《诗经》是诗歌、音乐、舞蹈三种艺术形式融合的结果,这三种艺术形式是浑然一体的,而其中的诗歌,就是乐舞的歌词。《诗经》中直接描述诗歌、舞蹈的形态很

---

① (宋)郭茂倩编:《乐府诗集》,北京:中华书局,1979年版,第377页。
② (汉)郑玄注,(唐)孔颖达等疏:《礼记正义》,北京:北京大学出版社,1999年版,第1112页。

多。如《邶风·简兮》，就生动地再现了当时卫国宫廷万舞的场景。在诗人笔下，"万舞"领舞的表演者雄健壮美，他先是手拿兵器跳武舞，后又拿鸟羽和乐器跳文舞。这种具有阳刚之美的舞姿，令女子情思涌动。有专家认为"万舞"是以蛙为图腾的古氐羌族的图腾舞蹈。① 这里的万舞表现的不再是在战争之前的一种带有巫术意味的实战演习舞蹈，而是带有"蛊惑"人的色彩，具有求偶愉悦性情的表演性质的舞蹈。② 这一点在《诗经·国风》的其他篇章中同样有所反映，可见西周至春秋时期，舞蹈艺术已开始由庄严肃穆的宗教性舞蹈向悦人耳目的表演性舞蹈转变。在此以《陈风·东门之枌》《陈风·宛丘》为例，说说陈国的民间乐舞。陈国，是周武王建立西周后，分封诸侯时，把自己的女儿嫁给舜帝的后人妫满，建陈国，后迁都宛丘。所辖之地大致为现在的河南东部和安徽西北部一部分，春秋后期被楚国所灭。《汉书·地理志》说：太姬，妇人尊贵，好祭祀，用史巫，故其俗巫鬼，击鼓于宛丘之上，婆娑于枌树之下。有太姬歌舞遗风。可见陈国受封之初，就因太姬尊贵好祭祀，巫风盛行。正因为陈楚之间的关系，陈国的舞蹈艺术保持并发展了巫舞中娱人的表演特质。《陈风·东门之枌》《陈风·宛丘》应是在陈国巫风习俗影响下所产生的诗歌，下面是《陈风·东门之枌》的原诗和余冠英《诗经选译》的译文：

【原文】
　　东门之枌，宛丘之栩。
　　子仲之子，婆娑其下。
　　谷旦于差，南方之原。
　　不绩其麻，市也婆娑。
　　谷旦于逝，越以鬷迈。
　　视尔如荍，贻我握椒。

---

① 于平：《"万舞"与"蛙文化"》，《舞蹈论丛》，1989年第1辑。
② 于平：《中国古典舞与雅士文化》，长春：吉林教育出版社，1992年版，第40页。

【译文】

东门有白榆,宛丘有栎树,
子仲家的姑娘,树下来跳舞。
选了好时光,南方的平原上,
麻也不用绩,市上来舞一场。
大好日子去得快,要寻欢乐多多来。
我看你好像一朵荆葵花,
你送我花椒子儿一大把。

《东门之枌》是一首充满甜蜜滋味的爱恋情歌,它描述了青年男女在民间歌舞活动中相爱、欢愉的情景,以及舞者摇曳的舞姿。"婆娑",有盘旋起舞之意,舞者舞姿摇曳动人。舞蹈的地点不在山野之地而在集市上,可见舞风的兴盛。在河南辉县出土的战国铜壶盖上有女子采桑图(图一),采桑之事,是上古农业社会极为重视的一件事,可能在周代就已形成祭先蚕之乐。从这件器物上看,采桑舞在战国时已十分普及。画面中有七名曳地长裙的舞者,除一名舞者呈跪姿外,其余都呈现出"S"形舞姿,其中一舞者正扭腰出侧胯,双臂上扬,卷袖而舞,跪姿者似为舞者伴奏。整个画面体现了女子在采桑中歌舞的欢乐。下面是《陈风·宛丘》的原诗和绿净《诗经评注》的译文:

图一
战国采桑舞图

【原文】

子之汤兮,宛丘之上兮。
洵有情兮,而无望兮。
坎其击鼓,宛丘之下。
无冬无夏,值其鹭羽。
坎其击缶,宛丘之道。
无冬无夏,值其鹭翿。

【译文】

她的舞蹈摇曳生姿,在那宛丘高地上。
诚然爱上她了呀,可是却没有希望。

坎坎敲打鼓声响,在那宛丘城之下。
无论冬天和夏天,手持鹭羽翩翩舞。
坎坎敲打缶声响,在那宛丘道路上。
无论冬天和夏天,手持鹭羽舞翩翩。

《陈风·宛丘》表达了诗人对于那个女子的爱慕,并绘声绘色地描写她手执"鹭翿"时歌舞跳跃的场面和动人心弦的鼓声。歌中虽有对于爱情难得的感叹之意,但却在歌舞中寻得某种解脱。

《宛丘》是描写巫舞的诗,诗中盛赞以歌舞祭神为专业的"女巫",女巫手执舞具"鹭翿",敲击着鼓、缶,在宛丘上歌舞请神,请神舞蹈就融合在日常的生活场景里。王国维认为"古代之巫,实以歌舞为职,以乐神人者也"。① 从《国风·陈风》里的《东门之枌》《宛丘》诗中可以看出,陈国巫风习俗是与歌舞祭祀连在一起的,男女青年聚会歌舞,更多地表现了男女之间的爱恋之情。清代尹继美的《诗管见》认为"《宛丘》《东门之枌》,皆咏男女聚会歌舞事,盖奏舞之乐章也。晋、宋、齐、梁《白纻舞曲》,其辞并类此"。② 认为这些吟咏男女相爱、歌舞聚会的奏舞乐章和晋六朝的白纻舞曲是一类的。在这里,尹继美直接把《诗经》与白纻舞联系起来,源于他"以乐说诗"的独特视角,于是较好地把握了《诗经》与白纻舞之间精神意绪的一致性和舞姿舞容的继承性,洵为有见。有研究者在论及陈国风俗时,认为春秋时期陈国的祭日,"成了青年男女择偶选伴的吉日良辰,宛丘也成了他们欢会的人间乐园,这就为祭祀活动增加了更多的世俗色彩,从而把宗教歌舞演化为世俗歌舞"。③ 由此可见,《宛丘》已淡化了女巫舞蹈祭祀的成分,更多的是渲染了舞者的舞姿

---

① 王国维:《宋元戏曲史》,北京:中华书局,2010年版,第2页。
② 《续修四库全书》(第74册),上海:上海古籍出版社,1995年版,第49页。
③ 邹文生、王剑等:《陈楚文化》,沈阳:辽宁教育出版社,1998年版,第150页。

和跳舞的场景,强调了舞蹈的表演性和娱人性。这种娱神娱人的舞蹈,一直保留在南方的民间歌舞之中,先秦的古籍中记载了楚人信鬼好祠,巫风甚盛,而祠必歌舞。从《楚辞》的《九歌》就可以看出请神祭祀的巫仪也由娱神向娱人的方向转化发展。秦汉时,由于神仙方术思想的盛行,人们追求死后以成仙的方式达到生命的永恒,因而在精神上亲神好巫,此时舞蹈以飘逸、轻盈、升腾为美。晋朝出现了章丹、陈珠等色艺双全的巫女,她们所跳的巫舞,将舞蹈与杂技、幻术相结合,已具有较高的欣赏价值。"名分上才能事神,事实上却重在使观众倾心"。① 娱神舞蹈已经被娱人舞蹈所替代,这种爱好巫觋歌舞之俗,对白纻舞也产生了一定的影响,体现在《晋白纻舞歌诗》中:

"舞以尽神安可忘,晋世方昌乐未央。"
"清歌徐舞降祇神,四座欢乐胡可陈。"

这反映了白纻舞早期正是脱胎于民间的请神祭祀舞,是"以舞娱神",祈求神灵的保护与赐福。

汉魏时期,还有一种经常在宴飨时出现的舞蹈,这种宴飨舞蹈在《诗经·小雅》中就有记载。如《小雅》的《鹿鸣》《伐木》。《鹿鸣》曰:"呦呦鹿鸣,食野之苹。我有嘉宾,鼓瑟吹笙。吹笙鼓簧,承筐是将。"朱熹在《诗集传》中云:"此燕飨宾客之诗也。"表现的是周王宴请众贵宾的情景,再现了主客宴饮之乐的场景,与国风中的乐舞相比,其乐舞的肢体动作并不丰富,只有"鼓瑟鼓琴""鼓瑟鼓笙""吹笙鼓簧"的音乐之声,但却通过器乐伴奏场景的描写,营造出贵族阶层鼓瑟吹笙、嘉朋满座的盛筵歌舞的轻松欢快氛围。《伐木》是亲朋故友聚会宴饮的诗歌,呈现的是宴饮乐舞的场景:丁丁伐木声响,嘤嘤鸟儿歌唱,清醇甘甜的美酒。鼓声坎坎

---

① 沈从文:《中国古代服饰研究》,北京:商务印书馆,2011年版,第195页。

响,舞姿翩翩起。河南信阳出土的《战国刻纹燕乐画像椭杯乐舞图》(图二)中,左侧为宴饮场面,右边为乐舞表演。画面上方,一人抚琴,一人跪坐敲击悬编钟一列,下方一人踞坐击鼓,鼓座作鸟形。有两个头戴山形冠饰的舞人正舒卷长袖,翩翩对舞。从画面上的树木来看,应是表现贵族在野宴时的舞蹈,史学家称之为"燕乐"。

图二　战国刻纹燕乐画像椭杯乐舞图

"民间舞与燕乐舞蹈常常是同出一源,许多燕乐大多来自民间,只不过作了较多的艺术加工,搬进贵族厅堂、皇室内宫殿堂,成为供人欣赏娱乐的表演性舞蹈。有时还用于典礼,成了兼具礼仪性、表演性、娱乐性的宫廷燕乐"。[①] 白纻舞歌诗中的"丽服在御会嘉宾,醪醴盈樽美且淳。"(《晋白纻舞歌诗》其一)"列坐华筵纷羽爵,清曲未终月将落。歌舞及时酒常酌,无令朝露坐销铄。"(梁·张率《白纻歌》)与上述《诗经》中的宴乐舞蹈诗和《战国刻纹燕乐画像椭杯乐舞图》,所描绘的贵族酒席宴前奏乐歌舞的活动情景是那么相似,从中不难寻觅出《诗经》宴饮舞蹈诗对白纻舞的影响。

白纻舞以"舞袖为容",是其最突出的舞美特征。关于袖舞的明确记载,可溯源到西周的《六小舞》,周代用《六小舞》作为教材,王室成员和贵族子弟从13岁开始学习"小舞"音乐、朗诵诗,15岁以后学习射箭、驾车等,20岁以后主

---

① 王克芬:《中国舞蹈发展史》,上海:上海人民出版社,2014年版,第62页。

要学习"大舞"。古代文献资料记载,《六小舞》与《六大舞》都是祭祀性乐舞,其内容有《帗舞》《羽舞》《皇舞》《旄舞》《干舞》《人舞》。其中前五个舞蹈为舞者手持道具而舞,唯有第六个《人舞》,不执舞具,运用长袖而舞,"以手袖为威仪"。《人舞》要求舞者身姿轻盈,舞动水袖,翩翩而舞。有一种说法是它原本可能来自模仿鸟兽动作的手势。① 袖既有道具的造型作用,同时又不约束双手的自由舞动,用作手臂延伸的袖来替代手中所执物品,这样可使舞者获得更大的自由施展空间。

河南洛阳金村周王陵出土的一组战国玉雕舞人,两位舞人面容姣好,并肩相倚,连体而立,身着长袖舞服,纤腰与曲裾长裙显出舞人身体的"S"形曲线;靠外一侧的手臂上扬,两袖至头顶形成交汇相合,多余的袖体自然垂搭于另一侧肩部,另一袖则轻抚于腰间作环抱式。领、袖、下脚均有宽沿,斜裙绕襟,宽带束腰,额发平齐,后发卷曲(图三)。其华美的衣服,因舞袖而增色不少,腰部的宽带凸显杨柳细腰,曳地长裙使舞态丰富而美丽。战国玉雕舞人具有典雅、庄重之美,与周代人注重端庄华贵的审美情趣是一致的,这组舞人玉雕形象极有可能是取材于东周宫廷中的舞姬原形。可见周代的长袖舞在动作技巧上已具备一定的水准。从目前出土的乐舞文物看,玉雕舞人扬袖、曲身的舞蹈形象(图四),几乎成了战国时期文物中舞人的共同特征,成为这个时代的一种艺术标志。

《韩非子·五蠹》记载"长袖善舞,多钱善贾",就足以说明长袖细腰的舞姿在战国时期被贵族阶层广泛接受并喜爱。"袅袅长袖,纤纤细腰,飘绕萦回的舞姿变幻莫测,如浮云,似流波,给人以虚幻飘逸之美"。②

图三
战国玉雕舞人

图四
战国玉雕舞人

---

① 冯双白等:《图说中国舞蹈史》,杭州:浙江教育出版社,2001年版,第38页。
② 王克芬:《中国舞蹈发展史》,上海:上海人民出版社,2014年版,第64页。

春秋战国时期,五霸兴起,七雄并举,诸侯、大夫争相僭越,西周的礼乐制度名存实亡,可谓礼崩乐坏,雅乐受到冲击。《礼记·乐记》记载了一则故事:"魏文侯问于子夏曰:'吾端冕而听古乐,则唯恐卧;听郑卫之音,则不知倦。敢问古乐之如彼,何也?新乐之如此,何也?'"魏文侯问子夏说:我穿戴整齐,正襟危坐,恭敬去听"古乐"(即雅乐)。而雅乐毫无生机,令人昏昏欲睡;郑卫之音(民间乐舞)鲜活生动,听来令人精神振奋,不知疲倦。这说明民间乐舞具有鲜明的音乐形象,有着很强的感染力,并已流入统治阶层。他们接纳和吸收民间音乐,并将豢养女乐作为一种时尚。女乐歌舞成了统治阶级自娱和享受的工具,倡优、女乐"遍及诸侯后宫",女乐的兴起,强化了乐舞的表演性,甚至成了诸侯、贵族炫耀地位、权力以及施行谋略的手段。诸侯国的君主将女乐歌舞作为礼物相互赠送,其背后就有某些政治目的。史料就有越王勾践为复国,献美女西施于吴王夫差的记载。吴越争霸中,吴王夫差击败越王勾践,勾践入吴国作为人质,卧薪尝胆,立志要灭吴。据《吴越春秋》卷五《勾践阴谋外传》记载,勾践利用吴王淫而好色的弱点,专门请舞师、乐师对美女西施、郑旦进行训练,"饰以罗縠,教以容步,习于土城,临于都巷,三年学服而献于吴"。明代梁辰鱼在其传奇《浣纱记》二十五出《演舞》戏中,再现了西施习歌舞的过程,西施经过三年严格的训练,歌声飞声流转,余韵飘扬,舞姿则奇姿崛起,逸态横陈,犹如惊燕游龙。西施色艺俱绝,能歌善舞,被越王勾践当成珍贵礼物送给吴王夫差,吴王夫差在姑苏兴建楼台亭阁,将数千人的女乐安置其中,其中最有影响的就是西施歌舞。西施入吴后,吴王"盛陈妓乐,日与西施行乐、歌舞、为水嬉……荒于国政"。① 夫差为宠幸西施,在苏州的灵岩山上兴建馆娃宫,西施在馆娃宫的

---

① (东汉)赵晔撰:《吴越春秋》,北京:中华书局,1985年版,第143页。

"响屟廊"妙歌曼舞。明代张岱《陶庵梦忆》在《朱云崃女戏》一文中,描述明代艺人所演西施歌舞的场面:"西施歌舞,对舞者五人,长袖缓带,绕身若环,曾挠摩地,扶旋猗那,弱如秋药。女官内侍,执扇葆璇盖、金莲宝炬、纨扇宫灯二十余人,光焰荧煌,锦绣纷叠,见者错愕。"此舞表现的应是西施在吴王宫殿中向夫差献舞的场景。吴王夫差沉溺于女乐,荒废了国事,最终导致吴国走向灭亡之路。

图五　战国彩绘舞女漆奁图

《越绝书》中还有记录教习西施、郑旦舞蹈的地方叫"美人宫"。当年西施接受严格的歌舞仪容训练的情况,我们从上述古代文献中可以了解。而湖南长沙出土的楚国彩绘舞女漆奁(图五),用图像形象地记录了战国时期女乐接受训练的场景:画面有十一人,头戴冠,身着曳地的宽袖舞服。其中一间房屋有二人,相向而坐,似训练后的小憩;另一间有三人,端坐,似等待训练;房屋之间有两个舞女正抬袖缓步起舞。最后一幅画面四人,有一舞师反卷衣袖至肘,手执教鞭,脸上双眉倒竖,显得十分严厉。在舞师监督下舞伎们双手在体前合拢作抱拱状,似正在做下侧腰或拧腰的练习,舞姿婀娜。这幅彩绘舞女漆奁图揭示了楚国贵族严格训练女舞者的真实情景。当时越国舞师训练西施、郑旦的严厉也从中可窥见一斑。由此可以推断,春秋战国时各国已有了专业的舞师对舞人进行训练,以提高舞人的表演技巧。

从这一时期出土的文物看,长袖舞作为表演性舞蹈已出现在不同场合。江苏镇江丹徒出土的春秋时期的渔猎乐舞纹盘(图六),画面第二层为乐舞纹饰。表演者分为上下两列,上列右侧三乐人吹笙,其左边为四舞人,虽头部残缺,但从残存部分,仍可看出舞者挥长袖而舞;下列八人,或舞袖,或舞巾带。乐舞的右侧有一双层建筑,上下两层皆架梁飞檐,上层为宴饮图,下层及台阶有三只立鹤。盘底纹饰为蛇纹、蚕纹和波纹圈带。刘恩伯先生认为,这幅渔猎乐舞纹盘是迄今所见最早的袖舞形图像。① 渔猎、养蚕是吴人传统的生活方式,考古资料表明吴地有着悠久的养蚕历史,并能制作出相关的丝织用品,为"长袖善舞"的舞蹈形态提供了必要的物质基础。这件镇江丹徒出土的渔猎乐舞纹盘,正是反映春秋时期吴地的生活图景,体现了吴地乐舞的舞袖挥巾已成了舞蹈的一部分,而鸟和龙(蛇)是吴人崇拜的图腾,并出现了以"鸟"为图腾的"白鹤"祭祀舞,关于这点将在后面章节中细说。

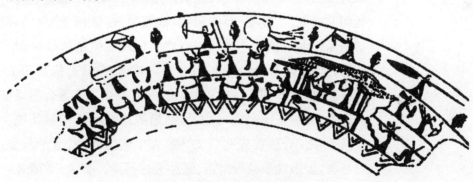

图六 春秋时期渔猎乐舞纹盘

---

① 刘恩伯编著:《中国舞蹈文物图典》,上海:上海音乐出版社,2002年版,第49页。

第二节 《楚辞》中的舞蹈形态
对白纻舞风格的影响

《诗经》之后，作为我国浪漫主义文学源头的《楚辞》对乐舞场面的描写就更多了。近年来楚地出土了大量春秋战国时期的乐器，乐器形式多种多样，《楚辞》中所记录的楚国乐器如钟、鼓、竽、瑟、排箫（参差）、篪、磬等，在这些出土文物中也多有所见。可见《楚辞》与音乐的关系密切，而乐和舞又密不可分。《楚辞》中的一些篇章很有可能就是祭神时的歌辞，充满着激情和丰富的想象，美妙的神话洋溢着浪漫精神。歌、舞、乐融为一体，以此来娱神。如《九歌》《招魂》等。《楚辞·招魂》："陈钟按鼓，造新歌些。《涉江》《采菱》，发《扬荷》些。"敲钟击鼓齐伴奏，唱起新歌舞蹁跹。先唱《涉江》与《采菱》，再唱《扬荷》声悠扬。清蒋骥在《山带阁注楚辞》中说："《涉江》《采菱》《扬荷》皆楚歌名，……《激楚》，楚歌舞之名，其节最为漂疾，故众音竞作，至于宫廷震惊，以发起而助之也。"《激楚》节奏迅疾，慷慨激昂，歌舞热烈，具有楚国原始歌舞的艺术遗风。据史料记载，《激楚》《结风》是战国时期楚国著名的舞曲。《楚辞·招魂》中曾有描写："竽瑟狂会，搷鸣鼓些。宫庭震惊，发《激楚》些。"竽瑟合奏，鼓声齐鸣，交响乐震动宫廷内外，高昂的《激楚》声传遍楚国。"《激楚》之结，独秀先些"，文怀沙先生认为此种《激楚》，重点指舞，盖因舞步急骤时，云鬓亦为之抖动。有关《激楚》的舞姿舞容，《后汉书·张衡传》曾赞美"《激楚》《阳阿》（即《扬荷》），至妙之容"。

晋陆机《泰山吟》曰："幽涂延万鬼，神房集百灵。长吟泰山侧，慷慨激楚声。"李白在《白纻辞三首》中写道："吴刀剪彩缝舞衣，明妆丽服夺春辉。扬眉转袖若雪飞，倾城独立世所稀。《激楚》《结风》醉忘归,高堂月落烛已微,玉钗挂缨君莫违。"可见白纻歌舞也融合了《激楚》《结风》的楚国原生态舞蹈风格。

从楚辞零散的记载中,可见楚国宫廷或贵族私邸曾有周边其他国家的歌舞演出,"吴歈蔡讴,奏大吕些"。"漂疾"的楚国乐声,分外高亢。而吴国和蔡国软媚的歌唱,也曾被吸收进楚辞的乐章。① 同时,楚地的舞蹈也注重吸纳周边国家乐舞的元素,《楚辞·招魂》:"二八齐容,起郑舞些。衽若交竿,抚案下些。"十六位美女同样的服饰打扮,她们跳着郑国之舞,让长袖飞起。舞步迅速旋转,舞袖相交如竿,按节拍徐徐而舞。当时流行的表演性乐舞——郑卫之舞,其魅力很大程度上来自她们长长的舞袖的舞蹈形态,这正好契合了楚国的传统审美观,因此被加以吸收。舞袖的飘逸,形成了曲线律动之美。"长袖善舞"影响了后世的袖舞,魏晋南北朝时期,流行于南方的舞蹈仍是"娉婷扬袖舞,阿那曲身轻"②的舞蹈风格,在白纻舞中我们看到更多的正是纤腰袅袅、舞袖飘飞的舞者形象。

《楚辞·大招》对舞蹈姿态有着形象的描写:"小腰秀颈,若鲜卑只。""小腰"写出舞者的纤纤细腰,《韩非子·二柄》:"楚灵王好细腰,而国中多饿人。""容则秀雅""丰肉微骨、体便娟只",描绘了舞者娴雅秀丽的容貌和轻盈的舞态。"长袂拂面,善留客只",东汉王逸《楚辞章句》注:"袂,袖也。拂,拭也。言美女工舞,揄其长袖,周旋曲折,拂拭人面,芳香流衍,众客喜乐,留不能去也。"如此的"小腰秀颈""丰肉微骨",再配上"长袂拂面",构成了楚舞曼妙多姿和婉曲流动的美。战国玉舞人图(图七)中,舞伎右手将长袖横向过头部扬起,左手则将长袖从腹前甩过,含胸屈膝,双臂优美

图七
战国玉舞人

---

① 译文及注释引自文怀沙:《屈原招魂今译》,天津:百花文艺出版社,2005年版,第62—63页。
② (宋)郭茂倩编:《乐府诗集》第四十四卷,北京:中华书局,1979年版,第645页。

的扬袖动作与曲折多弯的身体构成了一幅圆润流转、潇洒飘逸的动态画面。从众多楚墓文物中看到的美女形象,有着秀美颀长的脖颈、曼妙纤细的腰身,以及曳地长裙。如长沙陈家大山楚墓中出土的文物有人物龙凤帛画,画中女子为广额、皓目、细眉、垂髻、宽袖、纤腰、长裙曳地(图八)。这些特征,恰与《楚辞·大招》中所描写的美女形象相印证。《大招》在写出楚国美女风姿绰约之态时,更是写出了她们"小腰秀颈""长袂拂面""丰肉微骨"的特点。

《九歌》是祀神的歌舞,有关《九歌》的形成,东汉王逸在《楚辞章句》中认为,屈原是在接触了楚国沅、湘一带祭祀之礼、歌舞之乐之后,吸收并加工改编,终于形成了楚国的祀神歌舞。这是目前学界的一种主流观点。然而周勋初先生在《九歌新考》中认为,《九歌》中的《大司命》《少司命》《湘君》《湘夫人》《山鬼》《国殇》《礼魂》是流传楚地的民间祭歌或民间传说;而《东皇太一》《东君》《云中君》《河伯》是北方的神祇,不可能是楚国原有的民间祭歌或民间传说。可能是屈原在出使他国时听到的北方神祇故事,或通过欣赏歌舞而知道某些神祇,再就是他晚年流落江南,接触到楚国神祇祀典和传说,写出了《九歌》。我更倾向于后者的观点。正因为屈原将北方中原的乐舞艺术融入楚国的巫舞文化之中,促进了楚国乐舞艺术的发展,巫舞的表演性、娱人性得到加强。我们只有了解了《九歌》的写作背景、神祇的来源,才能更好地理解《九歌》所表现的歌舞场面。"这些歌舞的性质,本来比较庄重,专门用于宗庙祭祀,娱神的意味比较浓厚,但发展到后来……这样的宗教歌舞就常是同时起着娱神与娱人的双重作用,其后更发展到娱神云云徒具形式,纯以娱人为主了。"[①]前面所说《诗经》中的《陈风·宛丘》反映的民间祭神时节,也正是男女恋爱之时。祭神的歌中,大

图八
战国人物龙凤帛画

---

① 《周勋初文集》第一卷《九歌新考》,南京:江苏古籍出版社,2000年版,第147页。

部分是恋歌,可谓是娱神更是娱人的歌舞。作为祭神的《九歌》也不例外,其中六篇写的是爱情故事,写神与神、神与人相爱的心理活动和感情变化。如《云中君》是人对云神的爱慕企盼;《少司命》是男人向女神求爱,并述说相思离别之情;《湘君》与《湘夫人》是女神对男神的爱恋,女神因男神失约而失望哀怨。通过人神的爱恋,来表现男女恋爱的心情。"可见宗教歌舞之由娱神转为娱人,实有其普遍性"。① 通过《九歌》我们可以了解楚国以歌舞乐诸神的表演盛况。

楚人迷信鬼神,其尚巫之风在历史上颇具盛名。从"巫"的甲骨文字形看,"巫"字象征巫人两袖之舞。"巫"与"舞"之间存在密切的关系,郭沫若先生通过考证中国甲骨文,认为:"巫"与"舞"相通,"巫"字由"舞"演变而来(图九)。

卜辞中的"舞"字　　　　小篆中的"巫"字　　　　楷书中的"巫"字

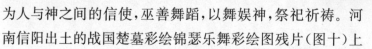

图九　巫字的演变

东汉许慎《说文解字》:"巫,祝也。女能事无形,以舞降神者也。象人两褎舞形。"②"褎",是古字"袖"也,长长的两袖是巫衣装的特点。在这里,"巫"是指在巫术仪式中向神祝祷的人,巫利用长袖而舞,来感召神灵,使其成为神的舞者,巫在祭祀中通过歌舞娱神所表演的舞蹈,与神灵获得沟通,以求得神灵的保护和赐福。东汉王逸在《楚辞章句》中,把巫风与楚国舞蹈的关系说得很清楚:"昔楚南郢之邑,沅、湘之间,其俗信鬼而好祠,其祠必作歌乐鼓舞,以乐诸神。"楚地巫风盛行,巫成为人与神之间的信使,巫善舞蹈,以舞娱神,祭祀祈祷。河南信阳出土的战国楚墓彩绘锦瑟乐舞彩绘图残片(图十)上

图十
战国楚墓彩绘锦瑟
乐舞图

---

① 《周勋初文集》第一卷《九歌新考》,南京:江苏古籍出版社,2000年版,第148页。
② (汉)许慎撰:《说文解字》,北京:中华书局,1981年版,第100页。

描绘的正是众巫乐舞祭祀的场景。一位正在呼号的女巫舒展博袖,似欲起舞;另一位女巫低首扬袖起舞,一袖卷曲飘拂于前,一袖拖曳于地,姿态优美,可惜下身残缺。此外还有张弓欲射的假面舞人、扮着鸟兽状的舞人等,整个画面充满庄严而欢乐的气氛。从中可窥见楚国巫舞的点滴。

《九歌》是屈原描写楚国巫觋祭神仪式的舞曲歌辞,名为《九歌》,其实为十一首歌曲。它那精美的语言、丰富的想象、流畅的节奏,都充满着浪漫幻想的色彩。《九歌》里女巫们依着所祭的神灵,装扮成诸神,将歌、舞、乐融为一体,巫身着华丽的舞服,在钟、鼓、竽、瑟等多样乐器的演奏下,边歌边舞,可谓是场面宏大的祭祀歌舞。以下是对《九歌》的解读:

场景一:在一个良辰吉日里,人们迎接群神之主——东皇太一到来,大家虔诚地献上玉枝、桂酒和椒浆,还铺陈各种乐器,如竽、瑟、鼓、钟等。巫缓节而舞,徐徐歌唱。主祭巫师佩长剑而舞,动鸣五环,铿锵有节度。整个场面是五音繁会,群舞偃蹇。如云:

……扬枹兮拊鼓,疏缓节兮安歌,陈竽瑟兮浩倡。灵偃蹇兮姣服,芳菲菲兮满堂;五音纷兮繁会,君欣欣兮乐康。(《东皇太一》)

场景二:在云气缭绕之中,云中君(云神)到来,他沐芳华采,飘忽不定,其舞态,犹如龙驾遨游于云天。随着云中君的到来和离去,忽而既降,忽而飘远。缥缈云雾之中,他倜傥煌煌,扶摇而上,多么令人叹息忧伤。如云:

浴兰汤兮沐芳,华采衣兮若英。灵连蜷兮既留,烂昭昭兮未央;謇将憺兮寿宫,与日月兮齐光。龙驾兮帝服,聊翱游兮周章。灵皇皇兮既降,猋远举兮云中。览冀州兮有余,横四海兮焉穷……(《云中君》)

场景三:此是水神湘夫人的独唱,她吹箫作乐,瞻望湘君,而终未见到。于是思君的人只能悱恻怅惘。此场表演当以独唱歌舞为主,乐器有"参差"之洞箫。如云:

君不行兮夷犹,蹇谁留兮中洲?美要眇兮宜修,沛吾乘兮桂舟。令沅湘兮无波,使江水兮安流。望夫君兮未来,吹参差兮谁思!……捐余玦兮江中,遗余佩兮醴浦。采芳洲兮杜若,将以遗兮下女。时不可兮再得,聊逍遥兮容与。(《湘君》)

场景四:此是水神湘君的独唱,他与湘夫人相互爱恋,又终不得遇。只见洞庭彼岸,秋风袅袅,期约未成,驰望愁予,湘君独自暗伤。虽捐袂于江中,也未能见恋人的到来。此场景当以独唱歌舞为主,还有百草、芳馨等祭品。如云:

帝子降兮北渚,目眇眇兮愁予。袅袅兮秋风,洞庭波兮木叶下;白薠兮骋望,与佳期兮夕张。……捐余袂兮江中,遗余褋兮醴浦。搴汀洲兮杜若,将以遗兮远者。时不可兮骤得,聊逍遥兮容与!(《湘夫人》)

场景五:此场是司命主寿之神——大司命乘云驾到,于是风为之开道,雨为之接尘,他乘清风,御阴阳,云衣被被,玉佩陆离。虽然是操主人命的神,但却未能主宰聚合离散。大司命高驰冲天而去。如云:

广开兮天门,纷吾乘兮玄云。令飘风兮先驱,使冻雨兮洒尘。君回翔兮以下,逾空桑兮从女。纷总总兮九州,何寿夭兮在予。高飞兮安翔,乘清气兮御阴阳……灵衣兮被被,玉佩兮陆离……乘龙兮辚辚,高驰兮冲天。结桂枝兮延伫,羌愈思兮愁人。愁人兮奈何,愿若今兮无亏。固人命兮有当,孰离合兮可为?(《大司命》)

场景六:秋兰麋芜,满堂溢香,掌管子嗣的少司命来到,他环顾巫女满堂,却只注视其中的一位。他入不言,出不辞,来去倏忽,使人们顿生别离之感慨。此场歌舞,临风浩歌,动长剑,人物荷衣蕙带。如云:

秋兰兮麋芜,罗生兮堂下。绿叶兮素华,芳菲菲兮袭予。夫人自有兮美子,荪何以兮愁苦!秋兰兮青青,绿叶兮紫茎。满堂兮美人,忽独与余兮目成。入不言兮出不辞,乘回风兮载云旗。……望美人兮未来,临风怳兮浩歌。孔盖兮翠旌,登九天兮抚彗星。竦长剑兮拥幼艾,荪独宜兮为民政。(《少司命》)

场景七:云蒸霞蔚,日出东方,驾龙如雷的日神——东君驾到，于是乎巫觋击鼓撞钟，鸣篪吹竽，展诗会舞，云衣霓裳，回旋翻飞。欢快的歌舞使东君流连忘返，他观赏完毕，最终还是乘驾东归而去。此场歌舞是瑟、鼓、钟、箫、竽等大合奏，是九歌中乐器用得最多的一场，歌舞如"翱飞翠曾"。如云：

暾将出兮东方，照吾槛兮扶桑。抚余马兮安驱，夜皎皎兮既明；驾龙辀兮乘雷，载云旗兮委蛇。……緪瑟兮交鼓，箫钟兮瑶簴；鸣篪兮吹竽，思灵保兮贤姱；翾飞兮翠曾，展诗兮会舞。应律兮合节，灵之来兮蔽日，青云衣兮白霓裳，举长矢兮射天狼。……（《东君》）

场景八：河神河伯登场，他怀登昆仑兮而四望的气度，行风雨，撼波涛，飞扬浩荡，风度潇洒。河伯神与大家游玩，恋恋不舍之中与大家告别。此场歌舞节奏强烈，情感炽热。如云：

与女游兮九河，冲风起兮横波。乘水车兮荷盖，驾两龙兮骖螭。登昆仑兮四望，心飞扬兮浩荡。日将暮兮怅忘归，惟极浦兮寤怀；鱼鳞屋兮龙堂，紫贝兮朱宫。灵何为兮水中？乘白鼋兮逐文鱼，与女游兮河之渚，流澌纷兮将来下。子交手兮东行，送美人兮南浦。波滔滔兮来迎，鱼邻邻兮媵予。（《河伯》）

场景九：山鬼神登场，她们带着爱恨和幽怨，含睇带笑，窈窕作态，常常伫立于山头。怨怅忘归。此场舞悱恻婉转，凄清动人，如雨冥冥、猿啾啾、风飒飒、木萧萧。如云：

若有人兮山之阿，被薜荔兮带女萝；既含睇兮又宜笑，子慕予兮善窈窕。……表独立兮山之上，云容容兮而在下。杳冥冥兮羌昼晦，东风飘兮神灵雨。……怨公子兮怅忘归，君思我兮不得闲。山中人兮芳杜若，饮石泉兮荫松柏，君思我兮然疑作。雷填填兮雨冥冥，猿啾啾兮又夜鸣。风飒飒兮木萧萧，思公子兮徒离忧。（《山鬼》）

场景十：勇士的英魂登场，在巫觋的祭奠之中，仿佛勇士们操戈披甲，犹如生前，历历在目。此场祭祀歌舞，礼赞阵亡勇士的诚勇刚强和不可凌辱的精神，舞蹈鸣鼓而舞，操戈披甲，带长剑，挟秦弓。如云：

操吴戈兮被犀甲,车错毂兮短兵接。旌蔽日兮敌若云,矢交坠兮士争先。……诚既勇兮又以武,终刚强兮不可凌。身既死兮神以灵,子魂魄兮为鬼雄。(《国殇》)

场景十一:末场是送神曲,祭礼既成,气氛热烈,巫女们手执鲜花载歌载舞,美好的祝愿就像春兰秋菊,长无终古。如云:

成礼兮会鼓,传芭兮代舞。姱女倡兮容与。春兰兮秋菊,长无绝兮终古。(《礼魂》)①。

从对《九歌》内容的解读,我们可以看出,《九歌》是一场祀神的歌舞,其祭祀的仪式是豪华隆重的,场面是宏大的,有巫师执剑而舞、美艳的女巫表演,神灵形象鲜明,有群舞、独舞、伴唱或且歌且舞等表演形式,是一部充满神幻浪漫的楚舞风貌的歌舞剧。闻一多先生就以《九歌》为底本,编导出场景开阔,布局有序,声情并茂的一出歌舞剧。②灵,是楚人对巫的一种称谓,巫在"降神"中使得"神灵附体"而成为"神"。屈原在《九歌》中关于灵(即巫)的舞蹈有细致的描述,其中所描绘的"缓节""安歌",是舒缓的节奏;"翠"则指舞步急促;"姣服"是指美丽轻盈的舞衣;"翩飞""翠曾"是写舞人舞态之轻盈。巫舞舞姿"偃蹇",就是时仰时俯,旋转自如,修袖飞扬,卓约多姿;"连蜷",就是舒曲宛转回环的样子。这些都是形容巫在舞蹈中扬袖折腰的动作,舞袖、折腰形成了楚舞轻盈曼妙和曲线律动之美。

《九歌》表演的特点是"楚巫们往往身着美丽的服饰、带剑佩玉,装扮成似人似神(如《九歌》云:'抚长剑兮玉珥,璆锵鸣兮琳琅'等);伴奏以鼓为主,击鼓贯穿巫舞的全过程,五音繁会,边歌边舞(如《九歌》云:'扬枹兮拊鼓'、'缊瑟兮交鼓'、'成礼兮会鼓'、'五音兮繁会'等);最基本的动作造型是双手高举,屈膝跨步、踏地为节;也揉以翘袖折腰之楚

---

① 转引自王宁宁:《中国古代乐舞史》,太原:山西人民出版社,2009年版,第206—210页。
② 转引自杜月村:《楚辞新读》,成都:巴蜀书社,2001年版,第90页。

舞之传统,在长袖翻飞、纤腰扭动中翩翩起舞(如《九歌》云:'灵偃蹇兮姣服'、'疏缓节兮安歌'等)"。[1] 可见楚舞的第一个特色是"飘逸",体现飘逸的重要手段之一是长袖。第二个特色是"轻柔",轻柔美的造成,主要得力于腰肢的纤细灵活。第三个特色是"热烈",舞蹈过程中有疾徐弛张的变化,热烈与飘逸、轻柔在舞蹈中相辅相成、互相映衬、互为统一,从而形成了抑扬顿挫、对比鲜明和极富动感的楚舞风格韵律。楚舞舞女的服饰还"尚华艳"。[2] 河南信阳出土的战国彩绘漆瑟残存乐舞图(图十一)显示,乐舞人分两排,上排自右向左:第一人跪地吹笙,以下三人漆画残缺;第五人手挥双槌,作敲击状,似敲鼓;第六人为舞人,着红色黄点舞衣,侧身前倾,舞动长袖,翩翩起舞。画面中的人手挥鼓槌,呈奋力敲击状,自有一股率真的野性实感,充分体现了楚舞舞姿袖长细腰、体态灵巧、长袖飘逸和宣泄激情、热烈的特点。从吴曼英绘制的河南信阳出土的战国彩绘漆瑟的舞人形象,能更清楚地看出舞人动作的重点似在双袖的舞动。

图十一 战国彩绘漆瑟乐舞图及局部舞者线描图

白纻舞是舞者身着当时被称为"丽服"的白纻舞衣而跳的一种舞蹈。"纻"是一种纻麻细布,三国时吴国所产,"纻"在捣制过程中,色愈白,质愈软,具有薄、轻、软的特点,可谓"质如轻云色如银""扬眉转袖若雪飞"。舞者穿上这种舞服,飘素回风,有如轻云一般,令观者赏心悦目。《旧唐书·音乐志》云:白纻舞"舞容闲婉,曲有姿态……从容雅缓,犹

---

[1] 黄中骏:《湖北传统乐舞概论》,武汉:长江文艺出版社,2001年版,第246页。
[2] 费秉勋:《楚辞与楚舞》,《古典文学知识》,2000年第5期。

有古士君子之遗风,他乐则莫与为比"。① 从"低鬟转面掩双袖""长袖拂面为君施""珠履飒沓纳袖飞""纤腰袅袅不任衣""舞女趁节体自轻""体如轻风动流波"等白纻辞描述的乐声舞态中,可知白纻舞是以轻柔飘逸的舞袖和纤柔的腰肢来表现舞姿的卓约轻盈和高超的舞蹈技巧。白纻舞在激昂处,如游龙飞舞,宛转低昂;娴静处,那步态若推似引,似留又行。舞者注重眼的表演,时而凝睇,时而流盼,像明月般光彩照人,像流波般仪态万方。通过眼神,流波送盼,含笑生姿,传递舞者内在的情感,而增加欢乐的情趣。通过白纻舞的舞蹈形态,我们可以发现其全面继承了楚舞的轻盈和曼妙的舞姿。

第三节
汉魏南北朝诗赋中的舞蹈与白纻舞的密切关系

诗赋运用语言对舞蹈进行了艺术化的描述,它最初的目的并不是为了记录舞蹈的动作,而是为了咏唱。但在咏唱的过程中,对舞蹈写实性的记录便产生了,不少诗赋对舞蹈都有不同程度的描写,据清代严可均校辑的《全上古三代秦汉三国六朝文》和今人逯钦立编的《先秦汉魏晋南北朝诗》记载,汉代到魏晋南北朝共有 6 篇与舞蹈相关的赋作,汉代傅毅《舞赋》、张衡《舞赋》,晋夏侯湛、张载《鞞舞赋》,梁代萧纲《舞赋》、顾野王《舞影赋》等。另有大量六朝咏舞诗,如萧纲《和林下妓应令诗》、江洪《咏舞诗》、刘孝仪《又和咏舞诗》等,从不同视角记录了乐舞的状貌,为后人研究汉魏六朝乐舞提供了弥足珍贵的文献资料。先秦、汉魏六朝的

---

① (后晋)刘昫等撰:《旧唐书》卷二十九《音乐志二》,北京:中华书局,1975 年版,第 1067 页。

玉器、青铜器、漆器、画像石(砖)等舞蹈图像资料的大量发现,让我们对这一时期的乐舞有了更为直观的认识,它将乐舞形象,或某个舞蹈精彩的瞬间定格在方寸之间,虽然不能完全和文献资料记载的舞蹈一一对应,但其具有的真实性和感觉的直观性,有着文字史料无法替代的作用,对我们研究古代乐舞有着重要的参考价值。

另据史料记载,战国宋玉和东汉傅毅皆有同名《舞赋》之作,宋玉《舞赋》录自《古文苑》卷二《宋玉赋六首》其六,傅毅所作《舞赋》收录在萧统编的《文选》卷十七中,共计933个字。唐欧阳询编《艺文类聚》卷四十三《乐部·舞》,则摘录《文选》所收傅毅《舞赋》,共263个字。《艺文类聚》所载傅毅《舞赋》与《古文苑》所载宋玉《舞赋》只有个别字句不同。① 关于宋玉《舞赋》和傅毅《舞赋》的归属,学界一直有"增衍说"和"删节说"之争。一种观点认为《舞赋》确为宋玉所作,傅毅在其基础上增敷文字。另一种观点认为《古文苑》所收宋玉《舞赋》系东汉傅毅《舞赋》的删节之词。《古文苑》所收《宋玉赋六首》,包括《笛赋》《大言赋》《小言赋》《讽赋》《钓赋》《舞赋》。对于《舞赋》的作者,"据谭家健、朱碧莲、高秋凤三位先生考证,其中的《笛赋》、《大言赋》、《小言赋》、《讽赋》、《钓赋》确是宋玉赋。既然《古文苑》所载六篇宋玉赋有五篇不伪,那么《舞赋》一篇是伪作可能性不大。更重要的是,此篇的语气、结构、风格确实和宋玉其他赋风格相同"。② 刘刚在《关于宋玉〈舞赋〉的问题》一文中,分别以对汉赋、傅毅赋模仿创作方式的寻根溯源,对宋玉《舞赋》与傅毅《舞赋》进行了比较研究,考证了宋玉《舞赋》并非"伪托之作",而理应是宋玉亲作。③ 笔者十分赞同这一观点。认为宋玉《舞赋》所描写的是先秦时期流行的长袖舞,而傅

---

① 吴广平编注:《宋玉集》,长沙:岳麓书社,2001年版,第139页。
② 吴广平编注:《宋玉集》,长沙:岳麓书社,2001年版,第139页。
③ 《辽宁大学学报》,2002年第4期。

毅《舞赋》在宋玉《舞赋》基础上所增衍的文字是汉代的《盘鼓舞》。《盘鼓舞》的舞者也是穿长袖束腰长裙，呈现的是在盘鼓之上高纵轻蹑、舞袖扬起、飘逸的舞姿。《舞赋》是研究我国古代传统舞蹈宝贵的艺术文献资料，在此将《古文苑》卷二收录的署名宋玉的《舞赋》和《文选》卷十七所收录的署名傅毅的《舞赋》分开叙述，并对描写舞蹈的有关段落加以分析解读。

舞 赋
宋 玉

楚襄王既游云梦，将置酒宴饮。谓宋玉曰："寡人欲觞群臣，何以娱之？"玉曰："臣闻《激楚》《结风》《阳阿》之舞，材人之穷观，天下之至妙。噫！可进乎？"王曰："试为寡人赋之。"玉曰："唯唯。"

尔乃郑女出进，二八徐待，姣服极丽，姁媮致态。貌嫽妙以妖冶，红颜晔其阳华。眉连娟以增绕，目流睇而横波。珠翠灼烁而照曜兮，华袿飞髾而杂纤罗。顾形影，自整装。顺微风，挥若芳。动朱唇，纡清扬，而抗音高歌，为乐之方。其始兴也，若俯若仰，若来若往。雍容惆怅，不可为象。罗衣从风，长袖交横。骆驿飞散，飒沓合并。绰约闲靡，机迅体轻。合场递进，案次而俟。埒簸角妙，夸容乃理。轶态横出，瑰姿谲起。回身还入，迫于急节。纤形赴远，漼以摧折，纤縠蛾飞，缤焱若绝。体如游龙，袖如素蜺。迁延微笑，退复次列。观者称丽，莫不怡悦。

"尔乃郑女出进，二八徐待，姣服极丽，姁媮致态。貌嫽妙以妖冶，红颜晔其阳华。眉连娟以增绕，目流睇而横波。珠翠灼烁而照曜兮，华袿飞髾而杂纤罗。顾形影，自整装。顺微风，挥若芳。动朱唇，纡清扬，而抗音高歌，为乐之方。"这段大意：那些郑国歌伎舞女走出来进入筵席间，两列十六人轻移徐步侍立在君王旁边。她们服装极其华丽，体态娇媚，神色愉悦。容貌娇美妖冶迷人，面色红润放着光芒。眉毛弯弯细又长,眼睛流盼传递着情肠。珍珠翡翠闪着耀眼的光泽啊,华丽高贵的长袍装饰飞动的燕尾,还配上纤细的丝罗。她们顾影自盼,各自打扮,随着微风,飘散着杜若的芳香。她们张开红红的嘴唇,喜上眉梢,在乐舞开始时放声高歌。

江苏徐州铜山出土的汉画像石上,舞者皆着大袖舞服,梳着蝴蝶形的发式或带着蝴蝶状的冠。分两排,前者舞人体型较大,后排舞人体形略小,前后错落有致,观者可以看到每个舞者。舞者左手抬袖于肩,右手轻轻背在身后,姿态妩媚、雅致,带着娇柔、婉约的风韵(图十二)。从此图我们可以体会到舞者盛装出场待舞的状态。

图十二 汉画像石群舞图

"其始兴也,若俯若仰,若来若往。雍容惆怅,不可为象。罗衣从风,长袖交横。骆驿飞散,飒沓合并。绰约闲靡,机迅体轻。合场递进,案次而俟。埒簇角妙,夸容乃理。轶态横出,瑰姿谲起。回身还入,迫于急节。纡形赴远,漼以摧折,纤縠蛾飞,缤焱若绝。体如游龙,袖如素蜺。迁延微笑,退复次列。"这段大意:舞蹈开始的时候,她们忽而俯身向下,忽而仰面向上,忽而跳过去,忽而跳过来。仪态是那样的雍容惆怅,简直难以用具体形象来形容。轻柔的罗衣随着风飘扬,长长的袖子,不时在空中交横,飞舞挥动,络绎不停,婉转袅绕,也合乎节奏的快慢。体态柔美而娴雅,迅捷而轻盈。这时,全场一个接一个,按着次序等待献技。

图十三
战国铜壶乐舞图

这些歌伎舞女的容貌服饰和舞蹈技巧,一个赛过一个,意想不到的美妙舞姿也层出不穷。等到她们回身再开始跳的时候,音乐换成了急促的节拍。她们灵活柔婉的腰肢,能远远地探出,深深地弯下,轻纱做成的衣裳,像蛾子在那里飞扬,飘飘然好像断断续续。她们的体态如游龙,袖子像白色的云霓。舞毕曲终,她们面带微笑,退回到她们原来的队列中去。

"若俯若仰":"俯""仰",指舞者腰部前后弯曲,带动上身前曲与后仰。战国铜壶上女子舞蹈图像,舞者高髻长袖,上身前倾,双袖轻扬,大有乘风欲去之意,却又回首顾盼,一足后踏,构成了美妙的舞姿(图十三)。

图十四
秦木梳乐舞图

湖北江陵出土的秦朝木梳,描绘的是歌舞场面(图十四)。画面有三人,中间是一舞伎,她的发髻披脑后,身穿宽长袖交领上衣;下身着裙裾,腰间系红带,随乐曲和歌声前俯后仰起舞。右边一女子手持长槌作敲击乐器状。左边跪坐一女子,正引吭高歌,为舞者伴唱。通过歌、舞、乐三人的不同形象,把复杂的歌舞场面表现得惟妙惟肖。这两幅图把"若俯若仰,若来若往"舞蹈精妙的动态勾画出来。

"罗衣从风,长袖交横。骆驿飞散,飒沓合并。""骆驿",同"络绎",连续不断的样子。"飒沓",曲折貌,盘旋状。山东济宁出土的汉画像石(图十五)中,右侧有两舞者一前一后站立,随后向左右两侧错开,挥舒长袖,翩翩起舞。

图十五
汉画像石乐舞图

"绰约闲靡,机迅体轻"。"绰约",柔美貌。"闲靡",形容舞姿柔缓优美。"机迅",形容动作回折迅疾如弩机迅发。此句言舞蹈动作缓慢时显得柔美妩媚,而节奏突然变快,舞者身轻如燕,动作迅速。图十五中二位舞者的舞姿,可堪作对"绰约闲靡,机迅体轻"一语的注脚。

舞　赋(并序)

傅　毅

楚襄王既游云梦,使宋玉赋高唐之事。将置酒宴饮，谓宋玉曰："寡人欲觞群臣，何以娱之？"玉曰："臣闻歌以咏言，舞以尽意。是以论其诗，不如听其声；听其声，不如察其形。激楚结风，阳阿之舞，材人之穷观，天下之至妙。噫！可以进乎？"王曰："如其郑何？"玉曰："小大殊用，郑雅异宜。弛张之度，圣哲所施。是以乐记干戚之容，雅美蹲蹲之舞，礼设三爵之制，颂有醉归之歌。夫咸池六英，所以陈清庙、协神人也。郑卫之乐，所以娱密坐、接欢欣也。余日怡荡，非以风民也，其何害哉！"王曰："试为寡人赋之。"玉曰："唯唯。"

夫何皎皎之闲夜兮，明月烂以施光。朱火晔其延起兮，耀华屋而熺洞房。黼帐袪而结组兮，铺首炳以煜煌。陈茵席而设坐兮，溢金罍而列玉觞。腾觚爵之斟酌兮，漫既醉其乐康。严颜和而怡怿兮，幽情形而外扬。文人不能怀其藻兮，武毅不能隐其刚。简惰跳踃，般纷挐兮。渊塞沈荡，改恒常兮。于是郑女出进，二八徐侍。姣服极丽，妁媮致态。貌嫽妙以妖蛊兮，红颜晔其扬华。眉连娟以增绕兮，目流睇而横波。珠翠的砾而照耀兮，华袿飞髾而杂纤罗。顾形影，自整装。顺微风，挥若芳。动朱唇，纡清阳。亢音高歌为乐方。

歌曰：摅予意以弘观兮，绎精灵之所束。弛紧急之弦张兮，慢末事之肌曲。舒恢炱之广度兮，阔细体之苛缛。嘉关雎之不淫兮，哀蟋蟀之局促。启泰真之否隔兮，超遗物而度俗。扬激徵，骋清角。赞舞操，奏《均曲》。形态和，神意协。从容得，志不劫。

于是蹑节鼓陈，舒意自广。游心无垠，远思长想。其始兴也，若俯若仰，若来若往。雍容惆怅，不可为象。其少进也，若翱若行，若竦若倾。兀动赴度，指顾应声。罗衣从风，长袖交横。骆驿飞散，飒擖合并。鶬鹒燕居，拉㧺鹄惊。绰约闲靡，机迅体轻。姿绝伦之妙态，怀悫素之洁清。修仪操以显志兮，独驰思乎杳冥。在山峨峨，在水汤汤。与志迁化，容不虚生。明诗表指，喷息激昂。气若浮云，志若秋霜。观者增叹，诸工莫当。

于是合场递进，按次而俟。埒材角妙，夸容乃理。

轶态横出，瑰姿谲起。眄般鼓则腾清眸，吐哇咬则发皓齿。摘齐行列，经营切儗。仿佛神动，回翔竦峙。击不致筴，蹈不顿趾。翼尔悠往，暗复辍已。及至回身还入，迫于急节，浮腾累跪，跗蹋摩跌。纤形赴远，漼似摧折，纤縠蛾飞，纷猋若绝。超逾鸟集，纵弛殟歿。蝼蛇姌嫋，云转飘曶。体如游龙，袖如素蜺。黎收而拜，曲度究毕。迁延微笑，退复次列。观者称丽，莫不怡悦。

于是欢洽宴夜，命遣诸客。扰躟就驾，仆夫正策。车骑并狎，茏炭逼迫。良骏逸足，跄捍凌越。龙骧横举，扬镳飞沫。马材不同，各相倾夺。或有逾埃赴辙，霆骇电灭，蹠地远群，暗跳独绝。或有宛足郁怒，般桓不发，后往先至，遂为逐末。或有矜容爱仪，洋洋习习，迟速承意，控御缓急。车音若雷，鹜骤相及。骆漠而归，云散城邑。天王燕胥，乐而不泆。娱神遗老，永年之术。优哉游哉，聊以永日。

傅毅的《舞赋》，将歌舞作为欣赏对象，运用辞赋描写的手法，不仅对舞蹈形态进行了生动的描绘，也在赋文中提出了郑卫乐舞与雅声之别，表达了音乐美学的见解。目前学界普遍认为，傅毅的《舞赋》表现的是汉代十分流行的"盘鼓舞"。赋文从背景、歌舞、散宴三个方面进行了描写。首先序中假托宋玉和楚襄王在云梦作《高唐赋》后，置酒宴饮，观舞助兴的故事，写下在月光皎洁的夜晚，烛火明亮，酒杯里溢满玉液琼浆，宾客把酒言欢。美丽的月光下，能歌善舞的美丽舞伎缓缓登场。

图十六
汉盘鼓舞图

傅毅《舞赋》的第二部分，首先描述的是群舞，落笔重点是描绘舞伎的容貌和体态；随后描述一名歌伎的精湛演唱，赞美她的演唱神态和歌词的精神相和谐。

这里需要说明的是，傅毅的《舞赋》是在宋玉《舞赋》的基础上"增衍"而成的。如："于是蹋节鼓陈，舒意自广。游心无垠，远思长想"，数语，即是"增衍"文字。这几句的大意：这时，那踏节的盘和鼓已经摆好，舞人从容而舞，放开心意，远思长想。显然傅毅"增衍"的这一段舞蹈描写，与开始描写的群舞在内容上不是连贯的。它表现的是汉代技巧性最强的盘鼓舞，舞蹈时将盘和鼓排列在地面，舞者在盘与鼓之间纵横腾踏，以足触击盘鼓发出悦耳之音，同时挥动长巾或长袖，表演各种舞蹈技巧。从出土的汉代盘鼓舞画像砖石（图十六）看，汉代盘鼓舞多为独舞，常常和百戏中弄丸、跳剑、连倒等表演同时进行，为突出盘鼓舞的运动感，舞者常常采用舞袖或持长巾，并通过手臂动作的运用，增强舞蹈的表现力。

下文又"增衍"曰："其少进也，若翱若行，若竦若倾。兀动赴度，指顾应声。"这几句的大意：随后表演的舞蹈，时而像群鸟展翅飞翔，时而像鹄延颈驻足，身子倾斜却未倒下，手眼身法都与鼓声相和。

"合场递进"这一段，傅毅描绘了盘鼓舞精彩的场面："眄般鼓则腾清眸，吐哇咬则发皓齿。摘齐行列，经营切儗。仿佛神动，回翔竦峙。击不致筴，蹈不顿趾。翼尔悠往，暗复辍已。及至回身还入，迫于急节，浮腾累跪，跗蹋摩跌。纡形赴远，漼似摧折。纤縠蛾飞，纷猋若绝。超逾鸟集，纵弛殟歿。蜲蛇姌袅，云转飘曶。体如游龙，袖如素蜺。黎收而拜，曲度究毕。迁延微笑，退复次列。"这段的大意：舞者斜视般闪动着的眼神，口吐娇声露出皓齿。舞的行列变换有致，姿态造型作恰当的比拟。好似仙女下凡，盘旋回翔又竦然立峙，拍板快得来不及击打、击鼓的足趾几乎没有停顿。在盘鼓上跳跃好似飞向远方，忽然动作戛然静止。舞女各呈姿态后，在急迫的乐曲中回身归队，她们折腰迅跑，衣袖飞扬如蛾飞，速度之快纷纷然如疾风掠过。舞者窈窕的身段如游龙般柔美，长袖如素霓般美丽。一曲终了，舞者面带微笑慢步后退而行礼,按次第的行列退复原位。

"浮腾累跪,跗蹋摩跌。"舞者反复腾跃后,用膝落于鼓面或盘背,落下后用足面敲击鼓面或盘背。"纡形",躬着腰。"㩊似摧折","㩊",曲折貌,此喻后仰弯腰之姿。"纡縠",柔细的丝麻之类织品,此处指穿着丝麻衣服的舞女像蛾儿轻飞。"超逾鸟集,纵弛殟殁。蜲蛇姌袅,云转飘曶。"舞者快速腾跃超越群鸟飞集,慢速度的踏跃,舒缓轻飘的旋转。可见盘鼓舞是追求力度、讲究技艺性的舞蹈,让人击节叹赏。

图十七　汉末至三国时期画像石对舞图

浙江海宁出土的汉末至三国时期的"三女堆"画像石(图十七),墓主为孙权的第三个女儿。这座墓中出土了大量汉画像石刻,记录了众多的汉魏杂舞形象,丰富的汉画像为长江以南、东南沿海首次发现。其中一幅画是七盘放置于地下,一女伎双手向后挥舞长巾,两腿向后腾空跃起,头转向身后男子,与其对舞。另一组为一男子两臂前伸,双腿似劈叉,另一女伎扭腰回首与之对舞。

由上述对宋玉《舞赋》中舞蹈内容的解读和乐舞文物图像的分析可知,舞者皆呈纤纤细腰、体态修长婀娜、轻舒长袖而舞的形态。《韩非子·五蠹》载:"鄙谚曰:'长袖善舞,多钱善贾。'"《韩非子·二柄》记载:"楚灵王好细腰,而国中多饿人。"韩非,是战国时人,可见宋玉《舞赋》所描写的是战国时代的长袖舞。长袖舞,细腰、长袖是其基本形态,"翘袖折腰"更是将舞者细腰体态的曲线表现到极致,它要求舞者

图十八
战国玉舞人

身体呈现极大的弯曲度,具有良好的柔韧性;同时还要让长袖在空中舞动,完成扬袖、抛袖、绕袖、抖袖等动作。

长袖舞作为表演性的"楚舞",不仅在战国时期颇负盛名,而且其袅袅长袖、纤纤细腰、飘绕萦回和讲究曲线律动的舞姿,对汉魏六朝以后的乐舞影响也颇为深远。汉崔骃《七依》:"振飞縠以舞长袖,袅细腰而务抑扬。"汉张衡《舞赋》"抗修袖以翳面""搦纤腰而互折"。《晋白纻舞歌诗》"宛若龙转乍低昂""罗裾飘飘昭仪光"。考古发掘资料中汉代玉雕、画像石(砖)、铜镜中出现了大量的袖舞形象。文物图像资料表现的长袖舞舞姿有两种:一是舞者身体略弯,一臂高举,长袖弯曲,一臂低垂伸展,长裙曳地,由于长裙的限制,下肢活动不会太大,舞蹈动作主要在于挥舞长袖。二是折腰,"翘袖折腰",使舞者充分伸展腰肢,长袖也随折腰的动作大幅度甩出,飞动摇曳(图十八、图十九)。

图十九
西汉玉舞人

从这两幅玉舞人的长袖舞可知,汉代长袖舞的舞蹈形态、服装基本沿袭了战国长袖舞的式样。大量汉代乐舞考古资料的出土证明了汉代是长袖舞的鼎盛时期,是中国古代袖舞的集大成者,且对后世袖舞影响巨大。魏晋南北朝时期,以手、袖飘逸、流动变化的长袖舞,在贵族阶层依然十分流行,其中盛行于六朝的白纻舞就深受汉代长袖舞的影响,成为六朝时期长袖舞的代表作品。

白纻舞因舞者身着白纻织成的"质如轻云色如银"(《晋白纻舞歌诗》)的舞衣而驰名。白纻舞的长袖质地轻盈、色泽莹润,舞者"高举两手白鹄翔"(《晋白纻舞歌诗》),衣袖宽且长,袖在运用上也富于变化,通过袖的飞扬、卷绕、垂拂等表演动作,着意于白纻舞的轻柔之美,"轻躯徐起何洋洋"(《晋白纻舞歌诗》),"体如轻风动流波"(宋刘铄《白纻曲》)。这些描写其轻柔之美的歌辞,让我们感受到舞者轻盈举步、娇媚纤柔、翘臀折腰,形态十分生动,长袖舞舒缓优雅的节奏就在她们举手投足间进出。

长袖舞的形式有独舞、对舞和群舞。舞蹈通常在娱乐宴会中表演，可以自娱自乐，也可以在比较正式的场合演出，形式多样，可以与乐队、歌者表演，也可以和百戏中的形式结合。由于晋以后白纻舞在封建上层中流行，舞蹈形态上仍承接楚汉的长袖、细腰，继而成为整个社会所共同持有的审美价值取向，而"轻柔"成为当时舞蹈艺术的一种审美标准。

傅毅《舞赋》中所增衍的舞蹈是汉代流行的盘鼓舞。从出土文物留存的图像看，"盘鼓舞"是以舞器命名的，是将"盘"和"鼓"排列在地下。张衡《舞赋》载："历七盘而纵蹑。"王粲《七释》云："七盘陈于广庭。"可见舞者所踏之盘应为七枚，从画像石图像看盘数量三、五、七不等。舞者腾跳舞动于盘鼓之间，踏盘或踏鼓而舞，"舞无常态，鼓无定节"（边让《章华赋》）。舞者在表演过程中融入百戏中下腰、倒立等技巧动作，没有固定的程式，可根据舞人技艺的高低，灵活变动。舞者跳动在盘鼓之上，也是通过长袖的舞动，将舞蹈的轻柔和杂技力度融合在一起，展现舞者轻盈奔放的舞姿。盘鼓舞传至西晋，表演形式有所变化，舞者用杯子或盘子作为道具，且拿在手上，反复左右做旋转的动作，时称"杯盘舞"，成为在宴席上表演的一种舞蹈，风靡一时，从《乐府诗集》记载看"杯盘舞"是有歌、有器乐伴奏的舞蹈。而从"轻躯徐起""体如轻风""长袖拂面"歌辞中，则可看出白纻舞可能更多地从盘鼓舞中吸收了其体态的轻柔和利用长袖表现轻盈曼妙的舞姿。

陈代顾野王所作《舞影赋》，篇幅短小而美，构思别致新颖，描绘生动，通过舞影的变化，表现舞者舞姿之美、技艺之精湛，堪称舞赋精品。顾野王《舞影赋》：

耀金波兮绣户，列银烛兮兰房。出妙舞于仙殿，倡雅韵于清商。顿珠履于琼簟，影娇态于雕梁。图长袖于粉壁，写纤腰于华堂。萦纤双转，芬馥一房。类只鸾于合镜,似双鸳之共翔。愁冬宵之尚短,欣此乐之方长。

顾野王《舞影赋》,开篇以"金波""银烛""仙殿"点明了歌舞环境十分奢华,贵族色彩浓厚。又通过"雕梁""粉壁"以及华堂上舞影的变化,对冬夜舞者的舞姿、舞态、舞影作了淋漓尽致的描述:"顿珠履于琼簟,影娇态于雕梁",透过"珠履""琼簟""娇态""雕梁",让我们看到了宫廷夜宴的豪华、舞者服饰的华美和娇媚之态。"图长袖于粉壁,写纤腰于华堂"中用"长袖""纤腰",写舞姿的优美迷人。"类只鸾于合镜,似双鸳之共翔",用"鸾""鸳",来寓意舞者双双起舞,有着高度默契的配合。彩绘双人舞俑(采自《陶俑》)(图二十),两舞者长裙曳地,挽袖出手,双双

图二十
彩绘双人舞俑

起舞,动作轻盈而富于韵味。这又非常切合"类只鸾于合镜,似双鸳之共翔"诗句中所描绘的情景。

顾野王生活在陈朝,他的《舞影赋》所描写的金碧辉煌、奢华的场景、舞者服饰的华美,及舞者的舞姿、舞态,与白纻舞极为相似。"白纻舞"在晋、宋、齐、梁、陈各朝都十分流行,可以说这几朝是"白纻舞"的黄金时代。白纻舞演出场所是在宫廷或达官贵人的府邸,通常是在夜宴中表演,在辉煌的烛光下,展开华筵,丽人的轻歌曼舞于是开始。这情景见于鲍照、沈约等人的诗句中。宋鲍照《白纻歌六首》:"兰膏明烛承夜晖""桂宫柏寝拟天居……雕屏铃匝组帷舒",像天堂一般豪华的宫殿里,帷幕四垂,红烛暖焰。梁沈约《四时白纻歌》"朱光灼烁照佳人""夜长未央歌《白纻》"。此外尚有张率、杨衡等人有关白纻舞歌辞中所述舞蹈夜宴的情景。

关于舞服,白纻舞用轻縠、罗绮作为舞者的服饰,且满身配饰着珠翠,这在诗人的歌咏中都有反映:鲍照《白纻歌

六首》云"纤罗雾縠垂羽衣",鲍溶《寒夜吟》云:"细腰楚姬丝竹间,白纻长袖歌闲闲"即是。长袖可谓是白纻舞的特色,杨衡《白纻辞》"玉缨翠佩杂轻罗""蹑珠履,步琼筵,轻身起舞红烛前",鲍照"珠屣飒沓纳袖飞""车怠马烦客忘归",王俭"罗裙徐转红袖扬",苗条貌美的舞者身着曳地的白纻舞服,身佩玉缨瑶珰,腰间系着翡翠带,脚上穿着珍珠靴,在烛光之下轻歌曼舞,长袖飞扬。夜深了,观舞者忘记了时间,陶醉在歌舞美妙的意境中。

顾野王《舞影赋》与诗人们对白纻舞的描述,歌舞的环境、舞姿舞容是那么的吻合,我们有理由相信顾野王《舞影赋》描写的就是当时已在宫廷盛行的白纻舞。

此外六朝有些乐舞诗和白纻舞也有关联,如萧纲《林下妓》:"炎光向夕敛,促宴临前池。泉深影相得,花与面相宜。簧声如鸟哢,舞袂写风枝。欢乐不知醉,千秋长若斯。"萧绎《和林下作妓应令》:"日斜下北阁,高宴出南荣。歌清随涧响,舞影向池生。轻花乱粉色,风筱杂弦声。独念阳台下,愿待洛川笙。"庾肩吾《咏舞曲应令》:"歌声临画阁,舞袖出芳林。"

图二十一　东汉画像石乐舞图

这些诗勾勒出梁陈宫廷歌舞表演的场景、环境：歌舞宴乐都是在晚间，其地点在"天池"边，或是在"北阁"上，或是在"画阁"内，泉与影相得，花与容相映，歌声盘旋婉转在画阁之上，随着涧水流淌，"舞袖出芳林"，舞者曲回腰折长袖飞扬，舞影掩映在池水边。

汉画像石的内容撷取于当时的现实生活，今天从汉画像石的图案，我们对诗中所描绘的场景有着更直观的感受。安徽淮北出土的东汉中晚期画像石（图二十一），画面为二层，主宾在厅堂宴饮，下层一梳双髻的舞伎侧身向前，左手将长袖环绕于臂，右手将长袖上扬，长裙曳地，翩翩起舞，其左一人似歌者，右坐三乐人。

安徽淮北出土的东汉中晚期画像石（图二十二），画面为二层，主宾在屋宇内观赏乐舞，下层为乐舞表演，中间为一舞伎，头戴冠饰，修袖缭绕，舞姿翩翩。其左为抚琴者，一人似歌者，另一人在敲击乐器，右两人吹竽、吹篪。

图二十二　东汉画像石乐舞图

画像石中的舞者形象都是年轻貌美的女子，长袖、细腰，舞姿曼妙。刘遵《应令咏舞》中写道："倡女多艳色，入选尽华年。举腕嫌衫重，回腰觉态妍。情绕阳春吹，影逐相思弦。履度开裙褶，鬟转匝花钿。所愁余曲罢，为欲在君前。"

甘肃武威汉墓出土的舞俑（图二十三），动作似处于欲转未转之时，刘遵《应令咏舞》所写景象仿佛就是这一瞬间的曼妙情态。

萧纲《听夜妓》云"何如明月夜，流风拂舞腰。朱唇随吹动，玉钏逐弦摇"。这首诗写随着弦歌节奏变化，舞者扭动、回转腰肢，尽显舞姿美妙，体现了白纻歌舞相生的情景。江洪《咏舞女》云："腰纤蔑楚媛，体轻非赵姬。映襟闻宝粟，绿肘挂珠丝。发袖已成态，动足复含姿。斜精若不晌，娇转复迟疑。"在江洪的眼中，舞者比楚王宫中的舞女和赵飞燕衣着更加艳丽，舞姿翩翩，举手投足皆有情有态。舞者的柔软腰肢，着长袖的白色舞服，轻盈的体态，形成了"将转未转""如推如引""轻风动流"的动人画面，显示出舞蹈的清丽秀美。

图二十三 汉舞俑

萧纲《咏舞诗》中"悬钗随舞落，飞袖拂鬟垂"的诗句，写舞者动作迅疾，以致"钗落""鬟垂"。何敬容《咏舞诗》云"因风且一顾，扬袂隐双蛾。曲终情未已，含睇目增波"，诗中所写舞女长袖高扬下拂，舞蹈的优美，就凝结在这惟妙惟肖的神情传送之中。从梁陈的歌舞诗中可以看到白纻舞的踪影。白纻舞在表演过程中，有"体如轻风动流波"（刘铄《白纻曲》），"歌儿流唱声欲清，舞女趁节体自轻"（张率《白纻歌九首》），舞者体态轻盈，似轻风流动；也有"催弦急管为君舞"（鲍照《白纻歌六首》）的迅疾舞步；一曲终了，甚至"坠钗遗佩满中庭"（王建《白纻歌二首》），"香汗微渍朱颜酡"（杨衡《白纻辞二首》）。舞者眉目传情，舞者的眼神"凝停善睐客仪光"（《晋白纻舞歌诗》），"转眄遗精艳辉光"（王俭《齐白纻》），"朱光灼烁照佳人，含情送意遥相亲"（沈约《夏白纻》），"如娇如怨状不同，含笑流眄满堂中"（沈约《春白纻》）"为君娇凝复迁延，流目送笑不敢言"（汤惠休《白纻歌二首》）等。舞者长袖飞扬，流波送盼，含笑生姿。

第四节
汉代长袖舞与白纻舞的舞姿舞容高度相似

汉代,是音乐、歌舞十分繁荣的时代,歌舞之风盛行,这与汉统治者酷爱歌舞有着密切关系。刘邦本人和佐臣都是在楚文化氛围中成长的,他们喜好楚歌楚舞,使汉代俗乐得到了空前发展。李泽厚在《美的历程》一书中指出,汉文化与楚文化是一脉相承的,"其实,汉文化就是楚文化,楚汉不可分。尽管在政治、经济、法律等制度方面,'汉承秦制',刘汉王朝基本上是承袭了秦代体制。但是,在意识形态的某些方面,又特别是在文学艺术领域,汉却依然保持了南楚故地的乡土本色"。①《汉书·礼乐志》载有"高祖乐楚声,故《房中乐》楚声",可知汉代乐舞与楚舞也一脉相承。楚文化中绮丽浪漫、充满想象的艺术特征,在汉代舞蹈艺术中得到淋漓尽致的体现与发展。考古发掘的汉代乐舞资料也得以证实,如广州南越王墓出土的汉代跪姿玉舞人(图二十四),该舞女身着右衽长袖袿衣,下系齐胸的长裙,作跪坐起舞的姿态,舞者头左倾耸右肩,右上臂抬肘,左手插入头后,使长袖飘垂于地;左手甩向侧后,扭腰屈膝,呈"S"形状,长裙拂地,双目前视,鼻翼微隆,小口微启,似正在且歌且舞。一个舞姿曼妙的生动形象便呼之欲出,给人以无尽的审美享受和艺术遐想。这件圆雕玉佩全方位立体地呈现舞女的表演状态,从任何视角都能欣赏到舞者妩媚动人、舞姿娴雅、雍容的含蓄之美。舞者的头发向后梳,并在头部的右侧挽成在汉代盛行一时的螺髻,有研究者从其发髻考察认为它应

图二十四
汉玉雕舞人

---

① 李泽厚:《美学三书》,合肥:安徽文艺出版社,1999年版,第74页。

是越女踏舞的形象。

而安徽淮南博物馆收藏的玉雕舞人（图二十五）表现的就是在楚地非常盛行的以手袖为容的长袖舞，舞者身着长袖曲裾深衣，右袖抬至头部，左手长袖甩至足前，长袖和细腰，体现了舞蹈的飘逸和轻柔；舞者细长的眉毛、转动的头部，夸张而又逼真地表现出顾盼含情的生动情景，体现了舞者娇媚的神态。

这些舞人的形象是纤纤细腰、长裙曳地，过长的衣裙限制了腿部的活动，舞者足下做轻缓慢移的动作。舞蹈以手部动作为主，着重袖的展现，拧身出胯，表现娴静内秀、委婉飘逸的舞姿。这种具有"楚舞"风韵的舞姿，应是当时人们认为最美的舞蹈形态。

图二十五
汉玉雕舞人

从汉画像中的乐舞形象来看，汉代乐舞几乎达到了"无舞不舞袖"的盛况，长袖舞在汉代十分盛行，舞者身着长袖舞衣在殿堂庭院翩翩起舞，舞袖的造型千姿百态，既有手袖为容、委婉抒情的舞蹈，也有动作夸张、热情奔放的长袖舞。这与统治者的审美取向有着直接关系。史载汉高祖刘邦喜好楚声，《汉书·高帝纪》记载刘邦为庆祝平叛的胜利，在家乡沛县开怀畅饮，击筑高唱《大风歌》，歌罢离席奋袖跳起了长袖舞。刘邦对飘逸、轻柔的楚舞情有独钟，《史记》中记载汉高祖病重时欲废太子刘盈（吕后之子），改立戚夫人之子如意为太子，当愿望没有实现时，刘邦对宠妃戚夫人说："为我楚舞，我为若楚歌。"以歌舞来宣泄心中哀愁的情绪。戚夫人善跳翘袖折腰舞（楚舞）。"翘袖折腰自然不是一个舞蹈的名字，而是以腰、袖的各种动姿为基本语素的舞类"。[①]也就是戚夫人在跳长袖舞时特别擅长做"折腰"动作，从汉画像上可以看出，舞者在折腰的同时，袖子舞动如燕儿飞，

---

① 袁禾：《中国古代舞蹈史教程》，上海：上海音乐出版社，2004年版，第51页。

展示了舞者柔曼的舞姿(图二十六)。

据史料记载,汉成帝的皇后赵飞燕也擅长跳长袖舞,正因其表演长袖舞时"举止翩翩然""纤腰轻细""丰若有余,柔若无骨"。并因为传说她"身轻能作掌上舞",而被人们称为"飞燕"。由此看来,赵飞燕在表演长袖舞时使用了一定的轻功技艺。

细腰长裙、手袖为容的舞蹈形态,符合汉统治者的审美意识,也得到人们的喜爱,长袖舞不可避免地影响到民间,成为诸侯贵族、富商巨贾在屋宇殿庭、家室厅堂休闲娱乐时不可缺少的节目,甚至在一些重要的场合,如祭祀、喜庆、庆典中,舞袖也是重要的艺术表演形式,可以说长袖舞已经成为人们抒发情感、寄托情思的一种方式。正因为汉代人们喜爱歌舞,又常常用歌舞表达自己的思想情感,因此,在"视死如生""厚资多藏,器用如生人"葬俗观念的支配下,当时的人们认为人死仅是从人的世界转入天国的世界,形成了汉代的厚葬习俗,王公贵族在墓葬时随葬了乐舞俑、乐器,将长袖舞作为舞蹈的原型,刻画在各类器物和汉画像石(砖)上,希望在冥界继续享受人世间最美好的娱乐生活。

随着近年来汉墓的考古发掘和研究,大量的乐舞文物资料生动地再现了汉代丰富的舞蹈形象,从这些出土文物,如陶俑、铜镜、漆画、汉画像石(砖)等来看,汉代留下的乐舞信息十分丰富。特别是汉画像石(砖),构图比较完整,且自身又具有金石不朽的特性,使上面的乐舞形象得以完好保存,其技术表现手法具有明显的写实特点,反映了当时社会生活和音乐舞蹈的情景。其中的乐舞图像,可以说是一个充满现实主义特色的艺术作品,它们像摄影图片那样,清晰地记录了乐舞的精彩瞬间。汉画像石(砖)虽采用写实性手法,但工匠们不拘泥于单纯的物象模拟,而是运用夸张的手法加以创作,虽然形体和服装不完全符合真实比例,但却使

图二十六 汉画像石乐舞图

刻画的艺术形象更加生动传神,图像中的舞蹈女子修长的身材和细腰被夸张地加以表现,以显示其姿态之美、飘逸之美。

汉代乐舞图像中,以"袖舞"最为多见,可谓是"舞人舞袖的形象也十分丰富,几乎是无舞不舞袖"。① 从构图上看,既有将舞蹈、演唱、杂技、武术等融于一幅画面之中的百戏场景,汉代的百戏应是多种表演艺术的总称。"通常舞蹈表演在百戏中不占主导地位,只是作为辅助配合表演,衬托其他技艺呈现与展示,因此舞蹈风格多表现为柔曼、庄重、平静、祥和。"② 又有单独的舞蹈画面,独舞者展示高超的舞艺和精湛的技巧。从舞蹈性质上看,有自娱性和娱人性的长袖舞,自娱性长袖舞有两种形式:一是即兴舞,这种舞蹈具有突发性、随机性和情感性的特点。舞者只是在某个时刻或事件中产生情绪而进行舞蹈表演,舞蹈中借助"袖"的运用,抒发自己的情感。上述刘邦唱《大风歌》后奋袖起舞,就是即兴而舞。还有家庭的自娱自乐,从《汉书·杨恽传》中的记载可见一斑,杨恽在给朋友的信函中说:"……家本秦也,能为秦声。妇,赵女也,雅善鼓瑟。奴婢歌者数人,酒后耳热,仰天拊缶,而呼乌乌……拂衣而喜,奋袖低卬,顿足起舞。"上至主人、下至奴仆,均能即兴而舞,这种家庭的自娱自乐正是汉代普通生活的再现。二是"以舞相属"。这是汉代礼仪性的社交舞蹈,有着严格的礼仪规矩,舞姿也有着严格的规定。通常在士大夫的宴饮中,主人先起舞,再邀客人起舞,跳舞以助兴。然而一方不能以舞相报或拒绝起舞,为此有的结下怨仇或招致杀身之祸。汉代文献资料中有关"以舞相属"故事的记载较多,画像石更是保留了"以舞相属"的形象资料,《宋书·乐志》的作者沈约认为:"魏晋以

---

① 王克芬:《中国舞蹈发展史》,上海:上海人民出版社,2014年版,第123页。
② 梁宇:《汉代袖舞研究》,北京:华中师范大学出版社,2014年版,第55—56页。

来，尤重以舞相属……近世以来，此风绝矣。""近世"，应是指沈约生活的南朝时期，"以舞相属"的舞蹈已不多见。可见"以舞相属"作为礼仪性舞蹈，是从汉代到魏晋时期流行于士大夫之中的重要文化现象。"以舞相属"作为古老的"交谊舞"，南朝后已不多见，更多的是被后世娱人性舞蹈所代替。

正因为汉代统治者崇尚歌舞，达官显宦对歌舞的迷恋，因此涌现出大批的专业女乐，也就是在后宫和官宦之家专门以表演歌舞娱人的艺人，她们被称为"舞姬"或"歌舞者"，这些专业歌舞伎人都经过专业舞师的训练，掌握高超的舞蹈技艺，这种专业性表演目的在于娱人。据《汉书·礼乐志》记载："内有掖庭材人，外有上林乐府，皆以郑声施于朝廷。"所谓"郑声"，原指新鲜活泼、热情奔放的郑卫之音。《史记·货殖列传》中记载："今夫赵女郑姬，设形容，揳鸣琴，揄长袂……"文中的"赵女郑姬"所跳的就是以长袖舞为主体的歌舞。"值得指出的是，这些舞蹈多来自民间，它比原始形态的民间舞精致、华美，技艺水平也比较高"。①

图二十七 汉舞俑

汉代舞姬中最著名的有汉高祖刘邦的宠姬戚夫人，据《西京杂记》载，戚夫人特别擅长跳"翘袖折腰"的舞蹈。汉代画像石中所表现的舞者常常是长裙曳地，舞动长袖，腰肢柔软，婀娜多姿，舞姿飘逸。西汉赵飞燕体态轻盈，举步翩然若飞，史料记载："赵后腰骨纤细，善踽步行，若人手执花枝，颤颤然，他人莫可学也。"②"踽步"应是舞者走得极细、极小的一种舞步，"步子移动的地位很小……上身及头均随之转扭，全身有颤动感，娟秀妩媚"。③ 东汉时"踽步"演变成"折腰步"。《后汉书·五行志》载："京都妇女作愁眉、啼妆、堕马髻、折要步，……折要步者，足不在体下。"这种舞步轻细，似传统舞步的"花梆步""跑圆场"之类。徐州驮篮山汉

---

① 王克芬：《中国舞蹈发展史》，上海：上海人民出版社，2014年版，第95页。
② (唐)元稹等：《唐宋传奇》，北京：华夏出版社，2015年版，第352页。
③ 王克芬：《中国舞蹈发展史》，上海：上海人民出版社，2014年版，第129—130页。

墓出土的舞俑(图二十七),面目娟秀,婆娑动人,绾髻长发下垂,穿长袖深衣,腰骨纤细,身体左前倾,扭肢折腰,好似身体在旁侧折腰的同时,脚下罗步轻走慢摆,看似足不在体下,使体态呈现出优美的"S"形。舞者舒展飘逸的长袖,以秀丽的舞姿体现"踽步""折腰步"的风姿。"仙仙徐动何盈盈,玉腕俱凝若云行。""状似明月泛云河,体如轻风动流波。""如推若引留且行。"从晋白纻舞歌诗描绘的舞姿,便能体会到"踽步""折腰步"对白纻舞的影响。

从类别看,有以手袖为容的舞蹈,也有手持乐器或武器的舞蹈等。汉代以手袖为容的舞蹈有长袖舞、盘鼓舞、巾舞。舞者以长袖或巾作舞,舞袖造型千姿百态,各具特色,有"翘袖折腰""长袖交横""袖如素霓"。关于长袖舞,该时期的诗词歌赋描绘得十分多,如傅毅在《舞赋》中形象地描述:"罗衣从风,长袖交横……绰约闲靡,机迅体轻。"张衡《南都赋》:"修袖缭绕而满庭,罗袜蹑蹀而容与。"曹植《洛神赋》:"奋长袖以飙回,擢纤腰以烟起。"崔骃在《七依》中写道,"振飞縠以舞长袖,袅细腰以务抑扬",将长袖舞的特点描绘得形象生动。"长袖"是汉代舞蹈中必不可少的助舞道具,也形成了袖舞的艺术特色。

"楚灵王好细腰,而国中多饿人",①"长袖善舞,多钱善贾"。② 可见楚舞的飘逸得益于长袖,轻盈取决于细腰。汉代长袖舞形象正是继承了楚舞的这个特点,汉代玉舞人几乎都是细腰长裙、长袖飘扬的形象。西汉玉佩舞人造型别致,夸张逼真地表现出楚汉乐舞"纤腰兼长袖"的艺术特色,巧妙地撷取了舞人衣裙舞袖飞扬的瞬间形象,衬托出长袖舞的动感艺术。广州出土的西汉组玉佩舞人(图二十八),一组七件,形制虽小,但舞姿刻画得十分生动,舞伎长袖飘

图二十八
西汉玉佩舞人

---

① (清)王先慎撰:《韩非子·二柄》,北京:中华书局,1998年版,第42页。
② (清)王先慎撰:《韩非子·五蠹》,北京:中华书局,1998年版,第454页。

舞,身体略呈现一定的弧度,优美充满动感。甚至可以感受到舞者眉目传情,其举手投足间尽显舞者的妩媚和柔美,展现了西汉时期舞者高超的技艺。

徐州沛县东汉墓出土的一块乐舞画像石(图二十九),其中一头梳双髻的舞伎正扭腰躬身,左手微抬,将长袖绕于腕间,右手将长袖舞在空中,长袖飘扬,正如《南都赋》所描写的长袖舞"白鹤飞兮茧曳绪,修袖缭绕而满庭"的场景。

图二十九　汉画像石乐舞图

"翘袖折腰"舞,不是舞蹈的名字,而是根据袖舞、折腰这种汉代舞蹈特征来称呼的一种舞蹈类型,是长袖舞中具有特殊技巧的舞蹈,只是长袖常常在腰与袖的运用方向上呈反向平衡,进而现曲折姿态,抑扬而舞,具有浓郁的楚舞风韵。山东微山出土的汉画像石有两人对舞(图三十),其中一人跳的就是当时流行的"翘袖折腰"舞,舞者呈九十度侧体折腰舞姿,双袖翘起,利用纤腰前后的动作,舒展长袖。可见"翘袖折腰"舞更注重腰和袖的运用,显示出高超的舞蹈技艺。

图三十　汉画像石乐舞图

汉代盛行神仙方术,人们幻想长生不老、羽化升仙。汉画像石和铜镜中的舞蹈常常配有西王母、东王公等神仙形象,在升仙过程中以歌舞祀神灵,折射出汉代人对仙界的向往和对人生永恒的渴望,也形成了舞蹈中追求飘逸、轻盈、飞升的审美特征。"特别有意思的是在反映神仙世界的图案中,涌现出大量反映现实生活的画面。如神人车马画像镜和神人歌舞画像镜中的那些栩栩如生的骏马、绣幌珠帘的轿车、翩翩起舞的神人、各种姿态的侍者"。① 画像镜是以浮雕式手法表现神像、历史人物、歌舞等纹饰题材的铜镜,形象逼真清晰。从目前考古发掘的资料来看,画像镜主要出土于江浙一带。浙江绍兴出土的东汉西王母舞蹈画像镜,画面分为四组:一组为四马驾辎车。一组为西王母,但题榜误作"东王母"。西王母细腰长裙,双手执长巾,左手所执长巾上端似有一短棍。手执短棍便于把握,用以完成较难的动作,两臂舞姿,类似"顺风旗"的动作,这应该是汉代盛行的"巾舞"。② 西王母裙摆随舞蹈的动作而飘动。另两组(图三十一)为神仙、羽人等。

图三十一
东汉西王母舞蹈画像镜

上虞出土的东汉神仙戏马舞蹈镜(图三十二),画面纹饰也为四组,有题榜,其中一组为二人舞蹈,一人手执长巾似在向右前行,动作与上述西王母舞姿相同,榜题为西王母,另一人的舞姿是双手举起长袖环绕。旁有人奏乐,表演倒立。

西王母是神仙人物,据《山海经》记载:西王母其状如人,豹尾、虎齿、善啸、蓬发戴胜,是掌管天罚、半人半兽的刑罚之神。汉代时,西王母被改造成姿容绝世、仙姬随待的女神,并成为昆仑山仙人世界的主人公而受到崇拜。画像镜中的西王母常常是长裙曳地,呈舞蹈姿态,轻柔的罗衣随风飘扬,长长的袖子飞舞挥动,似乎在充满云气的仙境飘游。可见画像镜中西王母舞者的形象与我们常见的西王母戴胜的形象是不同的,这有可能是通过刻画西王母形象,来表现

图三十二
东汉神仙戏马舞蹈镜

---

① 孔祥星、刘一曼:《中国古代铜镜》,北京:文物出版社,1984年版,第109—110页。
② 王士伦、王牧编著:《浙江出土铜镜》,北京:文物出版社,2006年版,第24页。

舞者为女巫，从而可以认为在画像镜中所表现的长袖舞和巾舞具有巫舞性质。唐徐坚《初学记》卷十五"清歌·妙舞"条下引《夏仲御别传》云："仲御从父家女巫章丹、陈珠二人，妍姿冶媚，清歌妙舞，犹若飞仙。"①由此可知，女巫在祭神时要能歌善舞，且长得艳冶娟秀，"清歌徐舞降祇神，四座欢乐胡可陈"（《晋白纻舞歌诗》）。早期的"白纻舞"与巫舞是有关联的。下面两幅图（图三十三、图三十四）是浙江一带出土的东汉西王母神像镜中的舞者形象。舞者用长带束腰，右腰垂一丝带，末端系几个小铃，在旋转中常发出细碎声音。衣裙下摆宽大，便于在急骤旋转中展开。"画像镜中的舞蹈者，有的曳在两袖口外的不似长巾，而像袖，两手拂袖，舞姿轻盈，似是古代江南流行的'白纻舞'"。②

图三十三

图三十四

盘鼓舞，又称七盘舞，舞者足踏在盘或鼓上表演舞蹈，汉画像石中盘鼓舞的舞蹈形象十分丰富，因而，盘鼓舞应是汉代广泛流行的一种舞蹈。从现存的考古资料来看，盘鼓舞颇具难度，是技艺性舞蹈，舞者在表演盘鼓舞时着长袖罗衣，腰部或衣裙上系有飘带，有的手执长巾，作为肢体的延伸，夸张手臂动作的同时，也要足蹈击鼓面，并不断地弹跳，按鼓声节拍纵跃腾踏，长袖翻飞。因舞姿优美，长袖飘飘，动作敏捷，曾吸引无数文人墨客，张衡、鲍照、陆机都曾对盘鼓舞进行了赞颂，傅毅《舞赋》中曾用"若翱若行，若竦若倾。兀动赴度，指顾应声。罗衣从风，长袖交横"这样的文句描写盘鼓舞优美的舞姿。张衡在《西京赋》里写道，"振朱（珠）屣于盘樽"，这是写舞者穿一种前端缀有宝石、珍珠类的舞鞋"珠履"，在脚踏盘或鼓时发出悦耳的声响。鲍照在《白纻歌六首》里也写道："珠屣飒沓纨袖飞。"舞者长袖飞舞，连舞鞋上都缀有珍珠。可见盘鼓舞中轻柔的罗衣、飘扬的长袖、

---

① 转引自《沈从文全集》三十二卷，太原：北岳文艺出版社，2002年版，第134页。
② 王士伦、王牧编著：《浙江出土铜镜》，北京：文物出版社，2006年版，第24页。

缀有珠宝的舞鞋的审美意向,对白纻舞有着一定的影响。因前章在介绍汉代傅毅《舞赋》时,已列举出盘鼓舞图像,故在此不再列举。

汉代乐舞的图像资料十分丰富,从中列举出汉代袖舞中有关袖的动作,可以看到汉代袖舞动作形态对白纻舞舞姿的影响。

扬袖,是汉代乐舞文物中最丰富多彩的一种舞姿。舞者将长袖扬起,高于头部,形成飘扬的态势(图三十五、图三十六)。

图三十五

图三十六

飞袖,舞者在飞袖之前需蓄势待发,将长长的袖子用力抛向前方或上方,以显现表演的张力(图三十七、图三十八)。

图三十七

图三十八

绕袖,顾名思义,就是借助臂力,将长袖在身前或侧面绕成一个回环的圆圈(图三十九、图四十)。

图三十九

图四十

收袖,舞者把袖扬出去后,再将袖收回整齐叠落在手腕上,手与衣袖自然下垂,形成舒缓的舞姿(图四十一、图四十二、图四十三)。

图四十一　　　　　图四十二　　　　　图四十三

拂袖,舞者将长袖向身后拂去,身体与袖呈逆势,用以表达嗔怪、羞赧的神情(图四十四)。

图四十四

有关袖的舞姿还有抛袖、拖袖、垂袖、提袖等,可见汉代袖舞中对袖的运用是灵活多样的,远不止我们今天从乐舞图像资料中所见的,乐舞图像资料只是记录了袖舞中一连串动作的某个瞬间。汉画像石砖的舞女形态为细腰长裙,衣袖随身体的变化,在空中飘舞,似彩虹、似流波,给人以柔美、曼妙、婀娜的阴柔之美。汉代具有轻盈、飘逸、柔美艺术风格的长袖舞,对魏晋南朝时期的白纻舞有着深远影响。白纻舞最突出的舞美特征就是"舞袖为容",从晋以来留存的有关赞美白纻舞的诗句中,可以看到舞袖是白纻舞重要的表现手段,其袖的动作形态各异,有扬袖、飞袖、掩袖等,通过袖的动作来抒发舞者的情感。而这些袖的动作正是来源于汉代长袖舞的舞姿。有关白纻舞舞袖的动作变化,将在后面章节介绍。

图四十五
东汉乐舞俑

乐舞的发展促使舞者的服饰应具有审美效果,近年来从汉墓中陆续出土了一些丝麻纺织品,特别是长沙马王堆汉墓出土了仅重49克的素纱单衣,可以说汉代的纺织业十分发达,为长袖舞的发展、流行提供了物质条件,受其影响,汉代舞服朝着精致、丝滑、飘逸的方向发展。张衡《舞赋》中记载:"美人兴而将舞,乃修容而改袭。服罗縠之杂错,申绸缪以自饰。"可见舞者在舞蹈之前要修饰仪容,穿上罗縠的舞衣。从广州圆雕玉舞人肘部刻画的那一组细小的弧线衣纹可见,舞者所着正是轻薄柔软、具有丝质感的衣物。长袖舞的舞衣多质地轻柔飘逸。据现有的考古资料观察,长袖舞者多为女子,一般头梳高髻,身着大衣,细腰扭动,长袖随着舞者动作的变换而改变,或扬袖,或甩袖,或绕袖等,正所谓"白鹤飞兮茧曳绪,修袖缭绕而满庭"(张衡《南都赋》)。图像中舞者虽都是着长袖衣而舞,但袖的形制却有一些变化,如有窄口长袖、套袖、博袖等。舞者服装也有两种:一种是通体着及地长袍,曲裾右衽,以带束腰,下摆宽大,衣裾边饰颜色鲜明;除上下连属的长袖舞服外,两汉时期还有一种衣裳分体的舞蹈服饰。上衣通常称为"襦",襦有长短之分,长者称"长襦",长及膝盖;短者名"短襦",长仅及腰,舞者的服饰以上襦下裙(裤)为主,着长裙使得舞者的下肢活动受到一定限制,舞者更多地侧重于舞动长袖配合身体的变化而产生流动、飘逸感,达到一种"罗衣飘飘、组绮缤纷"的良好审美效果。广州东汉墓出土的乐舞俑(图四十五),着长袍,袖管极为宽大,袖口处急收,只留下窄窄的一截长袖,举手作舞容,头戴特高大髻,花冠上满插珠翠花朵,衣左衽。

此外也有着长裤而舞的形象,使得部分长袖舞呈现舒展、粗犷、豪放的风格特点。综观袖舞的服饰,可见这一时期舞人着曳地长袖舞衣,是继承前代长袖舞的传统,凭借长袖交横飞舞的千姿百态来表达各种情感,形成了独具特色的表演技艺、表现形式和多种艺术风格。

中国自古以来就有诗歌、舞蹈、音乐"三位一体"的特点,音乐和舞蹈密不可分。汉代长袖舞也不例外,长袖舞的伴奏乐器大致有琴、瑟、筝、笙、排箫、埙、鼓等,它巧妙地利用筝、琴、瑟等丝竹乐器柔美的旋律,来表现舞者细腻、柔婉的情感,使舞者的舞姿更具有抒情性,同时利用钟、磬、鼓等节奏感较强的乐器来表现欢快、奔放、喜庆的情感。汉代袖舞中,鼓类乐器在舞蹈场合出现得较多,这种节奏感强的乐器也决定了汉代袖舞中有相当部分的舞蹈注重力度和速度,也奠定了汉代袖舞豪迈激昂、雄健浑厚的艺术风格。

第二章
白纻舞的形成、流变

白纻舞三国孙吴始成为流行于吴地的民间歌舞。《乐府解题》曰:"古词盛称舞者之美,宜及芳时为乐,其誉白纻曰:'质如轻云色如银,制以为袍余作巾,袍以光躯巾拂尘'。"①白纻为吴地所产的一种纻麻,质地柔软,色泽洁白,白纻舞因舞者身着这种白色纻麻制成的舞衣而驰名。白纻舞进而为王公贵族所喜爱,后经过历代文人的加工和创作,成为宫廷常备乐舞。从六朝到隋唐盛行了五六百年。作为古代舞蹈中的"精品",从目前研究来看,白纻舞在我国舞蹈史学者研究的专著中多有涉及,主要是以史料为内容,对白纻舞的发展和乐舞情况进行论述。目前涉及白纻舞研究的硕博士学位论文中,有从文学研究的角度,对白纻舞的起源、流传及初始内涵进行梳理和分析。也有将白纻舞与历史环境相结合,进行了大致的梳理,更多的论文只是摘引诗句对其舞姿舞容进行了泛泛描述。白纻舞作为起源于吴地的民间舞蹈,是在吴越文化的土壤中孕育而成的,需将其放

---

① (宋)郭茂倩编:《乐府诗集》,北京:中华书局,1979年版,第797—798页。

在中国乐舞文化的长河之中,同时结合吴越之地的文献资料、出土乐舞文物,通过吴越之地的原始图腾崇拜、祭祀舞蹈,探讨白纻舞在吴地的成因、兴盛及其嬗变的轨迹。

第一节
白纻舞源起吴地成因

吴地龙蛇图腾崇拜是白纻舞形成柔美风格的原因之一。吴地,是我国长江下游的一个区域,地处江南水乡,涵盖今天的浙江、苏南和皖南等地。吴,也叫勾吴,《史记·吴太伯世家》载:殷商末年,周太王有三个儿子,太伯、仲雍、季历。周太王欲传位于季历,于是太伯、仲雍为让位于季历,出奔荆蛮,两人抛却中原故国的传统礼俗制度,入乡随俗,断发文身,"荆蛮义之,从而归之千余家,立为吴太伯",得到了土著居民的拥戴,成立了"勾吴"国。

吴地是古代越族生活和栖息之处,太伯、仲雍创立吴国。"断发文身、入土随俗是吴文化诞生的关键因素"。[①] 有专家考证,勾吴之"吴",究其音义就是"鱼"字,"吴""鱼"音相同。南宋范成大在《吴郡志》中说:"江南之俗,火耕水耨,食鱼与稻,以渔猎为业。"[②]太伯奔吴后,在荆蛮之地"相沿成风,相沿成俗",随从越国的风俗,断发文身。"荆蛮"是商周时期中原人对长江下游民族的泛称。《礼记·王制》"南方曰蛮",故而称荆蛮。许慎《说文》有解:"荆,楚木也","蛮,南蛮,蛇种,从虫。"可见,荆蛮之地因特殊的地理环境,造就了异于中原的风俗。《越绝书·纪策考》中伍子胥言:"吴越为邻,同俗共土。"《吴越春秋》卷五《夫差内传》载:"吴与

---

① 殷伟仁:《谈谈吴人的"文身断发"风俗》,《文史知识》,1990年第11期。
② 朱永新主编:《吴文化读本》,苏州:苏州大学出版社,2003年版,第17页。

越同音共律,上合星宿,下共一理。"吴越二族风俗习惯是相同的。吴越先民共有一个古俗——断发文身。何为"断发文身"?《史记·吴太伯世家》注引应劭曰:"常在水中,故断其发,文其身,以象龙子,故不见伤害也。"① 可见吴越"断发文身"是崇龙象龙的产物。

  吴越先民生活的自然环境是湖泊沼泽密布的荆林之地,蟒蛇、蜥蜴、鳄鱼众多,南蛮,蛇种,就是指吴越是信奉蛇图腾的民族。"断发",剪短头发之意,可防水中的藤蔓之类水草缠绕。江苏丹徒北山春秋时期吴王余昧墓出土的吴人发式,就是将散披于额前及两鬓的头发剪短,并将脑后的头发盘束起来,形似椎状,称为"椎髻"。"文身",就是在身体上刻画像蛟龙一样的纹饰。丹徒北山顶的墓葬中出土的鸠杖及悬鼓的装饰中,都在胸部、腿部刻画文身的裸体人像,这些出土文物都佐证了文献的记载。吴人"断发文身"的习俗,正是用图腾来祈求神灵的庇护,避除蛇龙伤害。龙是中国许多原始部族所崇拜的对象,它的原型可能是生物界现实存在的蜥蜴、大蛇、鳄鱼等爬行类动物。"蛇类中最接近龙的是蟒蛇,由于蟒蛇是蛇类中最长、最大的蛇,是蛇中之王,且又奔走如飞,无毒,古代便以为它是神蛇、善蛇,奉之为图腾。后来,蟒蛇图腾被神化,成为今天所知的龙"。② 吴越地区出土的青铜器、玉器、陶瓷器的器表多装饰龙纹、夔纹、蛇纹等,如无锡鸿山春秋战国墓出土的青瓷悬鼓座就堆塑着多条弯曲游动的蛇,且蛇身布满鳞纹;安徽繁昌汤家山出土了一件春秋早期铜盘,器身刻有龙纹、夔纹;"吴国动物形佩有鸟形佩和兽形佩。鸟形佩作伏卧回首状,尾高翘……两面饰蟠虺纹"。③ "蟠虺纹",就是盘曲的小蛇纹饰。文身(蛟龙、蛇龙)图腾,体现了水乡泽国的吴越人以渔猎为

---

① (西汉)司马迁:《史记》,北京:中华书局,1999年版,第1221页。
② 何星亮:《中国图腾文化》,北京:中国社会科学出版社,1992年版,第363页。
③ 冯普仁:《吴越文化》,北京:文物出版社,2007年版,第182页。

生的生活习性和以蛇龙图腾为祭的宗教习俗。而蛇、龙又具有舒缓、蔓延之态,汉代张衡《西京赋》中称百戏表演时,有"巨兽百寻,是为曼延"。"曼延",形容巨兽长而大,蛇龙蔓延,应是指蛇龙的变化。吴越人用模仿蛇龙蔓延之式来表现对原始图腾的崇拜,这种吴地曼妙委婉的图腾舞形态,对后世吴地舞蹈在造型艺术上有着一定影响。有研究者认为,从"吴"字中还能辨析出吴地有能歌尚舞的习俗,"吴"字上部为口,"甘犹从口",善唱;"吴"字下部从夭,"倾头屈身",善舞。① 蛇龙图腾崇拜,蛇龙之蔓延,带来了吴地乐舞轻盈、柔美的舞风。

随着原始社会的发展,在新石器时代晚期,吴地社会出现了明显的等级分化,当时已经涌现出"一批凌驾于部族一般成员之上的特殊阶层或集团成员"。② 在浙江余杭瑶山良渚文化遗址上出现了面积约400平方米、内外三重结构的土台。发掘者认为,瑶山"土台是以祭天礼地为主要用途的祭台",而且墓葬的主人应属巫觋阶层。③ 巫,本义为能以舞降神的人。

在原始社会,远古先民对自然界的奇异现象感到无法掌握和控制,相信冥冥之中有一种神力在主宰着一切,并相信自己的氏族与某种动物、植物等之间有着一种特殊的关系,并把它奉为氏族的崇拜对象或象征。在确定氏族重大事项时,希望由巫觋在祭祀活动中通过舞蹈这个重要手段来模仿族群图腾的动作,以取悦于神,获得神的护佑。

南朝梁任昉《述异记》中记载:"今吴越间防风庙土木作其形,龙首牛耳,连眉一目。昔禹会涂山,执玉帛者万国。防风氏后至,禹诛之。其长三丈,其骨头专车。今南中民有姓防风氏,即其后也,皆长大。越俗祭防风神,奏防风古乐,

---

① 温少峰、袁庭栋:《古文字中所见的古代舞蹈》,《成都大学学报(社会科学版)》,1981年第2期。
② 王明达:《反山良渚文化墓地初论》,《文物》,1989年第12期。
③ 浙江省文物考古研究所:《余杭瑶山良渚文化祭坛遗址发掘简报》,《文物》,1988年第1期。

截竹长三尺,吹之如嗥,三人披发而舞。"①这段话记述了禹在涂山(今安徽蚌埠)召集各部落首领开会,防风氏因迟到,被禹诛杀。根据史学家考证,防风氏是今浙江湖州武康一带的部落首领,其后人尊防风氏为神,并在他的祭日奏防风氏音乐以祭祀,南朝时吴越间仍保留了"防风庙"。而防风氏之乐截竹而吹,披发而舞,用长长的竹筒吹出类似狼嗥的声音,三人披散着头发合着音乐起舞,展现的是全氏族在祭祀仪式中的舞蹈场面,且舞风狂野,而"其长三丈,其头骨专车",似乎与舞龙灯的式样相仿。浙江宁波鄞县出土的羽人划船纹铜钺(图四十六),上方刻有相向的双龙,尾部卷曲,这是典型的图腾标志。四个头戴羽冠、裸身划船的舞人,从其英姿豪放的气概来看,应是在龙的祭日,作竞渡舞蹈,以至后世吴越民间舞"划龙船""龙舟会"盛行。从这些舞的形式看,它们和上古的防风之乐有着千丝万缕的渊源关系。

图四十六
铜钺竞渡舞蹈

吴地鸟崇拜是白纻舞舞态形成的重要原因。远古时期,除蛇龙图腾崇拜外,许多氏族部落也流行和信仰鸟图腾,鸟类被认为与一些氏族、部落有着密切关系,如东夷各氏族以各自崇拜的鸟图腾为名称。文献记载少昊氏"以鸟名官",也就是少昊氏部落是以鸟为图腾的族氏。②殷商"天命玄鸟,降而生商"的出世神话,反映了商早期也是崇鸟民族。吴越地区曾广泛地存在着鸟图腾崇拜现象。③中国古代的历史文献曾对吴越地区崇鸟习俗进行了记载,称"百鸟佃于泽""天美禹德而劳其功,使百鸟还为民田"。④"越地深山有鸟,如鸠,青色,名曰冶鸟","越人谓此鸟为越祝之祖"⑤等。考古资料也证实,在黄淮下游、长江下游、东南沿

---

① 转引自殷亚昭:《先吴古舞考》,《艺术百家》,1987年第2期。
② 李修松:《先秦史探研》,合肥:安徽大学出版社,2006年版,第364页。
③ 石兴邦:《我国东方沿海和东南地区古代文化中鸟类图像与鸟祖崇拜的有关问题》,载《中国原始文化论集》,北京:文物出版社,1989年版。
④ (东汉)赵晔撰:《吴越春秋》,北京:中华书局,1985年版,第134页。
⑤ (晋)张华等撰:《博物志》,上海:上海古籍出版社,2012年版,第17页。

海一带的新石器时代和青铜文化遗址中都出现了关于鸟崇拜的遗物。而在吴越地区最早的新石器时代文化遗址之一的河姆渡遗址上,考古工作者发现了许多具有崇鸟文化特征的文物,如双鸟纹骨匕,象牙雕刻中有"双鸟负日"的图案(图四十七),"中间雕刻着五个大小不等的同心圆,外圆上端刻出炽烈的火焰状,以象征着太阳的光芒;两侧各有一振翅欲飞的双鸟,作圆眼、钩喙、伸脖昂首相望之态"。① "这两个图案所表示的都是双鸟负日,都是河姆渡氏族崇拜太阳的记录……显然,河姆渡氏族的太阳崇拜已超出自然崇拜阶段,进入图腾崇拜境界,是将'双鸟负日'作为复合图腾来

图四十七 双鸟纹蝶形器

崇拜的"。② 可见鸟与太阳在一起,就赋予了鸟不同凡俗的含义,它和太阳一起被河姆渡先民们所崇拜。这个以鸟图腾崇拜为特征的农业文化,对后世吴越人产生了重要影响,崇鸟习俗被吴越民族继承下来。

南京北阴阳营新石器时期遗址,出土了仿鸟造型的罐、盉陶器,③丹徒出土的飞鸟盖双耳壶、鸳鸯形铜尊等文物,④安徽铜陵出土了一件春秋时期鸟纹矛(图四十

图四十八 春秋时期鸟纹矛

八),刻有清晰的鸟纹,研究者认为是氏族族徽符号。⑤

镇江市郊大港至谏壁沿江的北山顶出土的春秋吴王余

---

① 李永飞:《七千年的瑰宝》,载《光明日报》,1993年5月9日第六版。
② 李修松:《先秦史探研》,合肥:安徽大学出版社,2006年版,第444页。
③ 赵青芳:《南京市北阴阳营第一、二次的发掘》,《考古学报》,1958年第1期。
④ 肖梦龙:《江苏丹徒大港母子墩西周铜器墓发掘简报》,《文物》,1984年第5期。
⑤ 铜陵市文物局、铜陵市博物馆:《铜陵博物馆文物集粹》,合肥:黄山书社,2012年版。

昧墓中的鸠杖上也有"鸠"鸟的装饰。皖南繁昌、铜陵都曾出土春秋时期的青铜鸟首饰件，有研究者认为"它们的用途可能是巫师手持的引领灵魂升天所用法杖之杖头饰件，其渊源来自吴越地区自新石器时代就已形成的鸟崇拜思想。"①"河姆渡人可能崇拜鸟图腾，文明时代的吴越人也有崇拜鸟图腾的遗俗，两者之间相距四千年之久，可能有因袭关系"。② 吴越先人们既崇拜龙，又崇拜鸟。

原始氏族图腾崇拜与舞蹈关系极为密切，祭祀、庆典都要对着图腾起舞。史料记载，春秋时，齐国的国王看见只有一只脚的鸟在殿前舒翅而舞，就向孔子请教，孔子告知齐王那是商羊舞。"商羊"，是一种吉祥鸟，它的出现就预示着大雨将要来临。齐国为此疏通水路，避免了水灾。春秋时，就有孩童抬起脚，拉着手，唱道："天将大雨，商羊起舞。"这舞可能是人们模拟鸟的动作起舞，或许是由远古时人们祈雨之舞演变而来。这种模拟鸟的动作而舞，在出土文物中就有图证，战国兽衔环狩猎壶的下部分描绘的就是人模拟鸟的形状，跳鸟形舞蹈（图四十九）。

汉赵晔《吴越春秋》卷四《阖闾内传》载："吴王有女滕玉，因谋伐楚，与夫人及女会蒸鱼，王前尝半而与女。女怒曰：'王食鱼辱我，不忘久生。'乃自杀。阖闾痛之，葬于国西阊门外。凿池积土，文石为椁，题凑为中，金鼎玉杯，银樽珠襦之宝，皆以送女。乃舞白鹤于吴市中，令万民随而观之，还使男女与鹤俱入羡门，因发机以掩之。杀生以送死，国人非之。"③有关吴王厚葬其女、以白鹤作为祭祀舞蹈、让观者与鹤为其女殉葬的记述，在《越绝书》《吴地记》《吴郡记》等古籍中也有类似的记载。鹤，在古人心目中是一种具有超

图四十九
战国兽衔环狩猎壶
鸟形舞蹈图

---

① 李宏梅、朱华东：《皖南出土鸟首饰件考》，《东方博物》，2012年第3期。
② 林华东：《试论河姆渡文化与古越族的关系》，《百越民族史论集》，北京：中国社会科学出版社，1982年版。
③ （东汉）赵晔：《吴越春秋》，北京：中华书局，1985年版，第59—60页。

凡能力的仙禽，常常被作为天国中供仙人乘骑的神鸟，故称仙鹤。《诗经·小雅·鹤鸣》："鹤鸣于九皋，声闻于天。"考古中发现的鹤的形象在楚地也常见，长沙战国墓和马王堆西汉墓所出土帛画上，在描绘灵魂升天的情景和灵魂所生活的天界仙境时，都有引颈长鸣的仙鹤，似乎要引领主人的"灵魂升天"。显然鹤不是一般吉祥美好的象征，而是楚人为了灵魂的自由飞升，而召唤来的神灵。

吴、越、楚三国都同处在长江流域，地理环境和自然条件十分接近，造成了吴、越、楚文化必然的内在联系。再就是在春秋战国争霸过程中，吴地先后成为越国和楚国的属地。吴、越、楚文化在吴地不断碰撞，相互交流，彼此影响。吴王阖闾葬女时出现的"白鹤"祭祀舞，可能就与楚地人亡后，用鹤沟通天地，引导人的灵魂升入天界、追求永生的想法是一致的。这在吴地出土的青瓷堆塑罐上又得到证实。堆塑罐，又称为魂瓶，分为上下两部分，是流行于三国东吴晚期至西晋时期的随葬明器，流行区域也局限在江、浙、皖、赣的南方地区。魂瓶上部大多作成楼阁状，常常堆塑飞鸟（鹤）、伎乐俑，下部贴塑蛇、鱼、蛙等水生动物，有的还出现了佛像。从目前已发现的100多件魂瓶可以发现，装饰题材丰富，未见任何造型、内容完全相同的器物，它们应是专门为贵族烧制的随葬品。推测它可能与礼葬有关，是被作为寄托逝者灵魂的冥器。魂瓶上部的飞鸟往往被视作沟通人间与天庭的重要使者，引领亡者的灵魂顺利升入天国，祈求吉祥。飞翔的鹤等被赋予了升天的力量，成为逝者灵魂飞升天国的引路者。同时也喻示、表现和渲染生命永生和生命再生的理想与愿望。罐下部贴塑蛇、鱼、蛙等水生动物。把天上、人间和现实生活糅合在一起，象征墓主人灵魂升入天界，依然享受着生前的一切，反映了吴地的丧葬习俗和墓主人的宗教信仰，同时也反映了吴越池塘河沼遍布的自然环境。陈桥驿说："（古时大越所在的）山会平原是一片沼泽平原……北方候鸟大批来到这里,这是理所当然的。"①这与《禹贡·扬州》中"阳鸟攸居"和王充《论衡·书虚》中"会稽众鸟所居"的有关自然环境的记载是吻合的。

"东南沿海的吴越地区正是鸟图腾和鸟崇拜盛行的区域之一,并构成一系列关于鸟的神话传说,所谓人为'鸟人'、言为'鸟语'、文为'鸟篆'、图为'鸟纹'、地为'鸟田'、舞有'白鹤'"。② 1985年在江苏镇江丹徒县谏壁王家山发现一座东周墓,出土了匜、盘、鉴等青铜器物,刻纹图像中有大量的鸟纹、缠绕的蛇纹和蚕纹。如铜鉴上层为连续的鸟纹带,从鸟的形体看,似为鹤;第二层刻有宏大的奏乐舞蹈场面,舞者长袖挥舞,画面右侧为一个重檐双层式建筑,建筑中是贵族的宴饮场面,房屋上下层和台阶上有多只立鹤,长袖舞人与鹤同处,真实地再现了吴国贵族的生活场景,鹤与人密不可分(图五十)。

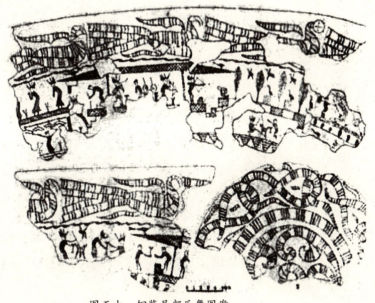

图五十　铜鉴局部乐舞图案

---

① 陈桥驿:《〈水经注〉中记载的农田》,《中国农史》,1982年第1期。
② 上海民间文艺家协会、上海民俗学会编:《羽人神话·鸟图腾崇拜的变异》,《中国民间文化——吴越地区民间艺术》,上海:学林出版社,1994年版,第28页。

这些"鸟"的图腾形象始终伴随着吴地乐舞活动一同出现。"人们对鹤鸟的信仰和崇拜是一种图腾意识,或说是一种图腾遗风的艺术再现"。① 吴国人以"鸟"为图腾的"白鹤"祭祀舞,有可能以"长袖"体现鸟的舞蹈意象。鸟形舞蹈,达到了轻盈、委婉、优美的艺术意境。而白纻舞舞辞中出现了用袖的一系列动作表现舞蹈的"鸟翔鹤转"之势:"高举两手白鹄翔""双袂齐举鸾凤翔""雪纻翻翻鹤翎散"。可见在春秋末期,吴地已有"鸟"的舞意和"长袖"的舞形,并且这种鸟意舞形始终伴随着吴地舞蹈的发展。

《鹤经》云:"鹤,阳鸟也。"魏晋时期咏鹤诗,如曹植《白鹤赋》、鲍照《舞鹤赋》、桓玄《玄鹤赋》等,通过鹤的仙姿,来描写鹤的灵逸之美。特别是鲍照在《舞鹤赋》里描写了鹤的美丽和迷人的舞姿,让人难以分辨的是舞者拟鹤而舞蹁跹,还是鹤如君子般欣然作舞?舞蹈里的舞者已与鹤融为一体。梁简文帝在《赋得舞鹤》中写道:"振迅依吴市,差池逐晋琴。"则用吴市舞鹤与师旷鼓琴而玄鹤舞的典故,写鹤舞的舞姿,鹤优雅如仙,舞也轻灵飘逸,体现了中国艺术范畴中的"飞动之美"。

鹤在吴地所受到的崇拜也非同一般,"入卫国而乘轩,出吴都而倾市"。(鲍照《舞鹤赋》)白鹤在吴都出现,要倾市观看。可见吴地人对鹤的喜爱,陆机曾在故里松江华亭与鹤为伴,闭门读书。后身陷"八王之乱"的政治旋涡,留下了"欲闻华亭鹤唳,可复得乎"的叹息。晋高僧支遁曾放鹤剡县东山。白居易对鹤也情有独钟,在其杭州刺史任满后,也写了大量的咏鹤诗。鹤舞不仅是鹤之舞,还是艺术之美的象征。

白鹤舞作为吴地的图腾乐舞,在六朝时已不见其舞辞和表演的记载,可能已趋消亡,但其舞姿舞容却影响了其他

---

① 殷亚昭:《从〈白鹤舞〉到〈白纻舞〉——吴舞探索》,《文史知识》,1990年第11期。

舞蹈,如白鸠拂舞、白纻舞。《晋书·乐志》:"拂舞,出自江左。旧云吴舞……杨泓序云:'自到江南,见《白符舞》,或言《白凫鸠舞》,云有此来数十年矣。'"晋朝的杨泓说,他到江南时,看到白符舞,或称白凫鸠舞在江南已流传了几十年。拂舞的起源和白符舞、白凫鸠舞有着渊源关系,《舞叙》云:"《白符》或云《白符鸠舞》,出江南,吴人所造。"①"拂""符""凫"三字音近,白凫鸠是江南常出现的一种水鸟,吴地人认为它是祥瑞的象征,于是出现模仿白凫动作的白凫鸠舞,表现白凫来翔,祥瑞降临。因拂舞最初是与鸟相关的一种舞蹈,且与"祥瑞"相关,我们推测拂舞的舞姿特点应是轻盈飘逸的,有娱神的功能。从白纻舞早期舞辞来看,白纻舞受白鹤舞影响最直接,《古今乐录》记载,白纻舞"起于吴孙皓时作"。《宋书·乐志》说:"《白纻舞》,按舞辞有巾袍之言,纻本吴地所出,宜是吴舞也。"可见自东吴起便流传有白纻舞。白纻舞早期的舞姿就是模仿白鹤飞翔之态,舞者身着白色柔软的舞衣,翩翩起舞:"轻躯徐起何洋洋,高举两手白鹄翔""如矜若思凝且翔"(《晋白纻舞歌诗》)、"徘徊鹤转情艳逸"(汤惠休《白纻歌二首》)。古代"鹄"与"鹤"字通用,《字诂》就明确指出"高举两手白鹄翔"中的"鹄"字实为"鹤"字。

鹄,《说文》云:"鸿鹄也。"《广韵》云:"黄鹄又射鹄。"师古注《相如赋》云:"水鸟。"鹤,《说文》:"鸟名,鹤鸣九皋,声闻于天。"《广韵》:"似鹄,长喙,朱顶。"《诗》注:"似鹳,善鸣。"据此可知鹄与鹤自是两种,然古人多以"鹄"字作"鹤"字用。如高祖歌:"鸿鹄高飞,一举千里。"《西京杂记》:"黄鹄下建章宫太液池。"曹洪马名"白鹄"。《晋拂舞歌》:"高举两手白鹄翔。"阮籍诗:"黄鹄呼子安。"诸"鹄"字皆即"鹤"字(黄生《字诂》)(按《晋拂舞歌》实为《晋白纻舞歌诗》)。② 由

---

① (梁)萧子显撰:《南齐书》卷十一《乐志》,北京:中华书局,1972年版,第192页。
② 转引自方孝玲:《〈白纻〉舞、歌、辞考论》,2006年度安徽大学硕士学位论文。

此可见白鹤舞、白纻舞和白凫鸠舞都是与吴地鸟图腾崇拜有关,而白纻舞作为吴地代表性舞蹈,又深受吴地祭祀舞蹈白鹤舞的影响,舞姿模仿白鹤飞翔之态。其初在民间是巫舞,用来祭祀娱神,"舞以尽神安可忘""清歌徐舞降祇神"(《晋白纻舞歌诗》)。白纻舞进入宫廷后,其宗教意味、民间舞质朴的因子逐渐淡化,成为纯粹的表演性歌舞艺术。

　　吴地的桑麻种植是白纻舞盛行的物质基础。"太湖地区是世界上丝织业的发源地,早在良渚文化时期,已生产出精致的丝织品"。① 考古资料也有佐证,在距今7000年前的浙江余姚河姆渡新石器时期遗址上发现有蚕纹的象牙盅;在距今4700年前的浙江吴兴钱山漾新石器晚期的遗址上还出土丝织品绢片、丝带和丝线,经鉴定,原料是家蚕丝。② 这说明至少在新石器中晚期,吴地的先民已经掌握养蚕技术并能编织出相关的丝织用品。吴地的桑蚕养殖和丝绸纺织为吴地古乐舞轻柔曼延的舞蹈形象提供了必要的物质基础。

　　吴太伯、仲雍作为吴国统治者,来自中原姬姓周人,《史记·吴太伯世家》记载了吴国与西周一直存在着密切关系,吴的地理位置是东南各族与中原接触的前沿,同时在情感上也容易接受中原文化,并逐步同化其国内土著百姓,后来吴国在征战中与越、楚两国出现了文化撞击、交流与融合,形成了独特的吴文化。所以吴国在乐舞文化方面具有两重性,既受到周文化的影响,又和越、楚文化交流、融合。《左传》用大量的篇幅记载了季札在鲁国观赏中原礼乐时对音乐、乐舞进行了评论。季札是吴王寿梦的小儿子,在公元前544年,奉吴王余祭之命,出使鲁、齐、晋、郑、卫五国,去观摩周朝经典乐舞,所到之处,对每一国的诗歌音乐,都进行了精湛的评论。其中有一段是专门论及舞蹈的:"见舞《象箾》

---

① 董楚平:《吴越文化新探》,杭州:浙江人民出版社,1988年版,第252页。
② 董楚平:《吴越文化新探》,杭州:浙江人民出版社,1988年版,第75页。

《南籥》者,曰:'美哉!犹有憾。'见舞《大武》者,曰:'美哉!周之盛也,其若此乎!'见舞《韶濩》者,曰:'圣人之弘也,而犹有惭德,圣人之难也。'见舞《大夏》者,曰'美哉!勤而不德,非禹,其谁能修之?'见舞《韶箾》者,曰:"德至矣哉,大矣!如天之无不帱也,如地之无不载也,虽甚盛德,其蔑以加于此矣。观止矣!若有他乐,吾不敢请已!"①乐舞内容歌颂了夏、商、周三代始祖的功德,反映了季札高深的文化修养和对周代乐舞礼制的精通,同时也说明中原乐舞礼制对吴国乐舞文化有着相当大影响。而《越绝书·卷第八》:"孔子从弟子七十人,奉先王雅琴,治礼往奏。"后越王拒绝,"孔子辞,弟子莫能从乎",说明越国曾拒绝孔子的音乐进贡。而吴国季札却对西周礼乐有着很深的研究,吴越两国在音乐文化上有着不同的见解。董楚平在《吴越文化新探》中通过对吴、越礼乐器的梳理,指出:文献资料与出土文物,都说明"吴国统治者受中原文化影响较大,越国统治者则保留着较多的土著特色,两者之间有一定的文野之别"。②

有关吴越的乐舞,《越绝书·卷第二》载"秋冬治城中……驰于游台,兴乐石城,走犬长洲","石城者,吴王阖闾所置美人离城也,去县七十里。"记述阖闾白天在游台跑马,在石城中欣赏音乐舞蹈,带着狗在长洲狩猎。《吴越春秋·勾践阴谋外传》云:"得苎萝山鬻薪之女曰西施、郑旦,饰以罗縠,教以容步,习于土城,临于都巷。三年学服而献于吴。""饰以罗縠"就是穿着轻盈、精美的服装,"教以容步"就是对舞姿、步法有着严格的要求,这对后世乐舞的舞姿舞容有着重要影响。吴王夫差得西施后"盛陈妓乐,日与西施行乐歌舞为水嬉……荒于国政"。③吴王为西施修建了"馆娃宫",其中有一条长廊,下面挖空,放进大缸,上面铺上木板,

---

① 杨伯峻编著:《春秋左传注》(三),北京:中华书局,2009年版,第1165页。
② 董楚平:《吴越文化新探》,杭州:浙江人民出版社,1988年版,第178页。
③ (东汉)赵晔:《吴越春秋》,北京:中华书局,1985年版,第187—188页。

取名"响屐廊"。"响屐廊"成为展示西施乐舞风采之地,西施与宫女们脚履木屐,轻歌曼舞,犹如鹤舞翩跹,仙女下凡,西施"咚咚"的木屐之声,宛如玉珠落盘,婉转动人。左思在《吴都赋》中,有这样一段描写吴地女乐歌舞空前盛况的记载:"幸乎馆娃之宫,张女乐而娱群臣。罗金石与丝竹,若钧天之下陈。登东歌、操南音,胤《阳阿》,咏《韎》《任》,荆艳楚舞,吴愉越吟。翕习容裔,靡靡憎憎。"这些"南音""荆艳""吴愉""越吟",又体现了南方音乐、舞蹈的文化多样性。《楚辞·招魂》中写道:"二八齐容,起郑舞些……吴歈蔡讴,奏大吕些。"可见战国时期,吴楚乐舞交映生辉,绽放异彩。秦汉后,吴地归楚,吴地舞蹈更多地受到楚舞的影响,"折腰""舞袖"成为春秋末期至汉代吴地舞蹈的一大特征,而这一特征正是继承了"楚舞"风格的结果。

三国东吴涵盖了吴地的范围,随着东吴经济的繁荣,又带来了乐舞文化的兴盛。相对于中原地区,这里既有处在蛮荒原始乐舞的朴质因素,又具有南方轻歌曼舞的柔媚特征。《三国志》卷五十九《吴书·吴主五子传第十四》记载孙皓即位后,迎其父灵舆入明陵时"比七日三祭,倡技昼夜娱乐"。可见东吴在庙堂祭祀先祖先考时,要有歌舞艺人昼夜娱乐,此事在《宋书·乐志》中也有记载,反映了东吴时期以伎乐歌舞娱神,也就是巫歌巫舞盛行。

在东吴乐舞史上有个重要事件,就是为"述以功德",让韦昭改编乐府歌词而作的吴鼓吹曲十二篇。通过十二支曲,将孙吴建国及兴盛过程中所发生的重要事件都在曲子中反映和体现出来,"象吴代把重要事件一一表现在音乐作品中,并标明相应的曲名,在中国音乐史上尚不多见"。①

《三国志》卷四十九《吴书·刘繇太史慈士燮传》记载:"燮兄弟并为列郡,雄长一州,偏在万里,威尊无上。出入鸣

---

① 吴功正:《六朝美学史》,南京:江苏美术出版社,1996年版,第423页。

钟磬，备具威仪，笳箫鼓吹，车骑满道。"反映了东吴乐舞的兴盛气象。

考古发掘的资料也证实了吴地原始舞蹈活动起步应该较早。在河姆渡新石器时代文化遗址中出土了距今7000多年的骨哨、陶埙。根据中国古代诗乐舞并存的特性，推测当时已经出现了在骨哨、陶埙伴奏下的吴地原始舞蹈活动。浙江绍兴出土的战国时期墓葬中有一件伎乐铜屋模型，内有六个人俑，分前后两排，作跪状，分别呈击鼓、二人抚琴、吹笙、咏唱状。屋顶上有个八角柱，柱顶塑一大尾鸠。① "这个铜屋内，共有乐器4种，分别为琴、筑、笙、鼓。4种乐器同时出现，展示了吴越时期宫廷乐舞的场面"。② 春秋时期，在宁镇地区吴墓中出土了大量反映乐舞的文物，如江苏镇江丹徒出土的春秋时期渔猎乐舞纹盘上出现了规模宏大的奏乐舞蹈场面。铜鉴上出现了头梳双髻、着深衣、举双槌击磬的舞者。同时还出土了乐器錞于和句鑃。"錞于"，《周礼·地官·鼓人》记载："以金錞和鼓。"郑玄注："錞，錞于也。圆如碓头，大上小下，乐作鸣之，与鼓相和。" 錞于可作军乐器，也可用作娱乐用器。"句鑃"，是吴越独有的青铜钟类乐器。丹徒北山顶春秋墓出土了大批精美的礼乐器，其中已具有优良音乐性能的一套12件编磬，且为实用器，墓主确认为吴王余昧。③ 南京六合县程桥墓是春秋后期的贵族大墓，出土了大小不等、依次陈列的编纽钟。"当时的贵族们在朝聘、祭祀等各种仪典、宴飨及日常娱乐中，广泛使用纽钟"。④ 这些反映了吴国的音乐文化文物，也证明了宁镇地区是吴国的政治中心。丹徒，古称朱方。《汉书·地理志》颜师古注："丹徒，即《春秋》之朱方也。"《太平寰宇记》云："丹徒县，

---

① 牟永抗：《绍兴306号战国墓发掘简报》，《文物》，1984年第1期。
② 王子初：《近年来我国吴越音乐考古资源的调查与研究》，《艺术百家》，2015年第1期。
③ 《春秋时期吴王余昧墓得到确认》，《文汇报》，1986年5月23日。
④ 王子初：《近年来我国吴越音乐考古资源的调查与研究》，《艺术百家》，2015年第1期。

春秋吴,朱方之邑。"春秋时期丹徒一带,正是吴国的都邑。而出土文物更是证明"从当涂至镇江,商周时期是同一文化区,是周人初'奔'之地,是早期吴文化最密集、最发达的地区"。[1] 可见宁镇至皖东南是吴文化的发源地。如果说规模庞大的钟磬乐悬为吴国王室所享有,那么吴县长桥古筝、南京安怀村的陶埙之类小型乐器应为中、下层贵族或平民百姓所习用,从一个侧面反映了吴地民间的音乐状况。

汉魏六朝时期是中国历史上大动荡的时代,规模空前的人口迁徙,使得南北文化、中外文化融合交流,促进了南方的社会进步和经济发展,也使得六朝乐舞(音乐和舞蹈)在承接秦汉民间歌舞传统的基础上得到新的发展。汉魏六朝的众多考古发掘也为我们提供了有关乐舞方面的实物资料。2005年,南京江宁上坊发现了一座大型孙吴晚期贵族墓,出土人物俑20余件,有立侍俑、伎乐俑等。特别是各类伎乐俑,或抚,或击鼓,或吹奏,形象生动,栩栩如生,似一组轻歌曼舞的场景。[2] 铜镜是古代人照面饰容的生活用品,涉及的题材十分广泛。汉代歌舞之风盛行,画像镜也常常反映歌舞百戏的场景。繁昌峨桥出土了一件东吴人物凤鸟乐舞铜镜(图五十一)。镜钮四周有舞伎四人,两两相对,舞伎着长袖舞衣,细腰长裙,两手轻轻高举,舞态柔婉,那举袖展臂的舞姿颇似"高举两手白鹄翔"所描绘的意境。

图五十一
东吴人物凤鸟
乐舞铜镜

白纻舞因舞者身着用白色纻麻织成的舞衣而得名。《通典》将白纻舞列入清商乐中的杂舞曲。南朝陈释智匠《古今乐录》云:"'白纻歌'起于吴,孙皓时作,又曰'白纻舞'。"《宋书·乐志》曰:"《白纻舞》,按舞辞有巾袍之言,纻

---

[1] 董楚平:《吴越文化新探》,杭州:浙江人民出版社,1988年版,第156页。
[2] 南京市博物馆编:《南京文物考古新发现》,南京:江苏人民出版社,2006年版,第22页。

本吴地所出，宜是吴舞也。"晋《俳歌》又云："'皎皎白绪，节节为双'。吴音呼绪为纻，疑白绪即白纻也。"左思《吴都赋》云："纻衣𫄧服，杂沓丛萃"，可以为证。"𫄧服"，就是精细纻布缝制的舞服。《宋书·乐志》记载，白纻舞是与吴地出产的苎麻有关，纻麻经木棒捶捣后色变白，质地愈软。李白《湖边采莲妇》："小姑织白纻，未解将人语。"张籍《江南曲》："江南人家多橘树，吴姬舟上织白纻。"可见用苎麻织布是吴地妇女生活中的一项重要内容。着这种白色苎麻衣裳唱歌跳舞，叫白纻舞。

白纻舞作为民间的吴舞吴歌，在东晋之后以都城建康为中心的长江下游地区盛行，进而为封建社会的上层人士所喜爱，成为宫廷常备乐舞。《晋白纻舞歌诗》对此有描述："如推若引留且行，随世而变诚无方。舞以尽神安可忘，晋世方昌乐未央。""丽服在御会嘉宾，醽醴盈樽美且淳。清歌徐舞降祇神，四座欢乐胡可陈。""欢来何晚意何长，明君御世永歌昌。"白纻舞不仅在宫廷表演，也为王公贵族所喜爱，如东晋大司马桓温不仅将白纻舞视作宴筵娱乐的助兴活动，更将其作为自娱自乐、抒发情感的重要方式。

《南齐书·乐志》引周处《风土记》："吴黄龙中童谣云：'行白者君，追汝句骊马'。后孙权征公孙渊，浮海乘舶，舶白也，今歌和声犹云'行白纻'焉。"周处生活在吴地，他的这种说法应还是可信的。童谣中的"行白者"即"行白纻"，是白纻歌的和声，反映出白纻歌舞已在南方吴地的民间流行。

史料记载东吴孙皓迎其父灵舆入明陵时"比七日三祭，倡技昼夜娱乐"，以伎乐歌舞娱神，有娱神功用的白纻歌舞可能在孙皓时被采入宫廷。"产生于吴地的民歌，在孙吴时代即已得到上层统治者的爱好，并且被采撷入乐。《神弦歌》据说曾被'孙氏以为宗庙登歌'"。[①]《世说新语·排调》

---

① 王运熙：《乐府诗述论》，上海：上海古籍出版社，1996年版，第12页。

载:孙吴被晋所灭后,晋武帝问正在饮酒的孙皓:"闻南人好作《尔汝歌》,颇能为不?"孙皓举觞而唱:"昔与汝为邻,今与汝为臣。上汝一杯酒,令汝寿万春。"这显然是孙皓献媚于晋武帝的一首颂诗,也是五言四句的吴地民歌,只是唱得缺乏吴语特色。可见孙皓对吴歌的熟悉和喜爱。晋武帝司马炎在平吴之后,于太康二年(281年)"诏选孙皓伎妾五千人入宫"。白纻歌舞有可能就随着这些吴宫女伎引入宫廷,成为西晋宫廷的舞蹈。

西晋"永嘉之乱"后,具有南方因子的中原乐舞又被南渡的北方士族带到了江南,并和南方民歌相结合。"从孙吴到东晋初年,吴歌逐渐被贵族仿制为乐曲,这是它们从民间走入上层阶级的第一个阶段"。[1] 魏晋南北朝时期,吴歌被列入乐府,《乐府诗集》卷四十四《清商曲辞·吴声歌曲(一)》引《晋书·乐志》曰:"吴歌杂曲,并出江南。东晋已来,稍有增广。其始皆徒歌,既而被之管弦。盖自永嘉渡江之后,下及梁、陈,咸都建业,吴声歌曲起于此也。"流传于民间的吴声歌曲后来经过加工,"被之管弦",变成有伴奏的音乐。《世说新语·言语》载:"桓玄问羊孚:'何以共重吴声?'羊曰:'当以其妖而浮。'"这里说吴"妖而浮"虽有些贬义,但也可从另一个侧面见其清丽婉约、优美动听,吴声轻柔华艳的感性特征正是它具有渗透力的原因所在。

第二节
桓温与白纻舞的盛行

桓温,字元子,谯国龙亢(今安徽怀远县龙亢镇)人。其祖上桓荣是东汉名儒,其父桓彝为宣城内史。桓温还未满

---

[1] 王运熙:《乐府诗述论》,上海:上海古籍出版社,1996年版,第426页。

周岁的时候,东晋名将温峤看到他说:"这孩子有奇骨,可以让他哭几声试试看。"当真听到他的声音后,说:"真是英才胚子啊!"其父桓彝因儿子得到温峤的赏识,所以为他起名"温"。后其父在苏峻之乱中被杀害,当时泾县县令江播是帮凶。桓温"枕戈泣血,志在复仇"。十八岁的时候,桓温假借吊丧之名,将江氏三兄弟诛杀。由此桓温声名鹊起,体现了桓温超群的武功和胆识。

桓温豪爽,有风采气概,外貌十分魁伟,脸上长有类似北斗七星的七个痣,当时的名士刘惔与桓温从小相识,《世说新语·容止》记载他说桓温的一段话,"鬓如反猬皮,眉如紫石棱,自是孙仲谋、司马宣王一流人"。咸和九年(334年),桓温被选娶了明帝的南康长公主司马兴男,拜驸马都尉,累迁至徐州刺史,又坐镇荆州。后因军功卓著而累次升迁,直至大司马。

桓温虽承袭父爵,并娶了公主,由于桓氏家族势力孤单,并不为高门所重,桓温任荆州刺史后,需依靠军事上的成功等来提高自己的知名度。当时蜀地成汉帝国乱象丛生,让一直渴望建功立业的桓温看到了希望,永和二年(346年),桓温在东晋朝廷群臣一片反对声中,以一州之众,担当起灭成汉之任,亲率远征部队从荆州出发,向成汉帝国发起进攻,使得天府之国的成汉归于东晋。永和十年(354年),桓温北伐前秦,率晋军主力部队第一次踏上关中的土地,关中百姓纷纷持壶浆夹道欢迎王师。后因桓温孤军深入,给养不济,在白鹿原败退。但此次北伐在一定程度上扩大了东晋的政治影响。永和十二年(356年),桓温北伐姚襄,一举收复洛阳。后由于东晋朝廷反对迁都,收复的土地又大部分失去。太和四年(369年),桓温第三次北伐,出师之日,百官前去送行,建康万人空巷,桓温率领五万部骑从姑孰出发,讨伐前燕。终因桓温几面受敌,粮运不济,枋头之役大败而归。

据唐李吉甫《元和郡县图志》记载,365年正月,桓温谢绝东晋朝廷征召其入朝参仪的建议,从赭圻(今安徽繁昌县西北三十里赭圻岭北麓)移驻距建康不足百里的姑孰。《世说新语·言语》载:"宣武移镇南州,制街衢平直。人谓王东亭曰:'丞相初营建康,无所因承,而制置纡曲,方此为劣。'东亭曰:'此丞相乃所以为巧。江左地促,不如中国。若使阡陌条畅,则一览而尽。故纡余委曲,若不可测。'"

桓温移镇南州(姑孰)后,他规划修建的街道很平直,整齐划一。有人对王导的孙子东亭侯王珣说:"丞相王导当初筹划修筑建康城的街道时,没有现成图样可以仿效,所以修筑得曲折,与姑孰城相比就显得差些。"王珣当时是桓温的主簿,他替祖父王导辩解说:"这正是丞相规划得巧妙的地方。江南地方狭小,比不上中原。如果街道平直,畅通无阻,就会一眼看到底,所以特意修得迂回曲折,就会给人一种幽深莫测的感觉。"关于桓温所建的姑孰城规模大小,史料并没有详细记载,康熙《太平府志》卷四十《备遗·坊巷》和民国《当涂县志》卷二《舆地志·坊巷街市》都引用了这段文字,引文后加了按语云:"吾邑至今街巷平直,绝异它县,盖桓宣武之遗制也。"可见民国时期的姑孰城街、巷的布局,依然保留了桓温当年所建姑孰城的格局,桓温姑孰城的规划建设是具有远见卓识的。

姑孰,古称姑孰溪,又名姑溪、姑浦,是长江的一条支流。《太平寰宇记》卷一〇五《江南西道太平州当涂县》记载:"姑熟溪,在县南二里。姑熟即县名。此水经县市中过。按,溪即因地以名之也。""溪因地以名之"是一种意见。然而另一种意见却认为,姑孰溪之得名,是源于当涂民间的一个传说:相传东晋初年的一天,一位悲戚忧郁的貌美姑娘在河边浣纱,来往的人问她为何忧伤,她什么也不说,却趁众人不备,纵身入水,杳然而逝。路人纷纷问问:"这姑娘是谁?"随后闻讯而来的人们都在问:"这姑娘是谁?"用文言表达,便是"此姑孰人?"简言之,即为"姑孰"。这条河本无名字,为了表达对这位浣纱姑娘的怀念,人们便把这条无名河取名为"姑孰溪"。后来又被人们称为"姑溪河"。

民间传说凄婉动人,为姑孰的冠名增添了神秘色彩。唐代大诗人李白寓居当涂时,曾留下了《姑孰十咏》组诗。其中《姑孰溪》一诗写道:"何处浣沙人,红颜未相识。"这两句即是对那位传说中投水的浣纱姑娘的好奇探询和怀想感慨。

但传说不能代替历史真相,其实"姑孰"得名的真正原因,可能与当地的方言有关。当年诗人陆游沿长江入蜀,在当涂游玩时,看到姑孰溪"水色正绿,而澄沏如镜"。并记录在《入蜀记》卷一里,其中有一句:"土人但谓之'姑溪'"。陆游强调"土人"谓之"姑溪",实际上已经指明"姑溪"是当地土语之称谓。20世纪60年代,笔者生活在当涂大公圩一带,在当地了解到百姓称某一物时,均前缀"姑"音,非常认同"'姑'是吴人发音的前缀词,无意义。比如'姑里''姑山''姑河'等等,其实就是'这里''这山''这河'"。①

据有关史料记载,六朝前期,江南吴地的语言属吴方言系统,其中"吴声歌曲"就是用吴方言传唱的歌曲,据《宋书·乐志》载:"吴歌杂曲,并出江南,晋宋以来,稍有增广。"可见江南土著居民在孙吴至晋时期是普遍说吴方言的。东晋时随着北方士族大量南迁,侨居江南,在都城建康出现了北方官话,促成了南方士人学习洛阳语言。史载:"张融,吴郡吴人也……作洛生咏""(谢)安能作洛下书生咏",东晋时期形成了南北士人共赏"洛生咏"的风流。所谓"洛下之咏",据陈寅恪先生考证,就是用洛阳一带的方言吟诗颂词。②《颜氏家训·音辞篇》曾描述当时都城建康南方士族

---

① 顾鸣编著:《风雨跌宕三百年——东晋南朝时期的姑孰》,芜湖:安徽师范大学出版社,2016年版,第25页。
② 转引自卢海鸣:《六朝时期建康的语言状况辨析》,《东南文化》,1999年第5期。

学北方话，庶人操方言。庶人讲吴语，也就是陆游所说的土人语音。由此我们不难理解为什么姑孰溪又称"姑溪""姑浦"，这是土著居民对这条河最原始的称呼。姑孰由于水的浸润与滋养，青山绿水，鱼米之乡，也孕育着灵巧、温婉、妩媚的民间歌舞。

桓温在姑孰兴建城池的同时，也将白纻歌舞作为最大的消遣，此后史料多有记载。据《太平御览》卷四六《宣城图经》曰："白纻山，在县东五里，本名楚山，桓温领妓游此山奏乐，好为《白纻歌》，因改为白纻山。"《太平寰宇记》卷一百五载："白纻山，在县东五里，本名楚山。桓温领妓游山奏乐，好为《白纻歌》，因改为白纻山。"宋代祝穆《方舆胜览》卷十五曰："白纻山，在当涂东五里。"康熙《太平府志》卷三《地理志·山川》：当涂县"白纻山，在郡治东五里，高一百二十丈，周一十五里，本名楚山，晋桓温携妓游此，歌《白纻词》，故名。山椒有桓公井、饮马泉、挂袍石诸迹"。可见白纻舞因桓温的喜爱，在姑孰盛行。魏晋以来，蓄伎之风盛行，富贵之家，歌舞之声不绝。作为东晋大司马，"桓温携妓"，应是指歌伎、舞伎和乐伎，也即是白纻歌舞的演出人员。晋白纻舞多为群舞，如按常规舞者16人，歌者2人，乐器伴奏若干合计，白纻舞的演出至少有30人，为互相配合的集体歌舞。从图十二中我们就可以感受到汉魏以来群舞人数的众多。运作这样的歌舞团队是需要巨大的经费支撑的，这对桓温来说是没有问题的。桓温在任荆州刺史时，管辖荆州、雍州、益州、梁州、宁州等8州，所有的财政收入，基本上不上缴中央政府，都用来发展自己的军事实力，所以才能以一州之力出兵伐蜀。桓温移师姑孰后，掌控中央财政大权，推广实施"土断"政策，国家财力大增，因而有实力扩建姑孰城，进行基础设施建设，亦不遗余力地进行音乐、歌舞的投入，因音乐、歌舞对一个真正名士来讲，是不可或缺的身份标志，也是桓温团结一批文人雅士谈玄酬唱，饮宴娱乐所必需的。桓温对"白纻舞"情有独钟,白纻舞是其重点培植的高雅娱乐项目,对于位高权重的桓温而言,选拔一流的舞伎歌伎并非难事,可以说"桓温携妓"的歌舞伎中,一定有不少出色的艺术家,在白纻山进行着高水平的演出。如果把白纻舞比喻为花卉,那么是桓温施以肥水,使它更加娇艳绽放。

白纻舞源于三国吴地的民间歌舞,江南吴地蜿蜒流动的水,孕育着白纻舞清丽灵动的美,从《乐府诗集》所载《晋白纻舞歌诗》中可见其清丽灵动之美:"轻躯徐起何洋洋,高举两手白鹄翔。宛若龙转乍低昂,凝停善睐容仪光。""双袂齐举鸾凤翔,罗裾飘飘昭仪光。趋步生姿进流芳,鸣弦清歌及三阳。"舞人穿着苎麻制成的舞衣,飘素回风,犹如轻云一般。魏晋时期玄学兴起,士人追求清丽淡雅、灵动柔和的美,这种清丽、飘逸的舞蹈逐步为上层贵族所喜爱,并成为贵族酒席宴会中的歌舞表演。桓温更是倾心于这种抒发人心中自然真实情感的歌舞,他在移镇姑孰的十年间,把白纻歌舞活动推向了极致,在楚山多次举行宴会,与当时名士和幕僚观赏白纻歌舞。舞者身着美丽的舞衣,踏着轻盈的舞步,含情送意,时而高举双袖,如天鹅飞翔;时而以袖掩面,慢转轻移,罗縠轻飘;时而长袖飞扬,由徐到疾,体轻如飞。极具魅力的白纻舞让楚山为之改名,可见其影响之大。然而世事沧桑,白纻山上的朱阁碧瓦、舞榭歌台早已不存,"歌舞不可求,桓公井空在"(王安石《白纻山》)。千年未竭的"桓公井"正是对当年歌声乐舞的眷念。清代学者韦谦恒在《登姑孰城楼》诗中曾写道:"丹阳城接大江流,雉堞犹余六代秋。《白纻歌》随元子去,青山名为谢公留。"姑孰的城墙还有六朝的痕迹,可白纻歌舞已随桓温的离去,不再"春风回冶步,夜月舞文衣"(吴敬梓《白纻山》)。

然而从袁宏《夜酣赋》部分诗句中仍可感受到当年桓温驻守姑孰时,贵族们饮着美酒,观赏舞者轻歌曼舞,四座欢乐的豪门宴会:"开金扉,坐琼筵、卫姬进、郑女前。形窈窕以纤弱,艳妖冶而清研。似春兰之齐秀,象明月之双悬。"①程章灿从万历陈禹谟校刊的《四库全书》本《北堂书钞》卷一百〇七得其佚文四句:"舞回鸾以纤袖,睹佳人之玉仪。曳罗裙以徘徊,为凤翼之逶迤。"袁宏《夜酣赋》仅存的诗句,已将舞女进场、近前及面容、姿态等描绘得非常细致。鲍照《白纻歌六首》云:"兰膏明烛承夜晖","夜长酒多乐未央"。沈约《四时白纻歌》云:"朱光灼烁照佳人","夜长未央歌《白纻》"。杨衡《白纻辞二首》亦云:"蹑珠履,步琼筵,轻身起舞红烛前。芳姿艳态妖且妍,回眸转袖暗催弦。"这些诗句与袁宏《夜酣赋》所描绘的白纻舞夜宴情景是何等相似。美丽的舞者,在华贵的筵上,长袖飞扬,罗縠轻飘。而袁宏是桓温的重要幕僚之一,主要为桓温起草军书檄文一类。同时,袁宏又是当时著名的文士,辞采飞扬。我们有理由相信袁宏《夜酣赋》描绘的正是在姑孰风靡的白纻歌舞。

乾隆《当涂县志》:"白纻山上有古松,可闻松涛涌沸。""白纻松风"为"姑孰八景"之一。"白纻在南朝便有出产,当涂白纻为名品,色白如银,质轻,可裁制舞衣。南朝有《白纻舞》,很可说明白纻的名贵"。② 麻类植物有大麻、亚麻、黄麻、苎麻等,各种麻类纤维中,苎麻纤维最为细长,纤维长度比最高级的棉花还要长两倍到七倍。苎麻脱胶后,纤维外观颜色洁白,有丝样光泽,而且轻盈,同容积的棉布与苎麻相比较,苎麻布轻百分之二十左右。苎麻适应温带和亚热带气候,长江中下游的江浙一带是苎麻的主要产区。孙吴政权定都建业,在京畿之地姑孰,设置督农校尉,组织军户和自由民开垦屯田,种植稻麦与苎麻等粮食和经济作物。20 世纪 30 年代,记者洪素野在《皖南旅行记》里记下了寻访白纻山时仍看到"此间桑麻遍道……俯瞰四围景色,备极壮

---

① (清)严可均校辑:《全上古三代秦汉三国六朝文》,北京:中华书局,1958 年版,第 1785 页。
② 万绳楠等:《中国长江流域开发史》,合肥:黄山书社,1997 年版,第 166 页。

观,众山环绕,江流如带,心神俱爽"。这也佐证了当涂(姑孰)一直是桑麻的盛产地,为轻柔飘逸的白纻舞舞服提供了物质基础。

桓温,旧有史书认为他有"逆臣"之举,对之多持贬议,然而学界认为,桓温在定蜀、北伐、用人方面是值得肯定的,近代王国维曾赋诗"北临洛水拜陵园,奉表迁都大义存。纵使暮年终作贼,江东那更有桓温?"在东晋朝廷,桓温可谓是凤毛麟角的有为之士。《晋书·桓温传》中,史官也认为"桓温挺雄豪之逸气,蕴文武之奇才"。南朝宋临川王刘义庆召聚当时群贤、广事收罗编撰了《世说新语》,书中塑造了一群魏晋名士或悲歌,或长啸,或从正业,或邪行,或放诞不羁,徜徉于山水间,流连于美酒前,千奇百态,笑语悲歌,无所不有。《世说新语》在人物塑造方面的成就历来受到后人称颂,它通过人物的言行展现出魏晋名士独特的风貌。《世说新语》中编撰桓温的材料有百余条,将桓温性格中众多侧面展现出来,从中我们可以看出桓温不仅具备政治进取所需要的文治武功,而且生活中有深情之态,同时又能以玄学名士的身份,博综众艺,品评风流,从而得到时人的推崇。

《世说新语·言语》记载:"桓公北征,经金城,见前为琅邪时种柳,皆已十围,慨然曰:'木犹如此,人何以堪!'攀枝执条,泫然流泪。"余嘉锡认为:金城泣柳之事,当在太和四年北伐前燕之行,金城在姑孰东北五十里,大约在现在的江宁境内。① 东晋太和四年(369年),桓温从姑孰发兵广陵,开始了第三次北伐,途经金城。金城,是桓温年轻时做琅琊内史之地,那时的桓温年方三十,意气豪迈,此后他灭成汉一举成名,两次北伐名垂天下、权倾朝野。而第三次北伐,桓温已年近六十,当他途经金城故地时,发现当年所种柳树已经粗至十围,枝条参差披拂,认识到岁月无情,慨然叹息:

---

① 余嘉锡撰:《世说新语笺疏》,上海:上海古籍出版社,1993年版,第115页。

"木犹如此，人何以堪！"攀条折枝，感叹时不我与，天命之不可违也！如今时光已过去近三十年，韶华不在，功业未成，蹉跎岁月。桓温凄美深情的悲慨，感人至深，一种对生命本体的思索洋溢在"木犹如此，人何以堪"八个字内。这八个字也被后人当成深情的寄托，一遍遍地吟咏。这是一种具有普遍意义的人生情感，这种情感与万物有一种共鸣。正如冯友兰所说"他对于万物，都有一种深厚的同情"。① 而在正史的记载里，桓温很少有深情的表露，他给人的印象是野心勃勃、不可一世的枭雄形象。然而《世说新语·黜免》里还有一段关于桓温颇具人情味的记载："桓公入蜀，至三峡中，部伍中有得猿子者。其母缘岸哀号，行百余里不去，遂跳上船，至便即绝。破视其腹中，肠皆寸寸断。公闻之怒，命黜其人。"桓温出兵伐蜀时，途经三峡。古代三峡两岸多猿，一位将士捕获了一只幼猴带在船上，母猴在峭壁上攀爬，在高山峻岭之间哀号，一直追随船队走了百余里，最终纵身从山崖上跳到船上，气绝身亡。有人剖开母猴的肚子，发现其肠子寸寸断裂。桓温怒黜其人。桓温愤怒的不仅是将士的任性妄为，而且是对其残忍而不近人性行为的责备。从中我们也窥见了一代枭雄内心世界最柔软的地方。

《世说新语·政事》载："桓公在荆州，全欲以德被江、汉，耻以威刑肃物。令史受杖，正从朱衣上过。桓式年少，从外来，云：'向从阁下过，见令史受杖，上捎云根，下拂地足。'意讥不著。桓公云：'我犹患其重。'"这里是说，桓温的儿子桓式年轻时，看见桓温手下一位令史受杖责，便讥讽那行刑的杖是高高举起，上掠云边，轻轻落下，下拂地面，根本打不着人。当他将这话说给桓温听时，桓温却说："我还担心打得太重了。"《世说新语》的编者有意通过桓式的质疑，赞扬桓温用德政来治理江汉地区，对下级官吏态度宽和，以

---

① 冯友兰：《三松堂小品》，北京：北京出版社，1998年版，第29页。

表现桓温具有儒家士大夫气质。

　　史料记载,桓温将大量才学之士招至幕府中,其中包括:习凿齿、袁宏、谢安、王坦之、孙盛、孟嘉、王珣、郗超、伏涛、顾恺之、郝隆等。桓温尊重这些文学人才,并时常组织文学活动,现从中选出袁宏、孟嘉、顾恺之、郝隆与桓温交往的事例,来展现桓温的文学和艺术修养。

　　袁宏,字彦伯,史称"宏有逸才,文章绝美"。袁宏年轻的时候孤苦贫寒,"以运租自业",因《咏史诗》受到镇守牛渚的安西将军谢尚的赏识,任用袁宏参与他的军务。诗仙李白738年秋夜泊舟采石,写下千古名篇《夜泊牛渚怀古》:"牛渚西江夜,青天无片云。登舟望秋月,空忆谢将军。余亦能高咏,斯人不可闻。明朝挂帆席,枫叶落纷纷。"借谢尚赏拔袁宏一事感叹自己无人赏识。而牛渚正是姑孰属地,由此可见,袁宏从年轻时就对姑孰一带风物非常熟悉,他后来能写出描绘白纻歌舞盛况的《夜酣赋》乃是顺理成章的事情。袁宏后升迁到大司马桓温府记室,桓温"重其文笔,专综书记"。袁宏因文史之才受到桓温的重用。《世说新语·文学》记载了袁宏跟随桓温北伐,桓温命其创作了《北征赋》,桓温和当世名流一起阅读,大家都交口称赞。王珣却说:"可惜这篇赋文少了一句。应加一句'写'字作为韵脚的话,补足一韵,会更好些。"随后袁宏便拿起笔来,立时增加了一句:"感不绝于余心,溯流风而独写。"桓温见袁宏文思如此敏捷,于是对王珣说:"当今文赋之美,不能不推崇袁宏了。"

　　太和四年(369年),袁宏跟随桓温从姑孰顺江而下伐燕。《世说新语·轻诋》载:"桓公入洛,过淮泗,践北境,与诸僚属登平乘楼,眺瞩中原,慨然曰:'遂使神州陆沉,百年丘墟,王夷甫诸人不得不任其责!'袁虎率而对曰:'运自有废兴,岂必诸人之过?'桓公懔然作色,顾谓四坐曰:'诸君颇闻刘景升不? 有大牛重千斤,啖刍豆十倍于常牛,负重致远,曾不如一羸牸。魏武入荆州,烹以飨士卒,于是莫不称快。'意以况袁。四坐既骇,袁亦失色。"北伐途中,到了北国领地,桓温与众幕僚一起登上楼船,眺望中原故国,感慨地说:"清谈家们竟然让神州沦陷为荒丘废墟,王衍等人不能不承担这个责任。"袁宏未加思考就回答说:"国运自有兴衰,难道就是王衍等人的过错吗?"桓温生气地说道:"诸位都听过刘表的一件逸闻吗?他有一头重达千斤的大牛,吃的草和豆比平常的牛要多十倍,可是载重运行还不如一头羸弱的母牛。曹操进入荆州后,将这大家伙烹饪给士兵吃了,大家莫不拍手称快。"这里桓温的意思是将袁宏比作那头大牛,所以四座都感到吃惊,袁宏也吓得脸色都变了。然而桓温毕竟不是鲁莽之人,他有着魏晋名士的风流气度。《世说新语·文学》记载:"桓宣武北征,袁虎时从,被责免官。会须露布文,唤袁倚马前令作。手不辍笔,俄得七纸,殊可观。"史称袁宏"好学,善著文"。袁宏因王衍之事,遭到桓温的处罚,虽受处罚,但仍随军应差。桓温命袁宏倚着马作行军布告。袁宏文思敏捷,一会儿洋洋洒洒写了七张纸,写得很有气势,不负所望,"倚马千言"的赞赏正是源于桓温用其所长的结果。另据《晋书·袁宏传》记载:袁宏"后为《东征赋》,赋末列称过江诸名德,而独不载桓彝……温知之甚忿,而惮宏一时文宗,不欲令人显问。后游青山饮归,命宏同载,众为之惧"。袁宏为桓温作《东征赋》,赋末陈述了过江的各位德高望重的人,唯独没有记载桓温的父亲桓彝的勋业事迹,然桓温很敬重自己的父亲,他知道后,十分愤怒。可桓温又认为袁宏是一时的文宗,从内心还是尊重袁宏的,不想为此事特意派人去质疑询问,事后,他们一起出游姑孰青山,饮酒归来时,桓温让袁宏和他坐同一辆车,大家都为袁宏担心。车行了数里,桓温才问及此事。可见桓温在与文人的交往中十分注意自己的形象,同时也很注意照顾对文人的影响。

孟嘉，字万年。是东晋名士，为桓温的参军，桓温十分看重他。《晋书·孟嘉传》载："九月九日，温燕龙山，僚佐毕集。时佐吏并著戎服，有风至，吹嘉帽堕落，嘉不之觉。温使左右勿言，欲观其举止。嘉良久如厕，温令取还之，命孙盛作文嘲嘉，著嘉坐处。嘉还见，即答之，其文甚美，四座嗟叹。"意思是说，某年九月九日重阳节时，桓温在龙山宴请幕僚，饮酒作诗。突然一阵风，将孟嘉的官帽吹落，孟嘉并不知晓。古人把帽子当作区别身份等级的标志，故而对戴帽子是十分重视的。据说春秋五霸之一的齐桓公，有一次因醉酒把帽子丢了，伤心得三天都不上朝。孔子门生子路，在卫国作大将，在内乱混战中，帽带子被割断，于是他放下武器去结帽带，敌人乘机砍杀了他。可见，那时人们把帽子看得比生命还重要。所以孟嘉落帽，桓温便要开他个玩笑，有意不让大家告诉他，看孟嘉察觉后有什么反应。桓温授意博学多才的孙盛作文嘲笑，孟嘉如厕归来时，发现座位上的短文，看后随即提笔应答，写出了令四座惊叹的美文，自我解嘲。后世诗文多以"孟嘉落帽"来形容魏晋名士的风流洒脱、才思敏捷，也体现了桓温的情趣和潇洒气度。

李白晚年寓居当涂，政治上不得意，在重阳节登临当涂的龙山，写下了著名的《九日龙山饮》一诗，诗中写道："九日龙山饮，黄花笑逐臣。醉看风落帽，舞爱月留人。"诗中"风落帽"用的就是"孟嘉落帽"的典故，诗人李白饮酒的地方，就是当年"孟嘉落帽"的龙山。唐李吉甫《元和郡县图志》中"当涂县"条记载："龙山，在县东南十二里，桓温尝与僚佐。九月九日登此山宴集。"龙山有"丹枫红叶、遍满岩谷"的景色，登高远眺，长江、天门山、翠螺山尽收眼底，是重阳登高的胜地。因此"龙山秋色"成为"姑孰八景"之一。

孟嘉喜好饮酒，但却饮之有度，多而不乱。在一次宴会上，桓温问嘉："酒有何好，而卿嗜之?"嘉曰："公未得酒中趣耳。"又问："听妓，丝不如竹，竹不如肉，何谓也?"嘉答曰：

"渐近使之然。"(《晋书·孟嘉传》)桓温问孟嘉:"酒有什么好处,你这么嗜好它?"孟嘉答道:"您未得酒中乐趣。"桓温又问:"听伎唱歌时,为什么弹奏乐不如吹奏乐好听,听吹奏乐又不如听歌伎演唱?"孟嘉答道:"这是因为歌伎演唱发声已接近自然之声的缘故。"桓温、孟嘉二人从喝酒谈到对音乐"贵人声"的讨论,认识到人通过语言文字产生的声音之美,比金竹之声乐更为"渐近自然"。认为音乐的本然状态——人类固有的声音美是最可贵的。反映出他们审美的自然旨趣,这种自然性音乐的美学思想对后世影响很大。

顾恺之,字长康,博学而有才气,尤善丹青,桓温引为大司马参军。《世说新语·言语》注引宋明帝《文章志》说:"恺之为桓温参军,甚被亲昵",甚得倚重。《晋书·顾恺之传》载:"初,恺之在桓温府,常云:'恺之体中痴黠各半,合而论之,正得平耳。'"桓温常说:"恺之的身上憨痴与聪慧各占一半,合起来说,正好得到适中。"这种评价反映了桓温对顾恺之的了解和对其才华的赏识。时传顾恺之有"三绝":画绝、文绝、痴绝。画绝、文绝是称赞其诗文和绘画都已达到了相当的造诣;所谓"痴绝",是说他为人性格率真、通脱。桓温去世后,顾恺之拜谒桓温墓,作诗云:"山崩溟海竭,鱼鸟将何依!"山崩海竭,鱼鸟无所依靠。顾恺之为桓温痛哭,以至于"声如震雷破山,泪如倾河注海",由此可见顾与桓温的关系非同寻常,他对桓温的情感也由此可见一斑。

据唐张彦远《历代名画记》卷五载:"桓大司马每请长康与羊欣论书画,竟夕忘疲。"桓温与顾恺之、羊欣纵谈书画,从早到晚不觉疲倦。唐张怀瓘《画断》曾对东晋南朝三大画家顾恺之、陆探微、张僧繇作比较,认为顾恺之居第一位。"有苍生以来未之有者"(《晋书·顾恺之传》)。史载:羊欣"美言谈,善容止。泛览经籍,尤长隶书"(《宋书·羊欣传》)。顾、羊二位是文学家、艺术家,魏晋时期典型的性情中人,桓温能赢得他们的信任,与他们交往,可见桓温也是性情中人,同时对书画鉴赏的水平和素养也非同一般。《世说新语·言语》载:"桓征西治江陵城甚丽,会宾僚出江津望之,云:'若能目此城者,有赏。'顾长康时为客在坐,目曰:'遥望层城,丹楼如霞。'桓即赏以二婢。"

桓温把江陵城营建得极其壮丽,领着众人在江边观望城景,桓温说:"如果有人能为此城作出品题且话语生动的,有赏。"顾恺之以"遥望层城,丹楼如霞"作答,新奇而有文采,他把江陵城比拟为天上层城,建筑高低错落,犹如霞光一样耀眼夺目。桓温大为赞赏,并赏给他两位婢女。这虽然反映了顾恺之独特的自然审美观,也充分体现了桓温有着深厚的文化涵养,对文学艺术之美,具有相当高的欣赏水平。

郝隆,字佐治,生性诙谐,有博学之名,《世说新语·排调》载:郝隆为桓公南蛮参军,他在三月初三桓温举行的宴会上作诗曰:"娵隅跃清池。"桓问:"娵隅是何物?"答曰:"蛮名鱼为娵隅。"桓公曰:"作诗何以作蛮语?"隆曰:"千里投公,始得蛮府参军,那得不作蛮语也!"在三月初三的集会上,大家都要作诗,不会作诗的,罚酒三升。郝隆起初因没能作出诗而被罚酒,酒后语出双关,借以西南少数民族语言"娵隅跃清池"入诗,言下之意说桓温辜负了自己的学问文章,其牢骚之言机敏到幽默,令人捧腹。在这种饮酒赋诗的氛围下,我们看到的桓温不再是身居高位的权臣形象,而是显现出他一个文人的内心世界。

三月三日上巳节,就是在三月的第一个巳日,人们要到水边"修禊"。"修禊"源于上古,由女巫主导,人们到水边沐浴洗涤,去除污垢,除灾祈福,祭祀祖先。魏晋以后,这个节日被固定在每年的三月三日,是当时的一大盛事,男女老少来到水边,享受着大自然的阳春气息。"三月三日,四民并出江渚池沼间,临清流,为流杯曲水之饮"。① 此时修禊仪式已经由原来比较严肃且带有神秘色彩的活动被踏青、临水作乐、宴饮赋诗所取代。"会三月上巳,(元)帝亲观禊,乘肩舆,具威仪,敦、导及诸名胜皆骑从"。② 司马睿初到建康时,吴地的人不是很拥护他,王导就安排在三月三日这一老百姓都倾城出动的日子让元帝乘肩舆出游,向吴人显示威严。"上巳节"聚会水边,举行各种游戏和歌舞,是江南士庶民众皆喜欢的事情,桓温与其幕府文人也不例外。

《世说新语·品藻》有一记载孙绰品藻人物的有趣场面。当时抚军大将军司马昱问孙绰说:"刘真长何如?"曰:"清蔚简令。""王仲祖何如?"曰:"温润恬和。""桓温何如?"曰:"高爽迈出。""谢仁祖何如?"曰:"清易令达。"通过这一问一答,我们可以看到刘惔"清明有文采,语言简洁美好",王濛"品性温和柔顺,恬静谦和",桓温"个性高迈豪爽,卓越出众",谢尚"清明平易,率性挺达"……《晋书》称孙绰是当时的文士之冠,温峤、庾亮、王导等人去世,都请孙绰为之书写碑文,然后再刻石立碑。可见孙绰的品鉴是有分量的,他将王濛、刘惔、桓温、谢尚称为"四名士",被誉为穆帝时"永和名士的冠冕"。魏晋风流常常把人的风神相貌作为品鉴的标准,以是否超然世外作为判断的标准。这个标准不得掺杂功利的成分,必须是纯粹的美的欣赏,是艺术的欣赏。桓温作为名士,在和幕府成员的交往中,体现了他对文学和人物具有较好的审美鉴赏能力。

《世说新语·品藻》载:"桓大司马下都,问真长曰:'闻会稽王语奇进,尔邪?'刘曰:'极进,然故是第二流中人耳。'桓曰:'第一流复是谁?'刘曰:'正是我辈耳!'"这是桓温东下到京师建康和刘惔的一段对话,刘惔说会稽王(司马昱)

---

① (梁)宗懔撰,宋金龙校注:《荆楚岁时记》,太原:山西人民出版社,1987年版,第38页。
② (唐)房玄龄等撰:《晋书·王导传》,北京:中华书局,1974年版,第1745页。

清谈虽大有长进,然他毕竟是第二流中的人物啊!当桓温问:"第一流是谁?"刘惔答道:"正是我们这班人啊!""这班人"中当然包括桓温在内,可见桓温在精神、气质上非同一般,他的清谈之才,得到了当时清谈大家的认同。

所谓"魏晋风度",实际上是对当时士人的精神特质和言行风范的一种概括,谈玄之风、品题之风、任诞之风皆包括其中,①桓温身上的魏晋风度更多地表现为谈玄与品题。《世说新语·文学》载:王导曾召集殷浩、桓温、谢尚、王述等名流清谈,"明旦,桓宣武语人曰:'昨夜听殷、王清言,甚佳,仁祖亦不寂寞,我亦时复造心。顾看两王掾,辄翼如生母狗馨。'"桓温对人说:"昨夜听殷、王清谈,非常佳妙,谢尚不感到冷落,我也有会心之处。回头看那两个姓王的属官,就活脱脱的像母狗一样。""三玄"是魏晋名士清谈所依据的基本经典,就是《周易》《老子》《庄子》。它们涉及宇宙、社会、人生、人性等诸多方面的问题,名士在清谈时从三本经典书中抽出一些基本观点进行辩论和讨论,有时还会涉及对各家注解异同的辩论。桓温能对王导和殷浩二人的清谈进行点评并有所感悟,可见桓温的清谈水平和能力还是十分出色的。

《世说新语·文学》载:"宣武集诸名胜讲《易》,日说一卦。"《周易》是魏晋名士清谈所依据的经典之一,是最富有哲理的书,桓温召集诸名士讲谈《周易》,反映了桓温幕府中的文学氛围和桓温谈玄的能力,以及对哲学美和神韵的追求。

桓温曾做过不少玄言诗,虽然现在都已亡佚,但其在诗坛的地位仍有案可稽,南朝梁钟嵘《诗品序》中说:"永嘉时,贵黄老,稍尚虚谈,于时篇什,理过其辞,淡乎寡味。爰及江表,微波尚传,孙绰、许询、桓、庾诸公诗,皆平典似《道德论》,建安风力尽矣。"②孙绰、许询都是东晋玄言诗的代表人

---

① 王能宪:《世说新语研究》,南京:江苏古籍出版社,1992年版,第118—147页。
② (梁)钟嵘撰,吕德申校释:《钟嵘〈诗品〉校释》,北京:北京大学出版社,1986年版,第136页。

物,桓温能与他们并列,足以证明桓温在诗坛的地位。

"此外桓温熟读诗书,用典时信手拈来,且稳妥精当。如:'乐毅竭诚,垂涕流奔;霍光尽忠,上官告变'。援引乐毅、霍光尽忠反受诬的古事,言简意赅,寥寥数语道尽忠臣之难以及自身的艰难处境"。① 《世说新语·言语》也载司马昱在作抚军大将军时,曾经与桓温一同上朝,二人互相谦让,桓温不得已走在前面,并引用《诗经·卫风·伯兮》的诗:"伯也执殳,为王前驱",借以说走在前面是做王的先锋,表示谦恭。可见桓温熟读儒家经典,文武卓识。

桓温精通乐理,雅善书画,《隋书·经籍志(四)》载:"晋大司马十一卷。"又有《桓温要集》二十卷。魏晋名士钟情于艺术,以显示自己的修养。桓温擅长书法,张怀瓘《书断·妙品》称:"元子正草,厚而不伦,若遗翰墨,犹带真淳,似山林之乐道,非玉帛之能亲。"宋《宣和书谱》称其书法"有王谢之余韵"。可见桓温在文学、书法艺术上都有一定的造诣,桓温还能解音乐,《艺文类聚》卷四四《乐部四·筝》载:"谢仁祖为豫州主簿,在桓温阁下,桓闻其善弹筝,便呼之。既至,取筝令弹,谢即理弦抚筝,因歌《秋风》,意气殊遒。桓大以此知之。"谢尚善舞蹈,能模仿鸲鹆动作而舞,精通音乐。《乐府诗集》卷七十五载谢尚《大道曲》引《乐府广题》曰:"谢尚为镇西将军,尝着紫罗襦,据胡床,在市中佛国门楼上弹琵琶,作《大道曲》。市人不知是三公也。"关于谢尚弹琵琶一事,在《世说新语·容止》也有一段记载:"或以方谢仁祖,不乃重者,桓大司马曰:'诸君莫轻道仁祖,企脚北窗下弹琵琶,故自有天际真人想。'"当有人评论谢尚不那么庄重时,大司马桓温说:"诸位不要对谢仁祖轻率地说三道四,他踮着脚在北窗下弹琵琶,还真令人生出天上得道仙人的念头。"对谢尚的欣赏和理解,反映了桓温有着深厚的音乐素

---

① 韩文娟:《桓温研究——以与文人的交游及其创作为中心》,2014年度山东师范大学硕士学位论文。

养和对音乐的喜爱。

桓温作为政治家、军事家,他一生以恢复神州、青史留名为人生的终极目标。他虽为一代毁誉参半的枭雄,但从上述资料来看,他的整个人生可谓是精彩不凡,他是一位具有真挚情感、诗文出众且具有音乐修养的玄学名士,也是个很有文学情怀的英雄。古人有副对联说:"唯大英雄能本色,是真名士自风流。"用于桓温非常贴切。

有关桓温与白纻舞,文献中的记载虽然十分有限,但从留存的资料中仍能感受到桓温与白纻舞的关联。桓温移镇姑孰十年间,因其自身的文学、音乐素养,使得吴地民间的白纻舞,由此前的娱神歌舞很快转变为娱人俗舞,并在姑孰盛行。从《晋白纻舞歌诗》中可知"白纻舞"在表现舞姿轻盈的同时,开始注重情感的抒发。桓温作为东晋中期有影响的人物,因其钟爱白纻歌舞,势必影响宫廷及士族阶层对它的喜爱,在桓温的努力下,白纻舞最终演变成宫廷的宴筵乐舞。

桓温本人十分喜爱文学,同时也尊重文学人才,其幕府下聚集了当时最优秀的文学艺术人才,如袁宏、谢安、顾恺之、谢尚、桓伊等,这些人在文学、书法、绘画、音乐、舞蹈等艺术领域都造诣很高,成就斐然。桓温常常在特定的节日里举行文学聚会,如在姑孰期间就举行了姑溪之会、龙山宴集等,"这样的文学聚会,被记下来的很少,就像露出水面的冰山,没有记下的很多,就像水底下的冰山"。[①] 在文学聚会或重要活动中,"桓温以招待客人观赏白纻舞为最高礼遇"。[②] 这些文人在观看白纻舞时,很有可能会创作有关"白纻"歌舞的诗赋,只是大部分今已亡佚而不可见,仅留下了袁宏的《夜酣赋》残篇。

---

① 程章灿:《英雄桓温和他的文学圈》,《文史知识》,2017年第3期。
② 顾鸣编著:《风雨跌宕三百年——东晋南朝时期的姑孰》,芜湖:安徽师范大学出版社,2016年版,第100页。

第三节
白纻舞在南朝的变化

白纻舞歌辞在诸类杂舞歌辞中数量最多。《乐府诗集》中收录从晋至唐的白纻舞歌辞共51首。如果再加上《太平御览》中记载南朝宋汤惠休另一首《白纻舞歌诗》(汤实著《白纻歌》3首,《乐府诗集》只收录2首)、宋明帝所作《白纻篇大雅》以及《全唐诗》中陈标的《白纻歌》(一名《长安秋思》)和戴叔伦的《白纻词》这4首,共计55首。

从查阅的资料来看,宋、元、明、清、民国时期,"白纻辞"的拟写数量,已远远超过白纻舞盛行的魏晋南北朝及隋唐时期。"在我国古代乐舞诗中,《白纻辞》数量最多,据不完全统计,晋代至明代的《白纻辞》达一百六十多首,远远超过了其他乐舞诗"。①

现存的白纻舞辞中,最早的是晋无名氏作《晋白纻舞歌诗》3首。

《晋白纻舞歌诗》之一:

轻躯徐起何洋洋,高举两手白鹄翔。宛若龙转乍低昂,凝停善睐客仪光。如推若引留且行,随世而变诚无方。舞以尽神安可忘,晋世方昌乐未央。质如轻云色如银,爱之遗谁赠佳人。制以为袍余作巾,袍以光驱巾拂尘。丽服在御会嘉宾,醪醴盈樽美且淳。清歌徐舞降祇神,四座欢乐胡可陈。

《晋白纻舞歌诗》之二:

双袂齐举鸾凤翔,罗裾飘飘昭仪光。趋步生姿进

---

① 方孝玲:《〈白苎歌〉:从乐府到元曲》,《合肥师范学院学报》,2008年第5期。

流芳,鸣弦清歌及三阳。人生世间如电过,乐时每少苦日多。幸及良辰耀春华,齐倡献舞赵女歌。羲和驰景逝不停,春露未晞严霜零。百草凋索花落英,蟋蟀吟牖寒蝉鸣。百年之命忽若倾,早知迅速秉烛行。东造扶桑游紫庭,西至昆仑戏曾城。

《晋白纻舞歌诗》之三:

阳春白日风花香,趋步明玉舞瑶珰。声发金石媚笙簧,罗袿徐转红袖扬。清歌流响绕凤梁,如矜若思凝且翔。转盼遗精艳辉光,将流将引双雁行。欢来何晚意何长,明君御世永歌昌。

《宋白纻舞歌诗》中,《宋书·乐志》曰:"《白纻舞歌诗》,旧新合三篇,二篇与晋辞同,其一篇异。"也就是说《宋白纻舞歌诗》与《晋白纻舞歌诗》第二、第三篇完全相同,《乐府诗集》仅收录了《宋白纻舞歌诗》新辞:

高举两手白鹄翔,轻躯徐起何洋洋。凝停善睐客仪光,宛若龙转乍低昂。随世而变诚无方,如推若引留且行。宋世方昌乐未央,舞以尽神安可忘。爱之遗谁赠佳人,质如轻云色如银。袍以光躯巾拂尘,制以为袍余作巾,四坐欢乐胡可陈,清歌徐舞降祇神。

其他的还有宋刘铄《白纻曲》、鲍照《白纻歌六首》、汤惠休《白纻歌二首》,《乐府诗集》收录刘宋白纻舞歌辞10首。

宋刘铄《白纻曲》:

仙仙徐动何盈盈,玉腕俱凝若云行。佳人举袖耀青蛾,掺掺擢手映鲜罗。状似明月泛云河,体如轻风动流波。

汤惠休《白纻歌二首》:

琴瑟未调心已悲,任罗胜绮强自持。忍思一舞望所思,将转未转恒如疑。桃花水上春风出,舞袖逶迤鸾

照日。徘徊鹤转情艳逸，君为迎歌心如一。

少年窈窕舞君前，容华艳艳将欲然。为君娇凝复迁延，流目送笑不敢言。长袖拂面心自煎，愿君流光及盛年。

鲍照《白纻歌六首》：

其　一

吴刀楚制为佩祎，纤罗雾縠垂羽衣。含商咀徵歌露晞，珠履飒沓纨袖飞。凄风夏起素云回，车怠马烦客忘归，兰膏明烛承夜晖。

其　二

桂宫柏寝拟天居，朱爵文窗韬绮疏。象床瑶席镇犀渠，雕屏铪匣组帷舒。秦筝赵瑟挟笙竽，垂珰散佩盈玉除，停觞不语欲谁须？

其　三

三星参差露沾湿，弦悲管清月将入。寒光萧条候虫急，荆王流叹楚妃泣。红颜难长时易戢，凝华结藻久延立，非君之故岂安集。

其　四

池中赤鲤庖所捐，琴高乘云腾上天。命逢福世丁溢恩，簪金藉绮升曲筵。思君厚德委如山，洁诚洗志期暮年，乌白马角宁足言！

其　五

朱唇动，素腕举，洛阳少童邯郸女。古称《渌水》今《白纻》，催弦急管为君舞。穷秋九月荷叶黄，北风驱雁天雨霜，夜长酒多乐未央。

其　六

春风澹荡侠思多，天色净绿气妍和。桃含红萼兰紫牙，朝日灼烁发园花。卷幌结帷罗玉筵，齐讴秦吹卢女弦，千金顾笑买芳年。

《宋白纻舞歌诗》新辞与《晋白纻舞歌诗》第一篇的比较，都是采用的七言句式，声韵流畅。《宋白纻舞歌诗》在内容上少了"丽服在御会嘉宾，醪醴盈樽美且淳"两句，将"晋世方昌乐未央"改为"宋世方昌乐未央"。再就是将《晋白纻舞歌诗》上下两句对换,从韵律上有所变化。《宋白纻舞歌诗》中的"宋世方昌乐未央""明君御世永歌昌"明显带有对国家兴盛、君主治国有方、百姓安居乐业的称颂之意,更加突出舞蹈强调政治教化作用。但到南朝时,这种教化作用已渐渐淡化,更多的是展现舞者优美的舞姿和眼神的变化,成为一种抒情的歌舞。

《宋白纻舞歌诗》新辞保留了《晋白纻舞歌诗》中的"清歌徐舞降祇神,四座欢乐胡可陈"。据此推测,白纻舞最早可能与巫舞有关联,或是巫女降神时表演的舞蹈。"以舞娱神",本是中国原始舞蹈的一个特点,《楚辞》中的《九歌》便是楚地祭祀时表演的舞蹈。晋宋歌诗中还表现出"人生世间如电过,乐时每少苦日多"的无奈,因而"幸及良辰耀春华,齐倡献舞赵女歌",发出了"百年之命忽若倾,早知迅速秉烛行"的感慨。这种人生如寄的感伤情绪以及劝人及时行乐的乐舞,消解人生苦短,已成为魏晋时期上层贵族宴饮的主题。连曹操这样一个在政治上有抱负、有野心的枭雄,在其著名的《短歌行》中也曾苍凉悲歌道:"对酒当歌,人生几何?譬如朝露,去日苦多。"魏晋以来士人对生死、时空的咏叹,正是士人萌发生命意识后所产生的感伤情绪,这种情感也带来了人们审美倾向的变化。"'美'从'道德'的范畴中被解放了出来,艺术的各种媒体——声音、色彩、线条、文字,也都从'意义'的桎梏中解放出来"。① 李泽厚在《美的历程》中用"人的觉醒"一词来概括从东汉末年到魏晋时期意识形态领域和文艺美学上的基本特征。"人的觉醒"在舞蹈中的表现,则是关注情感的抒发。六朝人对情感高度敏感,而且在情感表达上一任所发,即所谓"任情"是也。因此诗歌乐舞便成为士人寄托情思的心理依靠。唐李延寿《南史》

---

① 蒋勋:《美的沉思》,长沙:湖南美术出版社,2014年版,第102页。

卷三十一《张裕传》附《张稷传》载:"稷,字公乔,……长兄瓌,善弹筝,稷以刘氏先执此伎,闻瓌为《清调》,便悲感顿绝……"可见六朝人对悲歌的体验,有着特殊的感受力。这种体验如汤惠休《白纻歌二首》所表现的那样,"琴瑟未调心已悲"。南朝时的悲、哀并不是我们今天所理解的伤心流涕的情绪表现,它包含有感人、动人之意。如《南史》卷三十八《柳元景传》附《柳恽传》载:"(柳)恽惊其哀韵,乃制为雅音。"这里所说的"哀"即感人之意,是美妙动人的韵律。有关宋齐乐舞曲调,杨荫浏认为比较多地继承了魏晋时期的旧曲,"南朝宋武帝永初元年(420),虽然撰立新的歌词,然而歌舞的音乐,似乎仍用晋朝的旧曲。齐朝甚至连歌词也有很多是沿用宋朝的辞,仅将歌辞中的'宋',改成了'齐'字,以求适合当代的应用而已"。① 从"晋世方昌乐未央"到"宋世方昌乐未央",再到"齐世方昌乐未央",虽然仅一字之差,几乎没变化,然而却透露出一个真实的信息,那就是尽管从晋到宋再到齐,世事变迁、朝代更替,但作为舞歌乐三元素结合的白纻舞,经桓温扶植进入宫廷宴筵,除满足达官贵人娱乐怡情外,还被编进礼乐文化的序列。所以宋武帝刘裕取得政权后,尽管国库并不殷实,而且他本人出身寒微,性好节俭,还要恢复豪华的宫廷白纻舞。只有如此,才能昭示新政权的正统合法性,以及执政者的高雅懿德。当然,新朝初创,百废待兴,刘裕一时难以将白纻舞文化恢复到当年桓温的盛况。刘裕执政两年即去世了,他的儿子刘义隆(文帝)继续推动白纻舞的发展。刘义隆执政30年,国库日渐充盈,因而有财力投资礼乐文化建设。刘义隆生有19子,年龄稍大的几个儿子,比如二子刘浚(始兴王)、三子刘骏(孝武帝)、四子刘铄(南平王),以及十一子刘彧(明帝)都是白纻舞的爱好者和推进者。值得一提的是刘浚、刘骏、

---

① 杨荫浏:《中国音乐史纲》,上海:万叶书店,1952年版,第87页。

刘铄都出任过南豫州刺史（治所或在姑孰或历阳），想必对当年桓温在姑孰楚山推介白纻舞的盛况耳熟能详，因而产生复兴的念头。他们或者亲自操刀撰写歌辞，比如刘铄的《白纻曲》。或者以帝王的权力，将其置于礼乐文化的显著地位，比如孝武帝刘骏在姑孰黄山修离宫，每到酷暑，带群臣宫女歌伎在这里避暑。凌歊台上笙歌达旦，歌伎舞女轻歌曼舞，场面壮观。

  刘宋时期的白纻舞辞已开始注重诗歌抒情韵致的意境，鲍照和汤惠休的白纻舞辞，将原本不涉及男女情爱的晋白纻舞辞加以改造，增加了闺情内容，"忍思一舞望所思，将转未转恒如疑"（汤惠休《白纻歌二首》）；"凝华结藻久延立，非君之故岂安集"（鲍照《白纻歌六首》其三）。舞辞中的格调也由原来抒写行乐颂世的欢快变为悲怨忧伤的相思之情，"琴瑟未调心已悲，任罗胜绮强自持"（汤惠休《白纻歌二首》）；"寒光萧条候虫急，荆王流叹楚妃泣"（鲍照《白纻歌六首》其三）。刘宋舞辞中的内容充满悲怨之情，抒发了女性内心微妙而复杂的情感。鲍照《白纻歌六首》有四首为奉始兴王之诏而作，诗人用艳辞丽句铺陈摹写宫中的舞蹈场景、舞伎的华丽佩饰和舞蹈细节，这种浓情艳逸的诗歌，助推了萧梁时期宫体诗的产生与发展。宫体诗，"是指以一种华艳的字句专门吟咏男女之情，着重描写妇女体态、容貌和日常生活的诗歌"。[1]

  南朝各代贵族阶层都是崇尚奢靡享乐的，而萧梁的士大夫更是以奢为务。《颜氏家训·涉务篇》云："梁世士大夫皆尚褒衣博带，大冠高履，出则车舆，入则扶侍。郊郭之内，无乘马者。"[2]萧梁的士大夫已是"肤脆骨柔"，其审美趣味也偏向儒雅柔弱。萧梁时期"白纻舞辞"总共有16首，张率9首、沈约5首、梁武帝萧衍2首，皆是贵族、士大夫甚至是帝

---

[1] 王运熙：《乐府诗述论》，上海：上海古籍出版社，1996年版，第428页。
[2] 王利器撰：《颜氏家训集解》，北京：中华书局，1993年版，第322页。

王所作。上流社会的推崇使得白纻舞在充满宫廷贵族浮华情调的同时，表演也更加细腻精美，可以说这一时期是白纻舞辞创作的高峰期。张率9首舞辞描写的对象依然是歌伎舞女，然而更多的是抒发人物内心的情感，整体上诗歌的风格还是比较清新的。

梁武帝萧衍《梁白纻辞二首》云：

朱丝玉柱罗象筵，飞琯促节舞少年。短歌流目未肯前，含笑一转私自怜。

纤腰袅袅不任衣，娇怨独立特为谁。赴曲君前未忍归，上声急调中心飞。

梁武帝《梁白纻辞二首》诗虽短，却把舞者的性别、年龄、所处的环境、伴奏的乐器和表情都描摹得非常到位，用圆熟流利的语言抒发出儿女情怀。"纤腰袅袅不任衣，娇怨独立特为谁。赴曲君前未忍归，上声急调中心飞。"写出了舞女多情自怜之态和内心对恋人的"娇怨"之情。这"娇怨"之情，正是在舞蹈中通过眼神传递出来的。白纻舞在萧梁时期属清商乐新宠，而清商乐的特征便是哀怨，南朝乐舞所追求的是悲、哀乐的审美境界，再就是轻歌曼舞时的"娇怨"之态，更加感人、动人。所以说南朝贵族、士大夫正是看重白纻舞的这种"重情适性"，通过飘逸的舞蹈和动人的眼神来宣泄和体验自己的情感世界。

梁武帝还与沈约合作了《四时白纻歌》，《古今乐录》曰："沈约云：'《白纻》五章，敕臣约造。武帝造后两句。'"沈约奉命改写白纻舞歌辞，作《四时白纻歌》，共五节，分为《春白纻》《夏白纻》《秋白纻》《冬白纻》及《夜白纻》，每首七言八句。前四句各不相同，为沈约所作，后四句"翡翠群飞飞不息，愿在云间长比翼。佩服瑶草驻容色，舜日尧年欢无极。"在五首诗中都相同，其中每节的末二句是梁武帝萧衍所作，增加了歌颂自己的内容。

春白纻

兰叶参差桃半红,飞芳舞縠戏春风。如娇如怨状不同,含笑流眄满堂中。翡翠群飞飞不息,愿在云间长比翼。佩服瑶草驻容色,舜日尧年欢无极。

夏白纻

朱光灼烁照佳人,含情送意遥相亲。嫣然宛转乱心神,非子之故欲谁因。翡翠群飞飞不息,愿在云间长比翼。佩服瑶草驻容色,舜日尧年欢无极。

秋白纻

白露欲凝草已黄,金琯玉柱响洞房。双心一意俱徊翔,吐情寄君君莫忘。翡翠群飞飞不息,愿在云间长比翼。佩服瑶草驻容色,舜日尧年欢无极。

冬白纻

寒闺昼寝罗幌垂,婉容丽心长相知。双去双还誓不移,长袖拂面为君施。翡翠群飞飞不息,愿在云间长比翼。佩服瑶草驻容色,舜日尧年欢无极。

夜白纻

秦筝齐瑟燕赵女,一朝得意心相许。明月如规方袭予,夜长未央歌《白纻》。翡翠群飞飞不息,愿在云间长比翼。佩服瑶草驻容色,舜日尧年欢无极。

沈约《四时白纻歌》以男女情爱为主,"朱光灼烁照佳人,含情送意遥相亲",以欢快的调子,配合舞曲表演,在对美好爱情的憧憬和歌颂中,"双去双还誓不移,长袖拂面为君施",展示了舞者的娇媚之态。"如娇如怨状不同,含笑流眄满堂中",从舞辞中可以看出舞者在体验爱情和人生的美好的同时,也有对生命的深沉喟叹。沈约《四时白纻歌》体现了浓郁的宫廷气息,也不乏清新自然的风格,"兰叶参差桃半红,飞芳舞縠戏春风"。

萧衍、沈约的现象值得关注。此前,我国古代诗歌创作属于上流社会,而歌舞俳优来自社会底层。白纻舞来自民间,配舞所唱的词句,大多是平民的即兴创作,不加雕琢,天然率真,难免粗鄙;而上流社会的文人雅士,则远离表演艺

术,热衷于仕途经济,不屑于涉足歌舞俳优,因此知识与娱乐是截然分开的。到了东晋南朝,二者才开始有结合。萧衍以帝王之尊,沈约以高官之贵,能为来自民间的白纻舞写歌舞诗辞,说是开风气之先,一点也不为过。他们都有极高的文学素养,是当时一流的写手,他们的介入对于改变白纻舞曲的知识结构,举足轻重。尤其是沈约,当时正在实践将汉语"平、上、去、入"四声之说运用到诗歌创作中,其基本原则是在一句之内,要平仄相同,两句之中,要平仄相对,这样,声调错落有致,读起来朗朗上口,听起来铿锵入耳,可以增加诗的音乐美。我们可以从沈约《四时白纻歌》看出他探索的痕迹,为白纻舞辞融入高雅艺术殿堂奠定了基础。

随着白纻舞在南朝上层社会的兴盛,在文坛上有着重要地位的文人甚至帝王都来写白纻舞诗,使得南朝白纻舞辞发生了一系列变化。内容上,由宴饮时的欢快到表现男女情爱;形式上,由民间歌舞转为宫廷宴乐舞蹈;风格上,由清新质朴向宫廷的艳丽华美发展;对舞者的描写,也经历从外在的舞姿舞容到人物内心感受变化的过程。这些变化发展,一是"吴歌杂曲,并出江南。东晋已来,稍有增广。其始皆徒歌,既而被之管弦。盖自永嘉渡江之后,下及梁、陈,咸都建业,吴声歌曲起于此也"。[①] 流传于民间的吴声歌曲后来经过加工,"被之管弦",变为有伴奏的音乐。"吴歌"在长江以南当时的都城建康一带流行,吴歌轻柔、细腻、华艳的艺术风格对白纻舞具有相当大的渗透力。二是因拥有较高文化音乐素养的贵族、士大夫对"白纻舞辞"的创作或拟作,为乐舞的改造创造了条件,增强了表演性、娱乐性,使之成为艳美缠绵、带有浓厚贵族文化特质的宫廷舞蹈。

白纻舞的舞衣服饰,是舞蹈中不可或缺的重要组成部

---

① (宋)郭茂倩编:《乐府诗集》,北京:中华书局,1979年版,第639—640页,此引《晋书·乐志》,然今本《晋书·乐志》不见。《旧唐书》卷二十九《音乐志二》(北京:中华书局,1975年版)仅曰:"吴歌杂曲,并出江南,东晋以来,稍有增广。"

分。它如同无声的语言传递着舞蹈的信息,"回眸转袖暗催弦"(杨衡《白纻辞二首》),"长袖拂面为君起"(李白《白纻辞三首》),舞者飘逸的舞衣服饰和轻盈的动作姿态,渲染了舞蹈氛围,反映了舞蹈主题,体现了舞者的造型美和情态美。白纻舞最明显的特征是舞服轻盈、飘逸。从《晋白纻舞歌诗》与《宋白纻舞歌诗》、宋刘铄《白纻曲》的描写中,舞者身着白纻编织的"质如轻云色如银"的舞衣,"双袂齐举鸾凤翔,罗裾飘飖昭仪光"(《晋白纻舞歌诗》)。舞者身着洁白的舞服,舞姿飘逸出尘、灵动轻盈,别具一番明净动人的意境。白纻舞成为宫廷乐舞后,舞服也由朴素转向华美,在宫廷夜宴中演出,像天堂一般豪华的宫廷里,帷幕四垂,红烛焰暖,"明妆丽服夺春辉"(李白《白纻辞三首》),"纤罗雾縠垂羽衣"(鲍照《白纻歌六首》),这些纤罗丽服像朝雾一样轻柔。此外,舞服中还有纨袖、红袖、罗袿等。

《旧唐书·音乐志》有一段关于白纻舞服饰的记载:"当江南之时,巾舞、白纻、巴渝等衣服各异。……令工人平巾帻,绯袴褶。舞四人,碧轻纱衣,裙襦大袖,画云凤之状。漆鬟髻,饰以金铜杂花,状如雀钗,锦履。舞容闲婉,曲有姿态。沈约《宋书》志江左诸曲哇淫,至今其声调犹然。观其政已乱,其俗已淫,既怨且思矣,而从容雅缓,犹有古士君子之遗风,他乐则莫与为比。"[①]出自江南的乐舞、巾舞、白纻舞、巴渝舞,舞蹈的服饰各不相同,舞者的数量也有变化。在这段对于服饰描述的文字中,乐工头戴平巾帻,穿红色褶衣的裤子。舞者四人身着青绿色的纱衣,下着长裙,上身穿着大袖襦衫,衣服上绘有云凤的图案。发式为环形的发髻,并装饰有金铜的杂花,状如鸟雀的发钗。脚穿锦履。这段有关南朝白纻舞舞服配饰的描述,反映出南朝白纻舞舞服的艳丽和佩饰的豪华。

---

① (后晋)刘昫等撰:《旧唐书》卷二十九《音乐志二》,北京:中华书局,1975年版,第1067页。

魏晋南北朝时期,社会风气发生了变化,美的观念由质朴趋于炫华,当时的文学作品充分反映了这种状况。如曹植《洛神赋》描写妇女的妆饰:"披罗衣之璀璨兮,珥瑶碧之华琚。戴金翠之首饰,缀明珠以耀躯。"舞服中强调装饰佩件的华美,晋陆翙在《邺中记》中写到礼乐既陈、宫人数千:"悉服饰金银熠熠","衣皆络珠玑"。《白纻舞》作为南朝的宫廷歌舞,从诗人的歌咏中,可见舞人头饰华丽,佩饰讲究:"玉钗浮动秋风生"(王建《白纻歌二首》),"玉缨翠佩杂轻罗"(杨衡《白纻辞二首》),"珠屣飒沓纨袖飞"(鲍照《白纻歌六首》),"蹑珠履,步琼筵,轻身起舞红烛前"(杨衡《白纻辞二首》)。不难看出,白纻舞的舞服充满富贵华丽的配饰,有珍珠、玉钗、耳珰等各种饰物;舞者满身佩饰珠翠,连舞鞋上都缀有珍珠,一曲终了,"坠钗遗佩满中庭"(王建《白纻歌二首》)。庭、阶之中满是坠落的钗、环、珰、佩等饰品,可见白纻舞的配饰之盛了。

有关晋代服饰,"干宝《晋纪》在记述当时妇女服装习俗时称:'泰始初,衣服上俭下丰,着衣者皆袱腰',与当时诗文所谓'细腰宜窄长''镂薄窄衫袖'的说法相一致"。[①] 从南京、马鞍山东晋墓葬出土的侍女陶俑可知,这种服饰的显著特点是上小而下大,交领上襦,裙子上部及腰部,显示出女性身材的苗条、秀美,从而成为当时女子追逐的时尚穿着。东晋时期贵族妇女为争奇斗艳,发明了许多新的款式,既有这种紧身小襦,还有"纤腰曳广袖,半额画长蛾"[②]的宽身大衫、各类裙式、五颜六色的"披子"等。

随着魏晋时期人们追求"玄远""神韵"的审美意境,达到了裙襦细腰、广(长)袖飞扬、长裾飘飘、云冠锦履为特色的舞服,这种舞服在延伸舞者人体线条、美化舞者人体造型

---

① 周汛、高春明:《中国古代服饰风俗》,西安:陕西人民出版社,2002年版,第107页。
② 逯钦立辑校:《先秦汉魏晋南北朝诗》,北京:中华书局,1988年版,第1730页。

以及营造舞蹈形式美感等方面，达到了较强的抒情性审美效果。至南朝，随着皇家贵族对俗乐舞的喜爱，追求浮奢绮靡的色彩和情调，这种以"娱人"为主的歌舞，逐渐形成了宫廷乐舞中舞蹈服饰精致、华美、艳丽的特点。从考古发掘的乐舞文物可知，汉魏时期，舞者上身穿襦这种短衣，下身都配以长裙。魏晋以后，裙子的式样不断增多，色彩搭配也越来越丰富，纹饰日益增多。顾恺之的《女史箴图》中临镜部分所描绘的贵妇临镜整理妆容的情景（图五十二），其中女婢着上襦，穿长裙，发式云髻高耸环结后下垂一髾，簪金雀钗，贵族妇女着长衣大袖。

短襦长裙更显舞者的细腰，从晋、宋白纻舞歌诗中"高举两手白鹄翔""掺掺擢手映鲜罗""玉腕俱凝若云行"等诗句，可见晋、宋都用宽袖。齐梁以后的白纻舞诗句中，已不见对手和手腕的描写，白纻舞的长袖替代了宽袖，"长袖拂面心自煎"（汤惠休《白纻歌二首》），"长袖拂面为君施"（沈约《四时白纻歌》），"长袖拂面为君起"（李白《白纻辞三首》）。长袖飞扬、束腰裙裾的舞服，形成了优美的舞蹈审美效果。

魏晋南北朝时期，由于王公贵族审美趋向俗艳化，贵族统治者的推崇和提倡，妇女对面部的修饰十分重视，史籍留下了不少记载。唐宇文士及辑《妆台记》云："魏武帝令宫人画青黛眉、连头眉，一画连心甚长，人谓之仙蛾妆；齐梁间多效之。"曹植在《洛神赋》中形容女子美丽时写道："云髻峨峨，修眉联娟。"高高的云髻和长长的细眉是当时女性美的主要标准。白纻舞作为南朝的宫廷乐舞，舞伎为增加自己的绰约风姿，自然而然地注重和讲究妆容之美。东晋时，女子画眉以色浓为尚，流行长眉毛，为此她们将黛放在黛板上碾成粉状，加水调和，涂到眉毛上。从诗人的歌咏中可见一斑："佳人举袖耀青蛾"（刘铄《白纻

图五十二

曲》》,"流津染面散芳菲"(张率《白纻歌九首》)。对女子来说,敷粉是与画眉同样重要的事,粉白黛黑,是东晋时期妇女追求的时尚之一。到了南朝,甚至连男子也好妇人之饰,颜之推《颜氏家训》载:"无不熏衣剃面,傅粉施朱……"可见男女都将脂粉一类的化妆品涂敷到脸上,起到美白气香的效果。"朱唇掩抑悄无声"(柳宗元《白纻歌》)。描唇,也是女子妆容的重要部分,用朱红色颜料涂抹嘴唇,使唇更加红艳。"从风衣起发芬香"(张率《白纻歌九首》),南朝墓中常出土青瓷香薰,可见南朝上层社会中使用熏香是普遍现象,将香料放在"香薰"中,通过熏燃的方式使衣服香气浓艳。魏晋南北朝时期,妇女注重修理自己的髻发,如梁代江洪《咏歌姬》诗:"宝镊间珠花,分明靓妆点。薄鬓约微黄,轻红澹铅脸。"南北朝时期的民歌《木兰诗》"当窗理云鬓,对镜贴花黄"等,所谓"薄鬓",就是将鬓发梳理成薄薄的一片,形如蝉翼。东晋顾恺之《列女图》中的贵妇(图五十三),都做成了蝉鬓,给人以飘逸的美感。

图五十三

　　这个时期妇女发髻式样,多种多样,魏晋有灵蛇髻、马髻等,南朝有飞天髻、回心髻、凌云髻等。两晋以来,南方妇女的发式,渐渐高大,东晋时期女子戴假发盛极一时,上自宫廷下至民间,妇女"缓鬓倾髻,以为盛饰"(《晋书·五行志》)。为支撑高耸的假髻,需要在发髻上插上簪、钗、步摇等头饰。白纻舞辞中所涉及的簪、钗,就是插入发髻中起固定发式和美化作用的饰件,南朝时期的乐舞文物也证实了舞者发髻式样的多样化。由此可见,"白纻舞"在发髻样式上应该也有着较为丰富的变化,舞者拥有高高的发髻。

　　《旧唐书·音乐志》中说白纻舞"舞容闲婉,曲有姿态……

从容雅缓,犹有古士君子之遗风,他乐则莫与为比"。① 白纻舞在表演时,舞姿绰约轻盈,舞袖动作变化多样。开始都是徐舞翩跹而起,节奏是缓慢的,双手高举,宽大的舞袖自然滑落,露出凝脂般的玉肌,舞者宛如白鹄在云中飞翔,"仙仙徐动何盈盈,玉腕俱凝若云行"。玉腕纤纤与"质如轻云色如银"的罗裙相映衬,"状似明月泛云河,体如轻风动流波"(刘铄《白纻曲》),"如推若引留且行"(《晋白纻舞歌诗》),身体在轻轻地前行,其步态似留又行,似被推引着行进,显得仪态万千。然舞至激昂处,宛若游龙,时低时昂,乍停乍翔,形成了飘逸柔美的舞姿。"制以为袍余作巾,袍以光驱巾拂尘。"(《晋白纻舞歌诗》)晋的白纻舞舞者可能宽衣博袖,手执白纻编织的长巾,而发展到南朝刘宋以后,白纻舞舞者似乎就不再手执长巾,而是以长袖为舞。舞袖动作形态各异,极富艺术感染力。"罗袿徐转红袖扬"(王俭《齐白纻》);"珠屣飒沓纨袖飞"(鲍照《白纻歌六首》),"翡翠群飞飞不息"(沈约《四时白纻歌》),"舞袖逶迤鸾照日","长袖拂面心自煎"(汤惠休《白纻歌二首》),"长袖拂面为君施"(沈约《四时白纻歌》),"低鬟转面掩双袖,玉钗浮动秋风生"(王建《白纻歌二首》),"扬眉转袖若雪飞"(李白《白纻辞三首》)。以上白纻舞歌辞中用"扬""飞""舞""拂""掩""转"等动词,描绘了舞者舞动长袖时轻盈柔婉的动态美和舞者所要表达的情感。"扬袖"是一种徐徐慢转时袖向上扬起的动作,使袖在空中出现优美的弧线,形成娴婉轻盈、曼妙的舞姿(图五十四)。"飞袖"是双袖迅疾舞动时欢快的动作,形成飘逸优美的直线,艺术张力十足(图五十五)。"舞袖"是指长袖由缓至疾,蜿蜒流动,富有韵律,突出女性轻柔之美。"拂袖"是指舞者用长袖轻轻擦过面庞,传达的是一种哀伤自怜的心境。"掩袖"是舞者以双袖微掩面部,表现女子害羞的娇

图五十四

图五十五

图五十六

---

① (后晋)刘昫等撰:《旧唐书》卷二十九《音乐志二》,北京:中华书局,1975年版,第1067页。

艳之态。"转袖"是在明快的节奏中回旋舞动,使袖在空中形成一个中空的圆形或弧形(图五十六)。

通过袖的动作,人们感受到舞者随着舞乐节拍的时缓时速,长袖飘曳生姿,抒发舞者的情感,展现白纻舞飘逸婉丽的风格。

除手和袖的动作外,舞者眉目传情,是白纻舞表演上的又一特色。舞者的眼神"凝停善睐客仪光","转盼遗精艳辉光"(《晋白纻舞歌诗》),"朱光灼烁照佳人,含情送意遥相亲"(沈约《四时白纻歌》),"如娇如怨状不同,含笑流眄满堂中"(沈约《四时白纻歌》),"为君娇凝复迁延,流目送笑不敢言"(汤惠休《白纻歌二首》)等。舞者长袖飞扬,流波送盼,含笑生姿,楚楚动人,通过眼神与观者进行情感的交流互动,让观者内心产生共鸣,增加歌舞欢乐的气氛。

白纻舞的变化还体现在舞人数量的减少上,《旧唐书·音乐志》说:"当江南之时,《巾舞》《白纻》《巴渝》等衣服各异。梁以前舞人并二八,梁舞省之,咸用八人而已。"①可见梁以前《白纻舞》为群舞,"并二八",也就是十六人,梁时舞者数量减为八人,后发展为五人合舞,梁武帝曾命沈约作《白纻》,名《四时白纻歌》,分为《春白纻》《夏白纻》《秋白纻》《冬白纻》及《夜白纻》五章。"舞时依春、夏、秋、冬四季而唱不同之词,然舞依旧。故翁卷诗云:'歌分四时舞一色。'"②据龙辅《女红余志》载:沈约《白纻歌》五章(沈约《四时白纻歌》;《古今乐录》曰:"沈约云:'《白纻》五章,敕臣约造。武帝造后两句'。"),舞用五女,中间起舞,四角各奏一曲,至"'翡翠群飞'以下,则合声奏之,梁尘俱动。舞已,则舞者独歌末曲以进酒……"③有关群舞,张率在《白纻歌九首》中所写"俱动齐息不相违",如此看来梁武帝所造的后四句就成

---

① (后晋)刘昫等撰:《旧唐书》卷二十九《音乐志二》,北京:中华书局,1975年版,第1067页。
② 闻性真:《"白纻舞"小考》,《舞蹈丛刊》(第四辑),1958年第1期。
③ 常任侠:《中国舞蹈史话》,上海:上海文艺出版社,1983年版,第26页。

了《四时白纻歌》表演的和声了,可以想象《四时白纻歌》表演时是合乐演奏、歌舞同起的热闹场景。从梁武帝《梁白纻辞二首》"纤腰袅袅不任衣,娇怨独立特为谁"诗句中看,所表现的似是独舞。舞人人数的减少,说明白纻舞表演规模的缩小。而白纻舞在萧梁时期正处在繁盛期,表演规模的缩小,不是衰落的表现,而是更加注重舞蹈的表演性、娱人性,"一种真正抒情的、感性的纯文艺产生"。①

《晋白纻舞歌诗》(其三)中"阳春白日风花香,趋步明玉舞瑶珰"以及桓温"携妓游山奏乐",反映了晋白纻舞歌是在户外或庭院中表演。而在鲍照奉诏而作的六首白纻舞歌诗中,可以看出南朝宋时白纻舞已多在宫廷夜宴中演出,"兰膏明烛承夜晖","夜长酒多乐未央"(鲍照《白纻歌六首》),"清曲未终月将落"(张率《白纻歌九首》),沈约还专门写有《夜白纻》:"夜长未央歌《白纻》。"鲍照《白纻歌六首》其二:"桂宫柏寝拟天居,朱爵文窗韬绮疏。象床瑶席镇犀渠,雕屏铪匣组帷舒。"用"桂宫""柏寝""朱爵""象床""瑶席""雕屏"等一系列组合,与歌宴上舞者华美的配饰和名贵的乐器相应和,营造出夜宴皇家富贵的气象。王公贵族在华筵玉堂"歌舞及时酒常酌"(张率《白纻歌九首》)。

白纻舞属清商乐,"清商"源自《相和歌》的"清商三调","清商乐"是魏晋南北朝俗乐舞的总称,据《魏书·乐志》记载:包括中原旧曲、江南吴歌、荆楚西声和杂舞曲。《通典》将清商乐分为杂歌曲和杂舞曲。白纻舞被列入杂舞曲中,可以说源自江南吴地的白纻歌舞,最具代表性。白纻歌舞,歌是配合白纻舞表演的歌曲,"以歌伴舞",舞是主体,其歌多为清唱,如:"齐倡献舞赵女歌"(《晋白纻舞歌诗》),"清歌流响绕凤梁"(王俭《齐白纻》),"清声袅云思繁多"(杨衡《白纻辞二首》),歌甜舞美,清丽婉转。吴歌、西曲的兴盛及文

---

① 李泽厚:《美的历程》,北京:生活·读书·新知三联书店,2009年版,第90页。

人、贵族参与对歌辞的重新加工或撰写,使得源于吴地的白纻舞在入宫廷后,其表演性和娱乐性有了很大提升。

《乐府诗集·吴声歌曲(一)》引《晋书·乐志》曰:"吴歌杂曲,并出江南。东晋已来,稍有增广。其始皆徒歌,既而被之管弦。盖自永嘉渡江之后,下及梁、陈,咸都建业,吴声歌曲起于此也。"①流传于以建康为中心的长江下游地区的吴歌,后来经过文人的加工,成为更加婉转缠绵、清丽柔美的吴声歌曲,配合白纻舞的歌曲也不例外。由"徒歌"发展成"被之管弦",变为有伴奏的音乐。据《乐府诗集》引《古今乐录》:"吴声歌,旧器有篪、箜篌、琵琶,今有笙、筝。"吴声歌曲的兴盛,促进了当时乐器的发展。

白纻舞辞中记录了白纻舞诸多伴奏乐器,如"情发金石媚笙簧"(王俭《齐白纻》),"秦筝赵瑟挟笙竽"(鲍照《白纻歌六首》),"凝筑哀琴时相和"(杨衡《白纻辞二首》),"金簧玉磬宫中生"(柳宗元《白纻歌》),"城头乌栖休击鼓,青蛾弹瑟白纻舞"(王建《白纻歌二首》)。《旧唐书》卷二十九《音乐志二》载:"当江南之时,巾舞、白纻、巴渝等衣服各异。……乐用钟一架,磬一架,琴一,三弦琴一,击琴一,瑟一,秦琵琶一,卧箜篌一,筑一,筝一,节鼓一,笙二,笛二,箫二,篪二,叶二,歌二。"②这里记载的是三首乐舞所用的乐器,白纻舞除《乐府诗集》和《旧唐书》所记录的琴、瑟、笙、簧、笛、筝、竽、磬等乐器之外,还使用什么乐器呢?我们可以用排除法来推测一下,巴渝舞是来源于西南少数民族的武舞,汉代用于宫廷表演,南朝时巴渝舞矫健猛锐的武舞风格已大大削弱,因舞的内容是描写战争的,其武舞特征没有多少改变。"……巴渝舞的伴奏乐器以铜鼓为主,配合击磬、摇鼗、抚

---

① (宋)郭茂倩编:《乐府诗集》,北京:中华书局,1979年版,第640页,此《晋书·乐志》引文,今本《晋书·乐志》不见,仅曰:"吴歌杂曲,并出江南,东晋以来,稍有增广。"

② (后晋)刘昫等撰:《旧唐书》卷二十九《音乐志二》,北京:中华书局,1975年版,第1067页。

琴"。① 巾舞是汉代著名的杂舞之一,舞者用长巾或短巾作为道具而舞,从河南、山东、安徽、江苏等地出土的汉画像石乐舞图像上看,所用乐器为"'吹箫'、'抚琴'、'击鼓'、'敲钹'等乐器伴奏外,还有'伴唱'"。②

由此推测,白纻舞伴奏乐器有琴、瑟、笙、簧、箫、筝、竽、磬、秦琵琶(阮咸)、卧箜篌、笛等,白纻舞音乐可谓是丝、竹、弦、管多种乐器的合奏,另外也似用瑟独弹来伴奏的。

琴是我国起源较早、使用时间较长的弦乐器,考古发掘资料表明,"琴,则可能为中国南方越文化的独特创造"。③《颜氏家训·杂艺篇》云:"《礼》曰:君子无故不撤琴瑟。古来名士,多所爱好。"我国古代出现过不少造诣极高的古琴演奏家,相传春秋时伯牙善弹琴,而钟子期赞叹他弹琴志在高山和流水,成为他的知音,并留下了古曲《高山流水》。琴最早的实物,是战国时期曾侯乙墓出土的十弦琴。在古代,它是最具古典风味和文人情调的一种弹拨乐器。1960年南京西善桥宫山南朝砖石墓中,发现了完整的"竹林七贤和荣启期"大幅砖拼壁画,其中嵇康头梳双髻,无巾饰,赤足坐于豹皮褥上,双手弹琴。《晋书·嵇康传》记:"(康)常修养性服食之事,弹琴咏诗,自足于怀。"画面上的嵇康正怡然弹琴,琴成为士人高情远逸的艺术载体。自晋南渡,古琴艺术在江南获得大发展,琴可谓是南朝士族阶层不可或缺的乐器,翻开晋、宋、齐、梁、陈诸代史书及《南史》列传部分,所载"善弹琴""解音律"者比比皆是。

瑟是我国最早的弹弦乐器之一。相传"伏羲氏作四十五弦之瑟",历史久远。先秦始,它与琴常被用于祭祀、宴飨等娱乐活动,《周礼·春官》载:"……云和之琴瑟……空桑

---

① 《中国大百科全书·舞蹈卷》,北京:中国大百科全书出版社,1992年版,第38页。
② 李立、李传荣:《汉代巾舞长袖舞向着歌舞戏发展的演变态势》,《南都学坛》,2013年第6期。
③ 王子初:《中国音乐考古的十大发现》,《星海音乐学院学报》,2012年第2期。

之琴瑟……龙门之琴瑟……"①指的就是宗庙仪式上所使用的琴瑟。除礼乐教化外,瑟与琴、笙一起,成为夫妻恩爱、情投意合的象征。《诗经》多有描述:"窈窕淑女,琴瑟友之""琴瑟在御,莫不静好"等。此外,琴瑟在汉画像石乐舞题材中常与吹管、打击乐器一起使用。现存最早而且保存完好的是马王堆1号汉墓出土的黑地彩绘棺鼓瑟图像,由此可知,汉代瑟的演奏方法主要为双手并弹,其指法多为扣、弹等动作,所以汉代多称奏瑟为鼓瑟。

笙和竽都是古代竹制簧管乐器。笙和竽造型相似,将竹管布于匏内,并在各管端置簧片,奏时手按指孔,吹吸振动簧片而发音。《周礼·春官·笙师》曰:"笙师掌教龡(吹)竽、笙。"郑玄注引郑司农曰:"竽,三十六簧。笙,十三簧。"②湖北江陵战国楚墓中曾出土10孔木笙明器。汉画像石乐舞图像中,笙、竽常常配合其他乐器一起演奏。

筝,弹弦乐器。有关筝的起源,相传秦女姐妹争瑟,使之破为两片,成为二器,其中一片十三弦分给姐姐,另一片十二弦给妹妹,秦始皇以此事为奇,立号为"筝"。乐书多指筝为秦国大将蒙恬所造,《史记》载李斯《谏逐客书》中以"弹筝"为"真秦之声"。后世也称筝为秦筝。

筎,在今天已不见。关于古代筎的形制,记载不是很详细。大概最初把芦叶卷起来吹奏,就叫筎。后世所谓的"筎",有时与汉代的另一个乐器"角"相混,这种乐器可能与牧业生活有关。

秦琵琶。琵琶在汉代传入内地,《隋书·音乐志》载:"今曲项琵琶,竖箜篌之徒,并出自西域。"杜佑《通典》卷一四四"琵琶"条说:"今清乐秦琵琶,俗称秦汉子。""约在公元前214年秦朝增筑长城的时候,中国人民创造了一个音箱类似

---

① 杨天宇撰:《周礼译注》,上海:上海古籍出版社,2004年版,第329页。
② 钱玄等注译:《周礼·春官·笙师》,长沙:岳麓书社,2001年版,第219页。

鼗鼓的弹弦乐器('弦鼗'),就叫做琵琶……这种琵琶的音箱,既然可以与鼗鼓相比,则它必然是圆形的,是两面蒙皮的,而且形体是小的。到了后来,这一乐器,也曾被称为'秦琵琶'"。① 可见秦汉之际的中原地区已经有此乐器。唐人始用"阮咸"来称呼秦琵琶。《晋书·阮咸传》云:"咸妙解音律,善弹琵琶。"南京西善桥南朝墓的"竹林七贤和荣启期"大幅砖拼壁画中,阮咸头戴帻,垂带于脑后,挽袖弹一四弦乐器,赤足盘膝坐皮褥上。阮咸所弹琵琶是一种有圆形共鸣箱、直杆、四弦有柱的乐器,又称为"阮"或"阮咸"。这里需要说明的是曲项琵琶在六朝时已从西域传入我国,到唐代时音乐演奏使用的琵琶,大都就是这种胡琵琶了。

卧箜篌。又称为"箜篌瑟",是弹拨乐器,西汉武帝时制作而成。另有竖箜篌,约在东汉灵帝时由西域传入,是胡乐。

笛是一种起源较早、使用时间最长的竹制吹管乐器。《文选》卷十八载马融《长笛赋》,李善注引《说文》:"笛,七孔,长一尺四寸,今人长笛是也。"目前最早的实物例证是河南舞阳贾湖遗址中出土的距今 8000 年的七孔骨笛,"舞阳贾湖骨笛已经具备七声音阶结构,而且发音相当准确"。② 长沙马王堆 3 号汉墓出土两支形制相同的竹笛,其形制已与现在的竹笛相似。在汉画像石和陶俑中,均可看到吹笛的形象。笛至今仍在使用。

从白纻舞所配乐器来看,主要是琴、瑟、筝、笛之类,基本上是源于中原乐器中丝竹类乐器的一部分和与之相配合的击奏乐器。其中"丝"类乐器包括琴、瑟、筝、卧箜篌、秦琵琶(阮咸);"竹"类乐器包括笛、箫、篪、笙、竽。丝竹类乐器音量适中,清雅柔和,演奏旋律变化无穷,特别是琴,以其独特的音色、丰富多变的技法和擅长抒发人内心情感而为文

---

① 杨荫浏:《中国古代音乐史稿》,北京:人民音乐出版社,1981 年版,第 130 页。
② 黄翔鹏:《舞阳贾湖骨笛的测音研究》,《文物》,1989 年第 1 期。

人所钟爱。歌辞中出现的，如"朱丝玉柱""悲管清弦""鸣弦清歌"等，都是丝竹类乐器作为白纻舞主要伴奏乐器的明证。金石类乐器用得不多，唯有音色清雅通透的钟、磬等打击乐器与丝竹类乐器配合，较为常见。丝竹管乐的伴奏，是白纻舞表达传神的艺术韵致的重要因素。"在白纻舞表演中，时有清歌伴唱，白纻舞有筑琴合奏，有弦管交响，还有钟、磬等打击乐器，有时还有独奏或清歌伴唱"。① 正因白纻舞是融歌、乐、舞为一体，所以从晋到唐，它便成为文人贵族阶层十分喜爱的乐舞作品。

白纻舞虽继承了汉代的长袖舞，但其动作幅度和节奏强度已与汉代长袖舞有所不同。白纻舞以柔美见长，歌舞形态是"轻歌徐舞""鸣弦流管"，以丝竹类乐器琴、筝、秦琵琶、笛、笙、箫作为伴奏，更显白纻舞飘逸、清丽、婉转的风格特征，使舞蹈艺术由汉代热情奔放、粗犷的气质，向着抒情、注重人情感的流露、优雅、悦目的方向发展。白纻舞"依弦度曲婉盈盈"（张率《白纻歌九首》），在音乐的伴奏下，轻歌曼舞，让客人们都忘记归去。从鲍照"洛阳少童邯郸女"（《白纻歌六首》），汤惠休"少年窈窕舞君前"（《白纻歌二首》），梁武帝"飞琯促节舞少年"（《梁白纻辞二首》）等诗句看，舞者不全都是妙龄女子，也有姣好的娈童少年相伴。

魏晋南北朝是乐舞艺术发展的重要时期，乐舞十分发达，当时流行的有巾舞、拂舞、前溪舞等。《前溪》是舞曲名，为古乐府吴声歌曲。《宋书·乐志》云："《前溪歌》者，晋车骑将军沈玩所制。"曲子因一条溪水而得名，江南乐舞艺人多出自这里，因而有"舞出前溪"之说。这些舞的舞姿是以巾、长袖为主，从留存的乐舞文物和歌辞看，也具有灵动柔美的艺术特征。由此推测白纻舞在其发展演变过程中，在继承汉魏伎乐舞蹈的同时，也吸收了同时代乐舞表演的特

---

① 《中国大百科全书·舞蹈卷》，北京：中国大百科全书出版社，1992年版，第4页。

点和艺术风格,形成了以手袖为容,生动传神的艺术形象与动作复杂多变的节律感。

《乐府诗集》认为,白纻舞之类的六朝杂舞,是"始出于方俗",后经过乐官改制,是"浸陈于殿庭"的娱人歌舞。而刘宋时期的白纻舞辞中,却有一首祭祀娱神的《白纻篇大雅》。也就是说刘宋时期的白纻舞有着双线的发展轨迹,一条是俗乐的方向,另一条是庙堂雅乐的方向。《旧唐书·音乐志》:"永嘉之乱,五都沦覆,遗声旧制,散落江左。宋、梁之间,南朝文物,号为最盛;人谣国俗,亦世有新声。"西晋乐舞一部分在永嘉之乱中遭到破坏,历史在这里出现了一个回旋,本来是南方的乐舞因东吴灭亡,被带到了中原,已经具有南方乐舞因子的中原乐舞的一部分又随着东晋南渡的士人被带到江南,促进、融合了江南的民间乐舞。统治者为修复遗失的雅乐,将江南民间舞曲采撷入宫后,赋予了其歌功颂德的成分。如宋明帝有一首《白纻篇大雅》,其内容与杂舞曲《白纻舞辞》有着显著的差别。作为帝王,宋明帝认为乐舞具有"移风易俗""响美勋英"的政教作用,甚至将"白纻舞"与古代雅乐《大韶》相提并论,并列在《宋泰始歌舞》十二曲中。《宋泰始歌舞》十二曲都是歌功颂德的雅乐舞,有着严格的程序,并且将《白纻篇大雅》以"大雅"的形式放在最后一个进行表演。《白纻篇大雅》中的"大雅"一词与《诗经》中的"大雅"含义有一致之处。可以断定《白纻篇大雅》的艺术功能应是意在美先王之德,颂礼乐教化。然而白纻舞这种称颂与教化的作用并不是主要的,"随着社会的发展进步,娱神的舞蹈复又向自娱(群众性舞蹈)及娱人(表演性舞蹈)的方向发展"。① 宋齐以后,南方拥有相对稳定的社会环境,经济繁荣富庶,百姓安居乐业。宋文帝在位的 30 年史称"元嘉之治",民间歌舞兴盛:"凡百户之乡,有市之邑,歌

---

① 王克芬:《中国舞蹈发展史》,上海:上海人民出版社,2014 年版,第 22 页。

谣舞蹈,触处成群。"《南齐书》卷五十三记载,齐武帝永明年间,"都邑之盛,士女富逸,歌声舞节,袨服华妆,桃花绿水之间,秋月春风之下,盖以百数"。"歌谣舞蹈""触处成群",可谓是全民习乐舞,白纻舞在南方特有的"桃花绿水"掩映下的"袨服华妆"的色调和华艳的状态中,更加注重表现人内心的情感和舞者优美、飘逸的舞姿,成为以抒情为主的歌舞,并对后世表演性舞蹈有一定的影响。

《乐府诗集》引《古今乐录》说:"梁三朝乐第二十,设《巾舞》,并《白纻》,盖《巾舞》以《白纻》四解送也。"郭茂倩说:"梁陈之世……巾舞以白纻送,岂得便谓白纻是巾舞耶?"在郭茂倩的表述中,"白纻"和"巾舞"是两种舞,如何理解二者的关系?

巾舞在汉代被称为"公莫舞",《晋书·乐志下》载:"《公莫舞》,今之《巾舞》也。相传云项庄剑舞,项伯以袖隔之,使不得害汉高祖,且语项庄云;'公莫'!古人相呼曰'公',言公莫害汉王也。"又有文献引此段说:"汉人德之,故舞用巾以像项伯衣袖之遗式。"这则史料认为"公莫舞"源于鸿门宴的故事,从汉"公莫舞"保留的歌诗古辞看,却与鸿门宴毫无瓜葛。另一种可能是古辞中存在"公莫"音声,而将"巾舞"称为"公莫舞"。"可惜的是歌诗的古辞因为声辞杂写,已不能理解其内容了"。[①] 如何来理解《乐府诗集》在梁武帝《梁白纻辞二首》前引《古今乐录》曰:"盖《巾舞》以《白纻》四解送也。"其实每一"解"的开始或结束,意味着某一乐曲演奏过程中音乐曲段的改换,"它是中国古典音乐单音旋律的时序中呈现多变特点的体现"。[②] 梁武帝《梁白纻辞二首》八句,表演时如两句为一解,正是四解。而汉代巾舞的歌诗古辞,传唱到萧梁时期已生涩难懂,"不可晓解"。《乐府诗集》

---

① 彭松:《中国舞蹈通史(魏晋南北朝卷)》,上海:上海音乐出版社,2010年版,第41页。
② 梁海燕:《舞曲歌辞研究》,北京:北京大学出版社,2009年版,第185页。

卷二十六《相和歌辞》题解说:"诸调曲皆有辞、有声,而大曲又有艳、有趋、有乱。……艳在曲之前,趋与乱在曲之后。亦犹吴声西曲前有'和',后有'送'也。"也就是说"大曲"和普通民歌不同的地方是前面有"艳",后面有"趋"和"乱",但在南方吴楚一带,前面的部分叫"和",后面的部分叫"送"。"送",这里指的是清商曲的曲体结构中的"送"声,与相和大曲的"趋""乱"性质比较相似,作用是作为乐曲结束的高潮或尾声。巾舞与白纻舞表演,以白纻不同的音乐旋律与巾舞相送,以使乐曲达到高潮。

从巾舞与白纻舞舞蹈来源看,巾舞在汉代就十分流行,出土的汉画像石手持长巾舞蹈的图像十分丰富,舞姿非常优美,如浙江海宁出土的汉墓画像石中的"巾舞"(图十八)。彭松在《中国舞蹈史(秦、汉、魏、晋、南北朝部分)》中对其解读为:"舞人手舞双巾,双巾在身体两旁转环飞舞,舞人上身略向后仰,头稍偏于一侧,双手抱胸前,似是做曲线退步的绕巾动作,身段优美,姿态生动,表现出舞蹈美的韵律感。"可见巾舞的表演者以"巾"象征"袖",生动活泼,优美飘逸。白纻舞源于魏晋时期,应是在汉代巾舞、长袖舞的基础上,借鉴其手、袖功能,采用、加工后成为新的舞蹈形式,并构成了完整的舞蹈语言。

郭茂倩在"杂舞"解题中说:"汉、魏已后,并以鞞、铎、巾、拂四舞,用之宴飨。"[①]关于"拂舞"中的"拂",学界或词典将其解释为"拂子"或"拂尘",是古代一些谈论家的身份象征,也包含道教出世的思想。梁海燕在《舞曲歌辞研究》一书中认为:"《鞞》《铎》《巾》皆以舞者所执之物得名。"拂舞得名,也应该是这样的,并通过拂舞起源的探考,认为拂舞是从白鸠舞发展而来,但却将"拂"解作"羽杆"。对这一观点,笔者认为有待商榷。

---

① (宋)郭茂倩编:《乐府诗集》,北京:中华书局,1979年版,第591页。

有关拂舞最早的文献记载出自于《宋书·乐志》:"江左初,又有《拂舞》。旧云《拂舞》,吴舞……杨泓《舞序》云:'自到江南,见《白符舞》,或言《白凫鸠舞》,云有此来数十年矣。'"可见"拂舞"也是源于南方吴地,且在东晋时得以成熟发展。《乐府诗集》收录拂舞歌辞19首,《乐府诗集》卷五十四"舞曲歌辞三"里解题说:《晋书·乐志》曰:"《拂舞》出自江左,旧云吴舞也。晋曲五篇:一曰《白鸠》,二曰《济济》,三曰《独禄》,四曰《碣石》,五曰《淮南王》。齐多删旧辞,而因其曲名。"《乐府解题》曰:"读其辞,除《白鸠》一曲,余并非吴歌,未知所起也。"拂舞,早期就叫白鸠舞,是吴地民间的歌舞,后因晋人南渡,以及皇室贵族、士族阶层中尚舞之风盛行,在舞蹈时配上各自喜爱的诗歌,使其内容庞杂了,但仍称"拂舞"。

白鸠舞为何又称拂舞呢?在《白纻舞源起吴地成因》一节中,我认为白纻舞、白鸠拂舞舞姿都受到白鹤舞影响。"拂"的本意是指鸟儿扇动翅膀。白鸠舞是以舞蹈来表现白鸠的姿态神情,通过振翅飞翔,模拟飞鸟的舞蹈。《礼记·月令》云:"鸣鸠拂其羽,戴胜降于桑。"郑玄注"鸣鸠飞翼相击",指的就是晋杨泓所说的白鸠舞。事实上白鸠舞与拂舞为同一种舞蹈,只是称说不同而已。

《白鸠篇》歌辞云:"翩翩白鸠,载飞载鸣。怀我君德,来集君庭。白雀呈瑞,素羽明鲜。翔庭舞翼……凌云登台,浮游太清。扳龙附凤,目望身轻。"歌辞中所表现的是鸠鸟来翔,祥瑞降临的情景,显然有娱神的功能。虽《白鸠篇》表演场景无法再现,然歌辞中所反映的舞蹈风格特点应是洒脱闲适、轻盈飘逸的欲仙之气。唐代李白《白鸠辞》云:"铿鸣钟,考朗鼓,歌白鸠,引拂舞。白鸠之白谁与邻,霜衣雪襟诚可珍。"从这些歌辞描述中,可以看出白鸠动作清雅,也是歌舞相伴的一种形式。

白纻舞也保留了娱神祭祀的功能。"清歌徐舞降祇神""舞以尽神安可忘",从这样的诗句不难看出,白纻舞已由娱神歌舞转变为娱人歌舞。再者,白纻舞的表演也带有思仙的意境追求,如"东造扶桑游紫庭,西至昆仑戏曾城"。另外,"拂舞"后四篇舞辞内容各异,由此可推测舞蹈的风格也呈现多样化,有飘逸优美的,也有豪迈有力的。正因为如此,才会在刘宋时期"后浸陈于殿庭"。从白纻舞的诗句"轻躯徐起""体如轻风"到"妙声屡唱轻体飞","舞女趁节体自轻""上声急调中心飞",娱神及舞蹈节奏由徐缓到迅疾的变化,与拂舞有着相似之处。

《中华传统文化大观》中认为杂舞是两晋和南北朝时期的民间舞蹈,"包括从前代继承下来的和当时新创的,如以手袖为容的《白纻舞》《拂舞》《杯盘舞》"。① 因此不妨据此推测,拂舞可能就是长袖舞,与白纻舞不同之处,就在于舞者身上或臂膀上装饰有羽毛,模拟白鸠,双袖飘拂而舞。

在此,我想说说河南邓县出土的南朝画像砖(图五十七)。该墓出土了大量的画像砖,有些画像砖的内容涉及乐舞,其中一块画像砖右侧两女舞者头顶上耸双鬟髻式,身着宽袖舞衣,举袖伸足,倾身相对而舞。其后有乐队成员四人,第一人持节,似为歌者,第二人拍打胺鼓,第三人似为击铃,第四人吹笙。

图五十七 河南邓县南朝乐舞——画像砖

---

① 《中华传统文化大观》,北京:中国大百科全书出版社,1996年版,第278页。

关于此墓的归属和年代，最初发掘的简报报道时曾定为北朝墓葬，后来考古工作者依据墓葬形制结构、壁画及彩色画像砖的艺术风格改定为南朝，具体年代不晚于梁代。[①] 沈从文认为，河南邓县南朝墓出土的画像砖"妇女装束是南朝齐、梁间代表性的流行衣着"。有关发髻，沈从文认为，双鬟髻式"以邓县画像砖墓反映具体逼真"。[②] 墓中使用的模印画像砖、花纹砖，不仅形制、制作方式，而且两者之间的渊源关系相当明确。更为有力的旁证是，墓中一块画像砖侧有墨书铭记"部曲在路日久……家在吴郡"等语，故知邓县画像砖墓归属南朝已成定论。[③] 部曲本为汉代军队编制的名称，魏晋南北朝时期，部曲则演变成豪门大族的私属。这位家在吴郡的部曲可能就是随主人迁移而未回到家乡，留下了类似墓志铭的文字。图像虽然是刻画在古拙的石材上，可仍然能感受到两位舞者轻盈飘逸的舞姿，宽袖舞衣给人以轻盈飘逸的感觉。

有关河南邓县出土的南朝乐舞画像砖的内容，彭松认为，刻画的是西曲舞歌图，与倚歌的伴奏乐器相合。[④] 王克芬认为："河南邓县出土的南北朝时期画像砖上，两个女舞者，身着宽口长袖衣，细腰长裙，倾身相对而舞，舞姿柔婉典雅，颇具'清商'舞风……"[⑤]"二女舞者，身着宽口长袖舞衣，细腰长裙，倾身相对而舞，舞态柔婉。那举袖展臂的舞态，颇似'高举双袖白鹄翔'所描绘的意境。也许它展示了以舞袖为主的《白纻舞》的某个姿态。"[⑥]《古今乐录》曰："凡倚歌悉用铃鼓，无弦有吹。"常任侠认为，吴歌多是倚歌，它的伴

---

① 柳涵：《邓县画像砖墓的时代和研究》，《考古》，1959年第4期。
② 沈从文编著：《沈从文全集》(32卷)，太原：北岳文艺出版社，2002年版，第182页。
③ 罗宗真、王志高：《六朝文物》，南京：南京出版社，2004年版，第294页。
④ 彭松：《中国舞蹈史(秦、汉、魏、晋、南北朝部分)》，北京：文化艺术出版社，1984年版，第106页。
⑤ 王克芬：《中国舞蹈发展史》，上海：上海人民出版社，2014年版，第143页。
⑥ 王克芬：《荟萃交流 异彩纷呈——论魏晋南北朝文化·乐舞》，《文艺研究》，1998年第5期。

奏乐器,主要是笙笛之类的管乐器。① 邓县南朝画像砖的年代,以及所表现的内容、图案布局、人物的服饰形象都与南京地区南朝墓酷似。再从乐舞图的布局上看,乐舞人物被用边框与四周的精美纹饰隔开,具有立体效果,好似人在室内舞台上演出。再者,舞蹈的背景也装饰了多种图案,我们从鲍照所写的诗句"桂宫柏寝拟天居,朱爵文窗韬绮疏。象床瑶席镇犀渠,雕屏铪匦组帷舒"可以看出(鲍照《白纻歌六首》)。白纻舞表演的场所都布置了令人叹为观止的装饰品,由此推测,河南邓县出土的南朝墓的墓主人,是江南吴郡人,六朝时期人们有着"事死如事生"的丧葬习俗,该墓墓主将其生前喜爱的吴地歌舞,有可能就是当时在江南吴地流行的白纻歌舞刻画在画像砖上,供其在阴间享用。

  白纻舞从吴地民间走入宫廷,其舞服配饰,也由质朴变为华丽,南朝时的白纻舞在注重舞者内在自然情感表达的同时,也通过舞者轻盈的体态以及精致、华贵和艳丽的舞蹈服饰,表现了其轻盈、柔婉、飘逸的动态美和娇媚、艳丽之美。在诗人的歌咏中,我们仿佛看见舞者在烛光灯火之下,身着美丽的舞衣,身佩玉缨瑶珰,腰系翠带,脚穿珠履,踏着轻盈的舞步,含情送意,时而高举双袖,如天鹅飞翔;时而以袖掩面,慢转轻移,罗縠轻飘;时而长袖飞扬,由徐到疾。白纻舞的舞蹈服饰之美,让王公贵族"悦目""悦情",享受声色之娱。正因为如此,白纻舞从晋至唐五六百年,成为历代筵宴乐舞中的保留节目,也是历代诗人歌咏最多的舞蹈之一。

---

① 郭淑芬等编:《常任侠文集》,合肥:安徽教育出版社,2002年版,第129页。

第三章
历代白纻歌辞的创作

六朝时期,白纻歌、舞、辞三位一体而又以白纻舞为中心,也就是说,文学(辞)、音乐(歌)都是为舞蹈服务的。历来对白纻歌舞关注都较多,而很少单独研究白纻歌辞的创作情况。实际上,唐中后期白纻舞已基本不再演出了,然白纻歌辞的创作却一直兴盛不衰,现在看来绝大多数白纻歌辞都是唐代以后创作的,直到近现代和当代仍然有不少诗人仿作。纵观历代白纻歌辞创作,我们发现,关于其主题、形式、辞彩、用意等,在相对稳定的基础上各代也有所变化,侧重点稍有不同。仔细分析其中原委,对探寻历代诗风的起伏演进很有意义。

第一节
《乐府诗集》中的白纻歌辞

诗词门户网站搜韵网是当前收集传统诗词最多的网站,截至 2017 年 9 月 28 日共收集我国传统诗词 758270 首。

通过检索,含有"白纻"意象的诗词一共1100首(按:"纻"与"纾""苎""苧"为异体字,本文一般以"白纻"统称),其中,"白纻(纾)"524首,"白苎"440首,"白苧"136首。以"白纻"为题的诗词共223首,其中,"白纻(纾)"175首,"白苎"38首,"白苧"10首。再在这223首中剔除歌咏登白纻山或赠寄白纻衣物的26首,实际上古今创作白纻舞辞、白纻歌共187首,其中词牌《白纻》为12首。另据方孝玲搜索,元代散曲《白纻歌》现存2首。以上就是我们现在所了解的古今白纻歌辞创作的基本面貌。

宋郭茂倩《乐府诗集》卷五十五至卷五十六"舞曲歌辞·杂舞"中收录晋至唐白纻歌51首,这是白纻歌的精华部分,是历代研究和关注的重点。下面,我们将分类,分别作简要探讨(为方便起见,笔者把唐代歌咏白纻的一些诗歌也一并纳入集中讨论,稍稍超出了《乐府诗集》所收范围)。

一、晋、宋、齐三组白纻诗

这三组诗颇有重叠参差之处,以往学者虽然都注意到了,但均没有深究。

《晋白纻舞歌诗》三首如下:

其 一

轻躯徐起何洋洋,高举两手白鹄翔。宛若龙转乍低昂,凝停善睐客仪光。如推若引留且行,随世而变诚无方。舞以尽神安可忘,晋世方昌乐未央。质如轻云色如银,爱之遗谁赠佳人。制以为袍余作巾,袍以光驱巾拂尘。丽服在御会嘉宾,醪醴盈樽美且淳。清歌徐舞降祇神,四座欢乐胡可陈。

其 二

双袂齐举鸾凤翔,罗裾飘飘昭仪光。趋步生姿进流芳,鸣弦清歌及三阳。人生世间如电过,乐时每少苦日多。幸及良辰耀春华,齐倡献舞赵女歌。羲和驰景逝不停,春露未晞严霜零。

百草凋索花落英,蟋蟀吟牖寒蝉鸣。百年之命忽若倾,早知迅速秉烛行。东造扶桑游紫庭,西至昆仑戏曾城。

其 三

阳春白日风花香,趋步明玉舞瑶珰。声发金石媚笙簧,罗袿徐转红袖扬。清歌流响绕凤梁,如矜若思凝且翔。转眄遗精艳辉光,将流将引双雁行。欢来何晚意何长,明君御世永歌昌。

《宋白纻舞歌诗》一首:

> 高举两手白鹄翔,轻躯徐起何洋洋。凝停善睐客仪光,宛若龙转乍低昂。随世而变诚无方,如推若引留且行。宋世方昌乐未央,舞以尽神安可忘。爱之遗谁赠佳人,质如轻云色如银。袍以光躯巾拂尘,制以为袍余作巾。四坐欢乐胡可陈,清歌徐舞降祇神。

《齐白纻》五曲,署名王俭:

> 阳春白日风花香,趋步明月舞瑶裳。
> 情发金石媚笙簧,罗袿徐转红袖扬。
> 清歌流响绕凤梁,如惊若思凝且翔。
> 转眄流精艳辉光,将流将引双雁行。
> 欢来何晚意何长,明君驭世永歌昌。

《宋书·乐志》记载:"《白纻舞歌诗》,旧新合三篇,二篇与晋辞同,其一篇异。"对比看出,《宋白纻舞歌诗》《齐白纻》实际上不仅是《晋白纻舞歌诗》的翻版,只是略作删改,而且篇目数量、命名也随意确定,署名王俭的《齐白纻》五曲实际上只存一篇。由于现存资料匮乏,早期白纻歌舞的流传情况晦暗难明,下面作简单的推论:

第一,汉、魏、东吴时期很可能已经创作了白纻舞辞,但以后失传了。《晋白纻舞歌诗》成为现存最早的白纻舞辞。

《乐府诗集》记载,《宋书·乐志》曰:"《白纻舞》,按舞辞有巾袍之言,纻本吴地所出,宜是吴舞也。晋俳歌云:'皎皎白绪,节节为双。'吴音呼绪为纻,疑白绪即白纻也。"《南齐书·乐志》曰:"《白纻歌》,周处《风土记》云:'吴黄龙中童谣云:行白者君,追汝句骊马。后孙权征公孙渊,浮海乘舶,舶白也。今歌和声犹云行白纻焉。'"《乐府解题》曰:"古词盛称舞者之美,宜及芳时为乐,其誉白纻曰:'质如轻云色如银,制以为袍余作巾。袍以光躯巾拂尘。'"

卢德平主编《中华文明大辞典》介绍白纻舞是"我国的古典舞蹈。它形成于汉朝,是广泛流行于江南的民间舞蹈"。① 鉴于古代歌、乐、舞常常三位一体,有理由认为汉代,至迟东吴时期就产生了为伴舞而创作的白纻舞歌辞。这些歌辞源自民间,起初或许不够雅驯,以后传唱时被不断改动。后来白纻舞由民间进入宫廷,文人创作掩盖了原来的民间歌辞,到北宋郭茂倩编撰《乐府诗集》时,民间白纻舞歌辞已经彻底散佚了。

第二,《晋白纻舞歌诗》《宋白纻舞歌诗》《齐白纻》都是作为宫廷乐舞而存在的。它们作为宫廷乐舞,兼具娱神、娱人和祈求国运昌盛的功能。"四坐欢乐胡可陈,清歌徐舞降祇神""东造扶桑游紫庭,西至昆仑戏曾城""舞以尽神安可忘"说的就是娱神,带有原始巫术沟通人神的功能。如果联系白纻舞产生的渊源,那么早期民间的白纻舞表现图腾、信仰和娱神的成分可能更多。"丽服在御会嘉宾,醪醴盈樽美且淳""质如轻云色如银,爱之遗谁赠佳人"说的则是娱人,后世娱人功能大大增强,也几乎成为白纻舞的唯一目的。由娱神发展为娱人几乎是所有歌舞演进的基本规律。"欢来何晚意何长,明君驭世永歌昌""宋世方昌乐未央"便是歌功颂德,祈求国运昌盛。但白纻舞的这一功能从一开始就

---

① 卢德平主编:《中华文明大辞典》,北京:海洋出版社,1992年版,第591—592页。

显得十分牵强，也可以说它是王朝统治者和上层贵族为满足自己恣情享乐而为其披上的一件道德外衣。

第三，《晋白纻舞歌诗》的创作时间可能在西晋后期或东晋前期。《晋白纻舞歌诗》是其他两组诗的蓝本，从《晋白纻舞歌诗》（其二）主体部分"人生世间如电过，乐时每少苦日多。幸及良辰耀春华，齐倡献舞赵女歌。羲和驰景逝不停，春露未晞严霜零。百草凋索花落英，蟋蟀吟牖寒蝉鸣。百年之命忽若倾，早知迅速秉烛行"能够明显看出它与汉末《古诗十九首》的承继发展关系。"生年不满百，常怀千岁忧。昼短苦夜长，何不秉烛游""晨风怀苦心，蟋蟀伤局促。荡涤放情志，何为自结束""人生寄一世，奄忽若飙尘""浩浩阴阳移，年命如朝露。人生忽如寄，寿无金石固"这些诗句均出自《古诗十九首》。《晋白纻舞歌诗》在继承其"人生苦短，及时行乐"情感基调的基础上，将它们重新糅合，将五言易为七言，抒情性有所增强，但缺少了《古诗十九首》的民间风味和质朴品格。西晋后期的"八王之乱"及随后的灭亡与汉末建安时期的混乱非常相似，且相去未远，所以生发了相似的感受。另外，《晋白纻舞歌诗》三首明显借鉴了第一首成熟的七言歌行、曹丕《燕歌行》的抒情和用韵手法，只是对《燕歌行》句句押韵、一韵到底的"柏梁体"稍作变更而已。这也可以从侧面证明《晋白纻舞歌诗》去魏不远，对推动七言歌行创作的成熟、定型功不可没。七言白纻舞歌的流行是七言歌诗兴盛的反映，同时对文人七言乐府诗的创作大有推动。曹丕的《燕歌行》还只是偏于抒情，至于有开阔的场面背景、完整的过程描述，最能体现七言歌行篇幅容量大，内容、节奏、情调、气氛易于调节变化之优势的诗作，就现存作品看，当以《晋白纻舞歌诗》为最早之滥觞。这首诗歌后代不断有人拟作，足见其对后世影响深远，而在整个七言歌行发展史上它对后人的作用，则更是无法估量的。所以，明代王世贞《艺苑卮言》说："晋《拂舞歌》《白鸠》《独漉》

得孟德父子遗韵,《白纻舞歌》已开齐梁妙境,有子桓《燕歌》之风。"

第四,《晋白纻舞歌诗》《宋白纻舞歌诗》《齐白纻》创作艺术得失。它们借鉴前代诗歌的比兴手法,抒发"人生苦短,及时行乐"的感慨,奠定了后世"白纻歌"的情感基调。但它们完全是从宫廷贵族、欣赏者的角度去看歌儿舞女的表演,它们注重对舞女动作、服饰、外貌的描写,抒发自己醉生梦死的生活态度,但对舞女的内心完全没有触及和表现。它们虽然也写到"凝停善睐客仪光",有眉目传情的感觉,但强调的是"四坐欢乐胡可陈",抒发的是统治者对时间流逝的恐惧、对世事无常的悲叹,所以才要及时行乐以至醉生梦死。从诗歌形式上看,社会化、类型化感慨压倒个性化、独特性感受。因此,它们的艺术感染力还有所欠缺。

二、刘宋时期的《白纻篇大雅》是一个特殊的音乐现象

"白纻舞"本属于宴会上的杂舞类,并非庙堂雅乐,而刘宋时期却将"白纻舞"放置在朝会最后一个程序上展示,《乐府诗集》卷五十六"宋泰始歌舞曲辞"序引《古今乐录》云:

> 《宋泰始歌舞》十二曲:一曰《皇业颂》,歌自尧至楚元王、高祖,世载圣德,二曰《圣祖颂》,三曰《明君大雅》,四曰《通国风》,五曰《天符颂》,六曰《明德颂》,七曰《帝图颂》,八曰《龙跃大雅》,九曰《淮祥风》,十曰《宋世大雅》,十一曰《治兵大雅》,十二曰《白纻篇大雅》。

"《宋泰始歌舞》十二曲"都是歌功颂德的雅乐舞,有着严格的程序,并且《白纻》以"大雅"的形式放在最后一个进行表演,可以断定《白纻篇大雅》的艺术功能应是以歌颂皇氏祖先功德政绩为目的。《白纻篇大雅》为宋明帝亲自创作:

> 在心曰志发言诗,声成于文被管弦。手舞足蹈欣泰时,移风易俗王化基。琴角挥韵白云舒,《萧韶》协音

神凤来。拊击和节咏在初,章曲乍毕情有余。文同轨一道德行,国靖民和礼乐成。四县庭响美勋英,八列陛唱贵人声。舞饰丽华乐容工,罗裳映日袂随风。金翠列辉蕙麝丰,淑姿秀体允帝衷。

  其内容与俗乐"白纻舞辞"有着显著的差别,更多的是想借这样的雅乐歌辞起"易风化俗""响美勋英"的政教作用,这里,作者甚至将"白纻舞"与古代雅乐中的《大韶》相提并论,可见《白纻篇大雅》在刘宋雅乐中地位之崇高。宋明帝刘彧是通过宫廷杀戮登上帝位的,他的哥哥宋武帝刘骏死后,16岁的太子刘子业即位。刘子业昏狂淫暴,惧怕几个年长的叔叔夺取帝位,便把他们拘禁在宫中,百般折磨。刘彧肥胖,刘子业称他猪王,让他赤身裸体趴在地上,学猪一样在木槽吃食,还把他手脚捆绑起来,用木杠抬到厨房说要杀猪。幸好刘子业的另一个叔叔建安王刘休仁有些聪明,用调侃的语言,劝说刘子业选个好日子再杀猪,刘彧才大难不死。后来刘子业作恶多端被人杀死,刘彧侥幸地取而代之。可惜他没有振作精神做一个好皇帝,反而消极地认为人生苦短,当及时行乐,学着侄儿刘子业的样子通宵达旦恣情欢娱。嫌宫女太少,又选几百佳丽充入后宫,观赏白纻舞自然是不可缺少的节目。同时他是侥幸登上帝位的,因而,缺乏自信,急于通过礼乐文化来证明执政的合法性。以白纻舞为载体来宣扬礼乐文化,是必然之举,这就是他亲自动手撰写《白纻篇大雅》的动机。"文同轨一道德行,国靖民和礼乐成",意思尽在不言之中。但是,由于它是纯粹的政教乐舞,与通常的白纻舞无论在情调或是舞姿舞容上都有质的区别,所以郭茂倩把它编进白纻舞辞。

  这样的音乐现象,与当时的历史环境有着密切的关联。刘宋武帝凭借武功赢得天下,渴望迅速建立礼仪制度,稳定打下的江山,就不能不重视雅乐的教化作用。但是由于战乱不断,朝代更迭迅速,雅乐一直处于残缺不全的状态,宫廷雅乐自汉末东京大乱起，便随着战争飘忽不定，大多遗失战场，留下的也有诸多谬误。即便修复整理旧乐，庙宇殿堂之中雅乐始终处于欠缺状态，在这样的情况下，草创新乐便成为不得已而为之的办法，俗乐与雅乐的界限便不再清晰，俗乐舞进入殿堂便成为可能。《宋书·乐志》曰："孝武帝大明中，以《鞞》《拂》杂舞合之钟石，施于殿庭。""白纻舞"与"鞞舞""拂舞"同属于杂舞类，而鞞舞、拂舞却合着钟磬之音，在殿堂上进行表演，可知由于雅乐的缺乏，俗乐与雅乐舞在这一时期更倾向于融合互通的状态，两者之间的界限变得模糊。《白纻篇大雅》正是在这个阶段成为殿堂之上的雅乐舞，但刘宋的《白纻篇大雅》只有歌曲，并没有舞蹈与之相配，《宋书》卷十九《乐志一》云："（元嘉）二十二年，南郊，始设登哥，诏御史中丞颜延之造哥诗，庙舞犹阙。""孝武孝建二年……今庙祠登歌虽奏，而舞象未陈，惧阙备礼。"宋文帝元嘉二十二年（445年），宗庙雅乐犹阙，而至宋孝武帝孝建二年（455年），虽有登歌可奏，但雅乐依然没有舞蹈与之相配。显然刘宋时期雅乐舞十分匮乏，长期处于欠缺状态。而就曲调而言，宋齐时期的曲调还是较完整地继承魏晋时期而来。《宋书·乐志》曰："晋武泰始五年……张华表曰：按魏上寿食举诗及汉氏所施用，其文句长短不齐，未皆合古。盖以依咏弦节，本有因循，而识乐知音，足以制声，度曲法用，率非凡近所能改。二代三京，袭而不变，虽诗章词异，兴废随时，至其韵逗曲折，皆系于旧，有由然也。是以一皆因就，不敢有所改易。"统治阶级虽然更改了舞辞以适用于当朝，但在曲式上，并没有进行更改，而是采取直接因袭的办法。这里所指的是三首因袭晋代的《晋白纻舞歌诗》和《白纻篇大雅》相配的曲调，世俗"白纻舞"以娱人为主要目的，具有更多的灵活性和随意性，不属于此类曲调范围。可见宋齐乐舞在曲调方面，较多地继承了魏晋时期的旧曲，杨荫浏先生也指出："南朝宋武帝永初元年（420年），虽然撰立新的歌词,然而歌舞的音乐,似乎仍用晋朝的旧曲,齐朝甚至连歌词也在很多沿用宋朝的辞,仅将歌辞中'宋'字,改成了'齐'字,以求适合当代的应用而已。"①由此可知,宋齐两代具有雅乐性质的"白纻舞",统治者篡改其"舞辞"以符合自身所用,然而其乐曲并没有重新创作,宋齐"白纻舞"其辞为新辞,其乐为旧乐。

三、南朝及隋代的白纻歌创作

《乐府诗集》收录这一时期白纻歌共29首。这一时期是白纻舞最为盛行的时期,所作白纻歌应该都是白纻舞的伴唱歌词。这一时期白纻歌创作特点鲜明。

第一,有多位皇帝、侯王的大力提倡和亲自参与创作。梁武帝萧衍称帝前与沈约等为齐萧子良文学集团的"竟陵八友",称帝后仍然大量创作诗歌、注疏佛经。梁武帝现留下《梁白纻辞二首》,他还与沈约合作《四时白纻歌》,前两联由沈约创制,后两联由梁武帝补充,《古今乐录》曰:"沈约云:《白纻》五章,敕臣约造。武帝造后两句。"隋炀帝杨广也留下《四时白纻歌》。刘宋鲍照有《白纻歌六首》,其中四首题注为:奉始兴王命作。诗前有序:"侍郎臣鲍照启:被教作白纻舞歌辞,谨竭庸陋,裁为四曲,附启上呈。识方澉悴,思涂猥局,言既无雅,声未能文,不足以宣赞圣旨,抽拔妙实。谨遣简余,惭随悚盈。谨启。""始兴王"就是刘浚(429—453年),字休明,宋文帝刘义隆次子,小字虎头,年八岁,封始兴王,后因参加宫廷之争被斩。《宋书》本传称其"少好文籍,姿质端妍"。鲍照既然奉命为其代作《白纻歌》,可见他也是白纻歌舞的狂热爱好者。刘浚年幼到外地任州刺史时,州事全由长使范晔协助处理。范晔是《后汉书》的作者,才华横溢,当时人说他"素行佻达,广置妓妾"。"妓妾",无非是貌美的歌舞妓,想必擅白纻舞者不少,刘浚可谓从小耳濡目

---

① 杨荫浏:《中国音乐史纲》,上海:万叶书店,1952年版,第87页。

染。而创作《白纻曲》的刘铄与刘浚是同父异母的兄弟,《南史》卷十四曰:"(铄)字休玄,文帝第四子也。元嘉十六年,年九岁,封南平王,少好学,有文才,未弱冠,《拟古》三十余首,时人以为亚迹陆机。"又说"铄为人负才狡竞,每与兄弟计度艺能",由此可以推想,刘浚、刘铄兄弟竞相创制《白纻歌》,既有他们对白纻歌舞的迷恋,也很可能是兄弟间"计度艺能"的体现。

第二,不少《白纻歌》都为君臣唱和之作。前有梁武帝与沈约,后有隋炀帝与虞茂世。① 而隋炀帝的两首诗题分别为《东宫春》《江都夏》,由此推断隋炀帝与虞茂世君臣应该各作四首白纻歌,不然也不会命名为《四时白纻歌》。而且隋炀帝与虞茂世君臣所作应该诗题相同,只不过后来各自散失了两首,他们的冬白纻所咏诗题、所咏的是什么地点也无从知晓了。有历代帝王的亲自推动,白纻歌舞自然长久繁盛,成为南朝时期最负盛名的舞蹈。

第三,多为联章组诗。这一时期的 29 首白纻歌,除宋刘铄《白纻曲》是单篇外,其他 28 首实际上是 7 组组诗。梁张率一口气创作《白纻歌九首》,规模空前绝后。我甚至怀疑刘铄《白纻曲》是断章残篇,因为"仙仙徐动何盈盈,玉腕俱凝若云行。佳人举袖耀青蛾,掺掺擢手映鲜罗。状似明月泛云河,体如轻风动流波"这六句只有纯粹的描写,在结构上不太完整,参照《晋白纻舞歌诗》的特点,在"体如轻风动流波"一句之后应该还有若干句,用来表现诗人的感受。因此,应该说,刘铄《白纻曲》原本也是组诗,后来散失了,只剩下现存的六句。梁武帝萧衍《梁白纻辞二首》虽然每首只有短短四句,每首只是一个片段,但它们各自对应了一段舞蹈场景,所以是完整的诗歌:

---

① 《乐府诗集》将《四时白纻歌二首》之《江都夏》《长安秋》作者写成"虞茂"是错误的,应为"虞茂世",即隋代著名诗人虞世基。虞世基与唐虞世南为亲兄弟。

朱丝玉柱罗象筵,飞琯促节舞少年。短歌流目未肯前,含笑一转私自怜。

纤腰袅袅不任衣,娇怨独立特为谁。赴曲君前未忍归,上声急调中心飞。

这种情况说明,此时的白纻歌就是配合白纻舞演出的伴唱歌词,白纻舞的段落章节决定了白纻歌的联章结构。

第四,这一时期白纻歌最为绮艳,称得上是"宫体诗"的一种。我们试选梁张率《白纻歌九首》中的四首:

其 一

歌儿流唱声欲清,舞女趁节体自轻。歌舞并妙会人情,依弦度曲婉盈盈,扬蛾为态谁目成。

其 二

妙声屡唱轻体飞,流津染面散芳菲。俱动齐息不相违,令彼嘉客淡忘归,时久玩夜明星稀。

其 六

夜寒湛湛夜未央,华灯空烂月悬光。从风衣起发芬香,为君起舞幸不忘。

其 七

列坐华筵纷羽爵,清曲未终月将落。歌舞及时酒常酌,无令朝露坐销铄。

歌儿舞女,歌声清软,舞姿轻盈,扬蛾媚态,满面流津,云鬟香雾,柔弱无骨,华灯盛宴,月落曲终,酣醉忘归。这些诗歌对舞女体态容貌的描写十分细致,带有淡淡的诱惑气息,是一种新艳体诗,具有宫体诗的一些特征。如果明白张率曾长期作为梁临贺王、后又成为梁简文帝萧纲的幕府成员,而且当时宫体诗的代表徐摛、庾肩吾同在萧纲幕府,就更能理解张率《白纻歌九首》具有宫体诗气息的原因了。宫体诗是简文帝为太子时昌盛起来的,就其内容而言,专写宫廷与闺阁生活;就其形式而言,讲究声律辞采,华丽哀艳。他又提倡人品与诗格分开,著名的言论是"立身之道与文章异,立身先须谨重,文章且须放荡"。也就是说为文学而文学,所言的悲哀凄苦,未必是真实感情,只是游戏罢了。不过,就白纻歌而言,我们还是透过语言游戏的外饰,能够窥见其舞、歌、乐的真实内核。南朝时期,白纻歌对人物的心理刻画与以往相比大大强化了,艺术性得到了很大提高。这里试举汤惠休的《白纻歌二首》来看看这一时期白纻歌在艺术性方面的拓展与升华。

其 一

琴瑟未调心已悲,任罗胜绮强自持。
忍思一舞望所思,将转未转恒如疑。
桃花水上春风出,舞袖逶迤鸾照日。
徘徊鹤转情艳逸,君为迎歌心如一。

其 二

少年窈窕舞君前,容华艳艳将欲然。
为君娇凝复迁延,流目送笑不敢言。
长袖拂面心自煎,愿君流光及盛年。

这两首诗歌把舞容舞姿与舞者幽婉细腻的心理活动描写得非常完美。美丽的年轻舞者一上场就强作欢颜,她的表演精妙绝伦,内心却忍受着深深的忧伤。她担心韶华易逝,想趁着青春年少,向在座的观者表达自己的爱慕之情,但地位的悬殊又使她不敢开口,她以目传情,希望对方能够感受到自己的情意,但又内心忐忑,惴惴不安,所以长袖拂面,忍受内心的煎熬。她知道这是逢场作戏,但又希望梦想成真,希望对方像自己一样心口如一。这种复杂矛盾的心理描写,将白纻歌的艺术性提升到新的高度。正是这种冶艳而迷离的氛围和幽婉细腻的心理刻画,大大增强了白纻歌的感染力,使其风靡一时,令朝野沉醉。

这里还要稍稍辨明一下收录于《乐府诗集》卷六十的汤惠休《秋风》一诗:

> 秋风袅袅入曲房,罗帐含月思心伤。
> 蟋蟀夜鸣断人肠,长夜思君心飞扬。
> 他人相思君相忘,锦衾瑶席为谁芳。

此诗《太平御览》卷二十五作《白纻舞歌诗》,《初学记》卷三作《秋歌》。今人逯钦立辑校的《先秦汉魏晋南北朝诗》中有"逯案,《诗纪》从《乐府诗集》作《秋风》。注云:一作《秋歌》。今从《初学记》及《御览》"。但细玩诗意,此诗只写思妇月夜相思之情,完全是心理描写,没有舞蹈的现场感和舞动感,与前两首有较大的区别,所以我们认为此诗还是命名为《秋风》(也有选本作《秋歌》)更为妥当,从这个细节也能看出郭茂倩《乐府诗集》分类的准确与其鉴别诗意的高超能力。

四、唐代白纻歌创作

《乐府诗集》收录唐白纻歌、白纻辞 12 首,分别为李白 3 首,崔国辅、杨衡、王建各 2 首,张籍、柳宗元、元稹各 1 首。今检索搜韵网,又添得 2 首,即陈标《长安秋思》(一作《白纻歌》)。

> 吴女秋机织曙霜,冰蚕吐丝月盈筐。
> 金刀玉指裁缝促,水殿花楼弦管长。
> 舞袖慢移凝瑞雪,歌尘微动避雕梁。
> 唯愁陌上芳菲度,狼籍风池荷叶黄。

又有戴叔伦《白苎词》云:

> 馆娃宫中露华冷,月落啼鸦散金井。
> 吴王扶头酒初醒,秉烛张筵乐清景。
> 美人不眠怜夜永,起舞亭亭乱花影。
> 新裁白苎胜红绡,玉佩珠缨金步摇。
> 回鸾转凤意自娇,银筝锦瑟声相调。
> 君恩如水流不断,但愿年年此同宵。
> 东风吹花落庭树,春色催人等闲去。
> 大家为欢莫延伫,顷刻铜龙报天曙。

因此,唐现存白纻歌辞 14 首。另在唐诗中不是白纻诗

题而在诗中有歌咏白纻内容的,检得 42 首。为下文论述方便,这里选录部分(短诗全文照录,长诗节录):

湖边采莲妇
李 白
小姑织白纻,未解将人语。
大嫂采芙蓉,溪湖千万重。
长兄行不在,莫使外人逢。
愿学秋胡妇,真心比古松。

同崔傅答贤弟
王 维
洛阳才子姑苏客,桂苑殊非故乡陌。
九江枫树几回青,一片扬州五湖白。
扬州时有下江兵,兰陵镇前吹笛声。
夜火人归富春郭,秋风鹤唳石头城。
周郎陆弟为侪侣,对舞前溪歌白纻。
曲几书留小史家,草堂棋赌山阴墅。
衣冠若话外台臣,先数夫君席上珍。
更闻台阁求三语,遥想风流第一人。

长沙九日登东楼观舞(其一)
李群玉
南国有佳人,轻盈绿腰舞。
华筵九秋暮,飞袂拂云雨。
翩如兰苕翠,婉如游龙举。
越艳罢前溪,吴姬停白纻。

江南曲(节录)
李咸用
江南四月薰风低,江南女儿芳步齐。
晚云接水共渺弥,远沙叠草空萋萋。
白苎不堪论古意,数花犹可醉前溪。
孤舟有客归未得,乡梦欲成山鸟啼。

春日偶作
武元衡

纵横桃李枝,淡荡春风吹。
美人歌白苎,万恨在蛾眉。

送沈先辈归送上嘉礼
罗　隐

青青月桂触人香,白苎衫轻称沈郎。
好继马卿归故里,况闻山简在襄阳。
杯倾别岸应须醉,花傍征军渐欲芳。
拟把金钱赠嘉礼,不堪栖屑困名场。

送郭赞府归淮南
韩　翃

骏马淮南客,归时引望新。
江声六合暮,楚色万家春。
白苎歌西曲,黄苞寄北人。
不知心赏后,早晚见行尘。

和李尚书命妓饯崔侍御
卢　溵

乌台上客紫髯公,共捧天书静境中。
桃朵不辞歌白苎,耶溪暮雨起樵风。

江南行
张　籍

江南人家多橘树,吴姬舟上织白苎。
土地卑湿饶虫蛇,连木为牌入江住。
江村亥日长为市,落帆度桥来浦里。
清莎覆城竹为屋,无井家家饮潮水。
长干午日沽春酒,高高酒旗悬江口。
娼楼两岸临水栅,夜唱竹枝留北客。
江南风土欢乐多,悠悠处处尽经过。

送裴判官赴商幕
皎　然

商洛近京师,才难赴幕时。
离歌纷白纻,候骑拥青丝。
会喜疲人息,应逢猾虏衰。
看君策高足,自此烟霄期。

见于给事暇日上直寄南省诸郎官诗因以戏赠
白居易

倚作天仙弄地仙,夸张一日抵千年。
黄麻敕胜长生箓,白纻词嫌内景篇。
云彩误居青琐地,风流合在紫微天。
东曹渐去西垣近,鹤驾无妨更著鞭。

春游曲
刘　复

春风戏狭斜,相见莫愁家。
细酌蒲桃酒,娇歌玉树花。
裁衫催白纻,迎客走朱车。
不觉重城暮,争栖柳上鸦。

衢州徐员外使君遗以缟纻兼竹书箱因成一篇用答佳贶
刘禹锡

烂柯山下旧仙郎,列宿来添婺女光。
远放歌声分白纻,知传家学与青箱。
水朝沧海何时去,兰在幽林亦自芳。
闻说天台有遗爱,人将琪树比甘棠。

秦筝歌送外甥萧正归京
岑　参

汝不闻秦筝声最苦,五色缠弦十三柱。
怨调慢声如欲语,一曲未终日移午。
红亭水木不知暑,忽弹黄钟和白纻。
清风飒来云不去,闻之酒醒泪如雨。
汝归秦兮弹秦声,秦声悲兮聊送汝。

赠柳氏妓
郑还古

冶艳出神仙,歌声胜管弦。
词轻白纻曲,歌遏碧云天。
未拟生裴秀,如何乞郑玄。
不堪金谷水,横过坠楼前。

公子行
雍 陶

公子风流嫌锦绣,新裁白纻作春衣。
金鞭留当谁家酒,拂柳穿花信马归。

夜寒吟
鲍 溶

九衢金吾夜行行,上宫玉漏遥分明。
霜飙乘阴扫地起,旅鸿迷雪绕枕声。
远人归梦既不成,留家惜夜欢心发。
罗幕画堂深皎洁,兰烟对酒客几人。
兽火扬光二三月,细腰楚姬丝竹间。
白纻长袖歌闲闲,岂识苦寒损朱颜。

送万巨（节录）
韩 翃

红笺色夺风流座,白苎词倾翰墨场。

春 行
李 益

侍臣朝谒罢,戚里自相过。
落日青丝骑,春风白纻歌。
恩承三殿近,猎向五陵多。
归路南桥望,垂杨拂细波。

与前代相比,唐代白纻歌的创作特点十分鲜明,表现在歌、舞分离,重回民间以及吴宫主题与讽谏意味。

第一,唐代白纻歌、舞逐渐分离。据欧阳予倩等研究,唐代清商乐中的许多乐舞节目,当时已不太受欢迎,只有作为清商乐一种的白纻舞还经常在宴会上表演,仍然是人们喜爱的舞蹈之一①(如图五十八、图五十九)。

而与南朝相比,表演形式又发生了一些变化。南朝白纻舞的舞曲是先舒缓后热烈,时而徐行"体若轻云",时而迅疾"步进流芳",舞姿变化多端,歌声婉转悠扬,是清商乐舞的优秀代表。但唐代《清乐伎》中的白纻舞为四人舞,"舞容闲婉,曲有姿态"是其乐曲情调。② 也有人认为"白纻舞可能消亡于中唐,但白纻歌可能中唐时还在民间传唱,《通典》说当时有'中原《白纻曲》'"。③ 可以这么说,六朝白纻舞是歌舞乐的统一体,表演时除以器乐伴奏之外,还需要白纻歌伴唱。六朝人在欣赏白纻舞的同时,当然也欣赏白纻歌,但白纻歌仅作伴舞之用,它只是白纻舞的附属品。到了唐代,情况发生了变化,白纻歌与白纻舞取得了同等的地位,白纻歌可以脱离白纻舞而独立出来,被单独表演或歌唱,唐代歌"白纻"之风甚盛,同时,唐代白纻歌的辞旨、辞体及曲调也相应发生了一些变化。

图五十八
唐白纻舞意向图

第二,唐代白纻歌重新回到民间。南朝时期及隋代的白纻歌全为帝王和侍臣所作,均是伴舞歌词。而唐朝除14首题为"白纻歌辞"的诗歌之外,还有42首有关咏白纻的诗歌,且一直延续到唐末五代时期。这些白纻歌绝大多数都是诗人在民间的歌咏,渗透于日常生活的方方面面。在唐代,白纻舞、白纻歌的应用之广也是前所未有的,所出现的诗作,或为友朋问答之作,或为宴娱观赏之诗,或为自抒情怀之歌,除宫廷宴娱之白纻舞外,大量"白纻"舞类的乐舞也在盛传。这对于诗歌创作也十分有意义,对于"白纻"舞名的传扬功绩不凡。④ 仅以大诗人李白为例,他除创作《白纻辞三首》之外,还多次咏及白纻歌、白苎山:

图五十九
南京出土初唐舞俑

---

① 欧阳予倩主编:《唐代舞蹈》,上海:上海文艺出版社,1980年版。
② 方孝玲:《〈白纻〉舞、歌、辞考论》,2006年度安徽大学硕士学位论文。
③ 梁海燕:《舞曲歌辞研究》,2005年度首都师范大学硕士学位论文。
④ 梁海燕:《舞曲歌辞研究》,2005年度首都师范大学硕士学位论文。

猛虎行
胡雏绿眼吹玉笛,吴歌白纻飞梁尘。
赠丹阳横山周处士惟长
时作白纻词,放歌丹阳湖。
书怀赠南陵常赞府
歌动白纻山,舞回天门月。
陪族叔刑部侍郎晔及中书贾舍人至洞庭五首(其四)
洞庭湖西秋月辉,潇湘江北早鸿飞。
醉客满船歌《白苎》,不知霜露入秋衣。

从上引诸诗和李白诗可以看出,唐代白纻歌已广泛流行于民间。既然"醉客满船歌《白苎》,不知霜露入秋衣",说明许多人都会唱白纻歌,而且是只歌不舞。历史仿佛走了一个轮回,起源于汉魏民间的白纻歌舞,在宫廷盛行五六百年,到了唐代中后期重又回归民间,白纻舞相对沉寂下去,白纻歌却更加风靡各地。

第三,舞歌主题发生变化。南朝白纻歌舞主要是宫廷娱乐,晋宋早期本就淡薄的降神祈福功能也很快消失得无影无踪了。"白纻舞"作为六朝遗曲,齐梁至隋期间,君主大都对其歌舞娱乐抱有极大的兴趣,这些给他们带来无限欢乐的乐舞,在后人看来,往往具有亡国之音的性质。但在唐五代诗人的白纻舞歌诗创作中,或提到白纻乐舞的地方,很多时候是带有讽刺意味的,用以指称一种纵欲欢情、奢华丽靡性质的乐舞,常有劝讽性和史鉴性在内,情调悲感,意蕴悠长。如李白《白纻辞三首》:

其 一
扬清歌,发皓齿,北方佳人东邻子。
旦吟《白纻》停《渌水》,长袖拂面为君起。
寒云夜卷霜海空,胡风吹天飘塞鸿。
玉颜满堂乐未终,馆娃日落歌吹濛。

其 二

月寒江清夜沉沉,美人一笑千黄金。
垂罗舞縠扬哀音,郢中《白雪》且莫吟,
《子夜》吴歌动君心。动君心,冀君赏。
愿作天池双鸳鸯,一朝飞去青云上。

其 三

吴刀剪彩缝舞衣,明妆丽服夺春辉。
扬眉转袖若雪飞,倾城独立世所稀。
《激楚》《结风》醉忘归,高堂月落烛已微,
玉钗挂缨君莫违。

王建《白纻歌二首》：

其 一

天河漫漫北斗粲,宫中乌啼知夜半。
新缝白纻舞衣成,来迟邀得吴王迎。
低鬟转面掩双袖,玉钗浮动秋风生。
酒多夜长夜未晓,月明灯光两相照,
后庭歌声更窈窕。

其 二

馆娃宫中春日暮,荔枝木瓜花满树。
城头乌栖休击鼓,青娥弹瑟白纻舞。
夜天燺燺不见星,宫中火照西江明。
美人醉起无次第,堕钗遗佩满中庭。
此时但愿可君意,回昼为宵亦不寐,
年年奉君君莫弃。

元稹《冬白纻歌》：

吴宫夜长宫漏款,帘幕四垂灯焰暖。
西施自舞王自管,雪纻翻翻鹤翎散,
促节牵繁舞腰懒。
舞腰懒,王罢饮,盖覆西施凤花锦,
身作匡床臂为枕。
朝佩拟拟王晏寝,酒醒阁报门无事。
子胥死后言为讳,近王之臣谕王意。
共笑越王穷惴惴,夜夜抱冰寒不睡。

这些诗歌的共同特点都是以"吴宫""西施"为题材,这在唐以前是从未有过的,其暗含的讽谏意味也是六朝白纻歌从未有过的。即使像崔国辅的《白纻辞二首》其二所云:

董贤女弟在椒风,窈窕繁华贵后宫。
璧带金釭皆翡翠,一朝零落变成空。

也有明显的讽谏意味。有研究者认为,崔国辅的《白纻辞二首》属于白纻歌的另一个版本——中原白纻,可能受到北方音乐歌舞的影响,歌辞的辞旨、曲调的风格可能都有所改变,它"以汉哀帝宠董贤之妹董昭仪事,可能针对玄宗宠幸贵妃事而予以规讽"。[①] 这一变化值得高度关注,因为它们既是对六朝白纻歌的精神重塑,又开启了后代白纻歌的主题模式,具有承上启下的意义。

第二节
宋代白纻歌创作

检索搜韵网,现收录宋代以白纻为题的诗歌(含)35首,诗句中有白纻意象的诗歌202首。通览宋白纻歌创作,发现宋与其前后朝代白纻歌在主题、内容、风格上均有显著不同。

第一,唐代诗人以"吴宫"为主题的白纻歌创作对宋人影响甚微,宋人以"吴宫"为主题的白纻歌屈指可数,大约仅有以下数首:

白纻词
吴龙翰
吴宫烟水碧迢迢,琼楼十二凌青霄。

[①] 熊笃:《天宝文学史》,重庆:重庆出版社,1987年版,第41页。转引自方孝玲:《〈白纻〉舞、歌、辞考论》,2006年度安徽大学硕士学位论文。

北方佳人颜如花,素衣濯濯明朝霞。
云母屏风珍珠箔,香销金鸭春寒薄。
璧月流光罗绮筵,白纻舞残月欲落。
君看月落夜潮平,吴江阔兮越江深。
吴王醉越王醒。

白纻词
翁 卷
翩翩长袖光闪银,绣罗帐密流香尘。
歌分四时舞一色,渌醨传处驰金轮。
急竹繁丝互催逼,吴娘娇浓玉无力。
呵星唤月留夜长,十二围屏暖山色。

白纻词
郭晞宗
遥夜迢迢夜未央,井梧月白啼寒螀,
感时念往谁不伤。婕妤宠绝辞昭阳,
手中团扇箧中藏。吴姬织纻秋蝉翼,
一丝往复千情积。金粟尺量金斗熨,
为君裁袍为君惜,同盛同衰莫相失。

白纻歌
滕岑
其 一
白纻舞女杨花轻,玉笙学得悲凤鸣。
烂然繁星上华榮,凉苑夜宴风气清。
美人酒半妆脸明,宝钗绾髻歌欲倾。
良宵人人愿君醉,岂问遍谁得君意,
君其欢娱至万岁。

其 二
白纻舞衫记初著,月明侍宴临飞阁。
舞余香暖苒浮襟,进前持酒力不任。
君王凝笑杯未覆,不惜低佪重舞曲。
当时一身备百好,月不长圆秋易老。
白纻凄凉弃箧中,不悲见弃悲秋风。

白苎歌
周紫芝

大垂手,小垂手,江南白苎世希有。
吴姬十指玉纤纤,白苎新裁舞衣袖。
秋江四面绕吴宫,吴宫霜橘树树红。
吴王夜燕不知晓,但见红日升瞳昽。
美人低鬟复回袖,持酒献君上君寿。
人生得意不行乐,白日如梭夜催昼。
吴山依旧吴江清,离宫故苑难为情。
不知谁遣南山鹿,还向姑苏台下行。

就是这仅有的几首以"吴宫"为主题的白纻歌,也很少有"美人酒半妆脸明,宝钗绾髻歌欲倾""吴娘娇浓玉无力"之类的声色描写,而突出的是对历史的省思,如"君看月落夜潮平,吴江阔兮越江深。吴王醉越王醒";对世事沧桑的慨叹,如"吴山依旧吴江清,离宫故苑难为情。不知谁遣南山鹿,还向姑苏台下行",以及对年华易逝、秋扇见弃的感怀,如"当时一身备百好,月不长圆秋易老。白纻凄凉弃箧中,不悲见弃悲秋风"。

另外,宋人李丙有一首《歌白苎》:

娇如花,美如玉,越溪女儿十五六。
光风入帘睡初足,起画修眉远山绿。
飞香走红三月心,一声白苎千黄金。
高堂客散灯火深,醉鬟斜钗夜沉沉。

细玩词意,似乎是写少女西施入宫之前在越溪家乡的生活,春风骀荡,美丽的少女有了心上人,但怀春初恋的面纱尚未揭开,爱情和未来的命运还不明朗,整首词都是刻画少女朦胧期待和缥缈幽婉的心理,因此,这首词和吴宫主题还有较大的距离。

宋代唯一标明拟效前人白纻词的是张耒的《白纻词二首效鲍照》:

其 一

摇轻裙,曳长袖,为楚舞,千万寿。
新词《白纻》声按旧。朔风捲地来峥嵘,
燕雁避霜饥不鸣。高堂酒多华灯明。

其 二

回纤腰,出素手,髻堕鬓倾钗欲溜,
为君歌舞君饮酒。岁云暮矣七泽空,
汤汤汉沔天北风。玉壶之酒乐未终。

但是,这两首诗和"吴宫"主题没有关系,其写"七泽""汉沔",清楚标明为"楚舞",语言相对质朴,既没有齐梁的靡丽华艳,也没有多少艺术感染力。不过,宋代诗词并盛,前代白纻歌中的声色描写不知不觉已转移到宋词之中:

浣溪沙·白纻衫子
王千秋

叠雪裁霜越纻匀。美人亲剪称腰身。暑天宁数越罗春。

两臂轻笼燕玉腻,一胸斜露塞酥温。不教香汗湿歌尘。

西江月·道调宫
张 先

泛泛春船载乐,溶溶湖水平桥。高鬟照影翠烟摇。白纻一声云杪。

倦醉天然玉软,弄妆人惜花娇。风情遗恨几时消。不见卢郎年少。

上引两首宋词都是正宗的婉约词,前词脱胎于《花间词》,远绍齐梁《白纻歌》,已接近于宫体诗的绮艳缠绵,后词融入春水平桥的自然风景和少妇怀春的心理描写,多少冲淡了声色欲望,而"白纻一声云杪",堪称全词的点睛之笔,它将"倦醉天然玉软,弄妆人惜花娇"的温柔缱绻引向白纻歌声的美妙意境,提升了词的境界与格调。宋代诗词的职能分野于此昭昭然。

第二，宋代诗人拓展了白纻歌的社交功能。以诗文干谒、投刺是中国文人的传统，但以白纻歌为文人朋友间的交往在以前是没有过的。黄庭坚在宋治平三年（1066 年）写过一组《古乐府白纻四时歌》：

其　一

桃李欲开风雨多，笼弦束管奈春何。风休雨静花满地，时节去我如惊波。少年志愿不成就，日月星辰役昏昼。俟河之清未有期，斗酒聊为社公寿。

其　二

日晴桑叶绿宛宛，春蚕忽忽都成茧。缲车宛转头绪多，相思如此心乱何。少年志愿不成就，故年主人且恩旧。及河之清八月来，斗酒聊为社公寿。

其　三

络纬惊秋鸣唧唧，美人停灯中夜织。回文中有白头吟，人生难得相知心。少年志愿不成就，故年主人且恩旧。及河之清八月来，斗酒聊为社公寿。

其　四

北风降霜松柏凋，天形惨澹光景销。山河夜半失故处，何地藏舟无动摇。少年志愿不成就，故年主人且恩旧。及河之清八月来，斗酒聊为社公寿。

黄庭坚写这组诗时年仅 22 岁，明显具有拟仿痕迹，他沿用了沈约等《四时白纻歌》的结构，但又跳出了传统白纻歌主题的窠臼。古代，"社公"有多个含义，一般指社神，即土地神，也常常是人名和对某些男子的称呼。就"少年志愿不成就，故年主人且恩旧"诗意看，应该是少年黄庭坚拜谒某位先贤之作，乍看似乎与诗题"白纻"无关，实际上是以一年四季白纻的生长、收割、纺织为线索，以美人相思为比喻，一方面展示自己的少年才华，另一方面表达对社公的赏识和栽培自己的感激之情，同时祝福社公健康长寿。

晁补之在宋元祐五年（1090 年）作过《白纻辞上苏翰林二首》：

其 一

白纻芬莫缉，纫兰作衣袪。朝兮日所暴，莫兮雨所濡。
木瓜谅微物，期报乃琼琚。芳华辞甚妙，赠我不如无。

其 二

上山割白纻，山高叶摵摵。持归当户绩，为君为绨绤。
不惜洁如霜，畏君莫我即。谁言菖蒲花，可闻不可识。

晁补之这时追随苏轼已近20年。此时，苏轼在朝任翰林学士，黄庭坚、张耒俱供职馆阁，晁补之除秘书省正字，相互诗酒唱和，是苏轼与苏门四学士一生中最为惬意的时期。晁补之此诗无深意，只是袭用汉魏乐府体格，表达师生之间投桃报李、志趣相投、惺惺相惜的精神意趣，庄中有谐。但他选用"白纻辞"，显然与苏轼喜用白纻意象有关。南北宋之交的庄绰在其《鸡肋编（卷上）》曾记载：

> 东坡书《白纻词》与四学士各写其诗词，凡二十轴，悬之照耀堂宇。为利诱势胁，于大观之后，幸能保守。靖康中，颍川遭金虏之祸，化为烟尘。往来于心，迨今不能已已。珠玉可致，而此不可再得，是可恨也！①

这段文字说明东坡对《白纻词》的特殊喜爱，同时也十分难得地为我们还原了东坡与四学士文人雅集时的场景。"歌词《白纻》清，琴弄黄钟浊"（《次韵景仁留别》），"吴姬霜雪白，赤脚浣白纻"（《读孟郊诗二首》），"青袍白纻五千人，知子无怨亦无德"（《余与李廌方叔相知久矣，领贡举事，而李不得第，愧甚，作诗送之》），"微凉感团扇，古意歌白纻"（《夜坐与迈联句》），"深院无人剪刀响，应将白纻作春衣"（《木兰花令 四时词（春）》）等等，都是苏轼的诗句，足以说明苏轼对白纻意象的喜爱。

第三，宋代白纻歌展现了文人士大夫日常生活的闲情

---

① （宋）庄绰撰，萧鲁阳点校：《鸡肋编》，北京：中华书局，1983年版，第36—37页。

逸致。这也是前代未曾有过的现象，它反映了宋人日常生活的艺术化和对艺术生活的自觉追求。最典型的是陆游。

夏白纻
陆　游
其　一
翔鸾矫矫离风尘，眼明见此绝代人。
纱窗弄笔消永日，临得《黄庭》新逼真。
飞楼缥缈今何夕？月与玉人同一色。
下帘不为九霄寒，自要玲珑看团璧。
其　二
云母屏薄望如空，水精帘疏不碍风。
美人独立何所似，白玉芙蕖秋水中。
素绡细织冰蚕缕，清寒不受人间暑。
晚来浴罢绿窗闲，自把新诗教鹦鹉。

陆游诗前有自题小序："古有四时《白纻》，亦有止作一时者。丙申五月在成都，烈暑可畏，戏作《夏白纻》二首。""丙申"是1176年，这年三月陆游刚被免去成都府路安抚司参议官兼四川制置使司参议官职务，闲居成都，报国无门，心情复杂矛盾。也正是在这一年，陆游开始自号放翁，同时又在《病起书怀》中抒发"位卑未敢忘忧国"，遂成千古名句。但是陆游自有排遣苦闷的方式，这两首《夏白纻》被称为"戏作"，可见宋人精神生活的丰富。如果我们不了解它的创作背景，也不知道作者是谁，而仅看诗作本身，可能会误认为作者只是一个毫不关心世事，只会吟风弄月的无聊文人吧。

无独有偶，两宋之交的晁说之曾作《园中戏作白纻》一首：

人间春色不须臾，芳草妒华不萦纡，杨花不分上空虚。宓妃一去百代无，不如云外万乐俱。南斗鼓瑟北斗竽，与酬酢者非君徒。

此诗虽然题为"戏作",艺术性也不强,但将白纻拟人化,就像传说中美丽高洁的神女宓妃一样,不与众芳为伍,不学杨花随风飘荡,远离酬酢之徒,永葆自己的高贵华美,因此这是一首咏物寓志的诗,吐露了晁说之作为一代理学家的骨鲠之气。

从陆游和晁说之的戏题白纻中,我们能够体会宋人的功业理想与日常生活既能浑然一体、打成一片又能泾渭分明、各行其道。这从一个侧面说明,宋人的心性修养深受理学沾溉,日常生活中展现了精神的韧性和厚度,人格的成熟度更高,生命的丰富性更多,宋诗的"理趣"也在日常生活中油然而生(如图六十)。

第四,宋人白纻歌还继承了唐代新乐府的"美刺"功能。这是白纻歌的新发展,也是白纻歌社会意义所能抵达的新高度。代表作是杨万里的《白纻歌舞四时词》。

图六十
宋歌舞俑

春
人生春睡要足时,海波可乾山可移。
珠宫宴罢晓星出,不是天上无鸣鸡。
昨来坐朝到日落,君王何曾一日乐。
上林平乐半苍苔,桃花又去杨花来。

夏
四月以后五月前,麦风槐雨黄梅天。
君王若道嫌五月,六月炎蒸又何说。
水精宫殿冰雪山,芙蕖衣裳菱芡盘。
老农背脊晒欲裂,君王犹道深宫热。

秋
星芒欲灭天风急,月轮犹带银河湿。
青女椎冰作冷霜,吹到璇闺飞不入。
苎罗山下浣纱人,万妃无色抵一身。
娇余贵极醉玉软,强为君王蹈锦絪。

冬

祇愁穷腊雪作恶,不道雪天好行乐。
玻璃盏底回青春,蒲萄锦外舞玉尘。
《阳春》一曲小垂手,劝君一杯千万寿。
今年斛谷才八钱,明年切莫羡今年。

杨万里的诗题材广泛,内容丰富。大致上可以分为两大类:爱民忧民诗和田园山水诗。《白纻歌舞四时词》就属于爱民忧民诗。诗歌以一年四季君王宫廷之乐反衬农民一年四季的悲苦,对比强烈,表达了农民在水深火热中被迫发出的吼声,充分表现了杨万里对劳动人民的同情和热爱。如果说张若虚的《春江花月夜》是"宫体诗的自赎",那么,杨万里的《白纻歌舞四时词》就是白纻歌的自救,它彻底反转了白纻歌的传统主题,使之并入"惟歌生民病,愿得天子知"的"新乐府"行列。

第五,宋人有数首诗歌吟咏白纻山,虽然稍稍游离前代白纻歌题旨,但现场感增强,睹物思人,有深沉的历史感怀。白纻山在今当涂城东五里,据《太平寰宇记》记载,白纻山"名楚山。桓温领妓游山、奏乐,好为'白纻歌',因改为白纻山。"有人认为,唐李白《白纻辞三首》就是写于白纻山,此外,李白尚有"歌动白纻山,舞回天门月"诗句,但李白没有专题吟咏白纻山。宋王安石《白纻山》大约是最早的专题吟咏白纻山的诗歌:

白纻众山顶,江湖所萦带。浮云卷晴明,可见九州外。
肩舆上寒空,置酒故人会。峰峦张锦绣,草木吹竽籁。
登临信地险,俯仰知天大。留欢薄日晚,起视飞鸟背。
残年苦局束,往事嗟摧坏。歌舞不可求,桓公井空在。

《王安石诗文系年》将此诗系于1058年,王安石时年38岁。但笔者从"残年苦局束,往事嗟摧坏"诗意推测,应该是晚年罢相后所作。"往事嗟摧坏"既可以看成桓温晚年第三次北伐失败和大量朝野人物对桓温的反对,也似乎隐藏着对自己主持的"熙宁改革"前景的悲观预测,因此在"歌舞不可求,桓公井空在"的感叹中暗含着对自己功业摧坏之感。白纻山是白纻歌舞发扬光大的地方,这里的歌舞就是桓温所深深喜好的白纻歌舞,白纻歌舞已经风流云散,当年叱咤风云的大司马桓温也早已化作泥土,只有白纻山边的桓公井还在映照着当年的明月。从一定意义上讲,王安石对北宋的影响和桓温对东晋的影响具有极大的可比性。王安石在此缅怀桓温的功业,实际上也在揣想后代历史对自己一生千秋功罪的评价。

当涂本土诗人郭祥正,时人目之"太白后身",与王安石为世交,郭祥正一生多次登览家乡的白纻山,先后有诗《中秋登白纻山呈同游苏寺丞》《望白纻山》。前首是长篇歌行,借中秋登白纻山抒发自己才高见妒、功高被贬的满腹牢骚:"劳劳功业安在哉,出林之木风先摧""荆榛满眼世路恶,恩忘水覆终难收"。其中"流光差池鬓垂雪,幸对南山值佳节。更在桓公游处游,自抒悲歌更清越。登高何必须重九,零落黄花污浓酒。岂如桂子散秋香,承露金人举纤手"数句,借桓温旧游之地浇自己心中块垒,在失意中自我宽慰,散虑消忧:"达亦不足恃,穷亦不足羞。但愿明月照我酒,古来秉烛供遨游。"后一首从隔江的历阳(今和县)南望家乡白纻山:"隔江望白纻,葱苍压牛渚。却忆跨黄犊,渡桥溪东去。悠悠登此山,直待圆蟾午。汗漫丹湖水,万顷浸天宇。北斗酌不乾,光熖反吞吐。诸峰若案几,白云俯可取。览景壮我怀,长谣念前古。传闻桓将军,置酒领歌舞。雄风回秋霜,英声散鼍鼓。宁知千载后,荒榛老狐鼠。男儿及时乐,一饷亦足许。前年翰林公,绝顶构堂庑。我方客沅湘,盛事未能睹。及今佐肥幕,治狱历阳府。注目聊独吟,何时达庭户。"此诗表达了诗人对家乡的深情依恋和及早归隐田园的思想,诗中"传闻桓将军,置酒领歌舞。雄风回秋霜,英声散鼍鼓。宁知千载后,荒榛老狐鼠"诸句,既对桓温的歌舞风流充满羡慕,又对当年歌舞之地千载之后荒凉破败发出深深的喟叹。

著名词人李之仪晚年编管太平州,长居姑孰(今当涂),自号姑孰居士、姑溪老农,死后葬于姑孰之北藏云山致雨峰。他也多次遨游白纻山,一次,他陪另一著名词人贺铸同游白纻山,挥笔写下《题齐云亭》:"凌空登白纻,此地与云齐。一览众山小,方知人世低。暂留蝴蝶梦,终负杜鹃啼。回向禅关客,何当别有梯。"其中"一览众山小,方知人世低"当是李之仪对朝廷上朋党之争、相互倾轧的蔑视和控诉。几年之后,又写有一首《题白纻山》:"回(一作四)见黄梅雨后天,烟林常在笑谈边。早时欲到不自果,今日初来端有缘。无复新声传玉齿,空余残照满金田。不知谁是云霞侣,聊揖高风一怅然。"诗中"无复新声传玉齿"就是对桓温白纻歌舞已成绝响的慨叹,也同时饱含自己的身世之痛。南宋中叶浙江台州人吴芾曾任太平州知州,任上搜集刊刻了李之仪《姑溪居士文集》,他有一首《清明登白纻山》:"偷得铃斋半日闲,喜逢佳节漫追攀。扶衰强策青藜杖,寻胜聊登白纻山。远岫千重云出没,清溪一带水回环。我来恨未重游览,回首孤城落照间。"南宋末年重要词人、曾任左丞相的宣州宁国人吴潜也留下一首《游白纻山》:"信马来游白纻山,僧窗容我片时闲。人生自古少行乐,试为春风一解颜。"但这两首诗歌都只是游山的泛泛之作,没有涉及桓温和白纻歌,不过应该是桓温及白纻歌吸引他们去游览白纻山的。

第六,有宋一代涉及"白纻"意象的约200首诗词中,咏及白纻衣衫的约占一半,略多于咏及白纻歌的数量。宋人对白纻衣衫的喜爱,有深刻的历史原因和心理动因,体现了宋代审美"绚烂至极,归于平淡"的价值取向。

怯 暖
王 镃

怯暖新裁白纻衣,棋声深院客来稀。
春风无力晴丝软,绊住杨花不肯飞。

绝句二首(其二)
吴则礼
满船买了洞庭柑,雪色新裁白纻衫。
唤得吴姬同一醉,春风相送过江南。

所居堂极凉虽三伏常有秋意也偶得长句
陆 游
高栋虚檐六月凉,野人谁遣寄华堂?
炎威自避重重幕,清吹时生曲曲廊。
白苎出箱开叠雪,甘瓜随刃落轻霜。
凭谁为报金羁客,满帽京尘有底忙?

酬同志
陈允平
风光易销歇,尊□足闲情。
谷雨春江暮,茶烟晓寺晴。
认巢归燕熟,辞树落花轻。
湖上明朝约,初裁白苎成。

寄辇下莫降秀才
林 逋
犀围古暗革靴鸣,楚楚衣裾白苎轻。
节概平时长独立,文章近日合双行。
且看辇毂千蹄晓,复忆溪山数峰晴。
一第临临杏花宴,满都春色叫迁莺。

送毕平仲西上
贺 铸
吟鞭西指凤皇州,好趁华年访昔游。
新样春衫裁白纻,旧题醉墨满青楼。
鸣蛙雨细生梅润,飐燕风高报麦秋。
须念江边桃叶女,定从今日望归舟。

警斋吴侍郎再和余送行及居厚弟诗各次韵(其三)
刘克庄
曾听仙韶宴玉津,岂知金弹忽危身。
谁为高树凤凰语,无奈雕笼鹦鹉嗔。
拙射元非落雕手,村眉难比扫蛾人。
新裁白纻衣如雪,一点休教染洛尘。

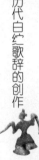

东 风
何应龙

和彻诗篇得暂闲,落梅香里立栏干。
新裁白纻春衫薄,犹怯东风一阵寒。

溪 上
陆 游

散发倚胡床,风生水面凉。
单衣缝白纻,双屦织青芒。
荷叶犹微赤,藤花已半黄。
归来村路晚,渔火耿苍茫。

林亭书事二首(其一)
陆 游

吏退林亭夏日长,乌纱白纻自生凉。
绕檐密叶帷三面,覆水青萍锦一方。
约束蛮僮收药窖,催呼稚子晒书忙。
平生幽事还拈起,未觉巴山异故乡。

无 题
陆 游

画阁无人昼漏稀,离惊病思两依依。
钗梁双燕春先到,筝柱羁鸿暖不归。
迎得紫姑占近信,裁成白纻寄征衣。
晚来更就邻姬问,梦到辽阳果是非。

夏日过摩诃池
陆 游

乌帽翩翩白纻轻,摩诃池上试闲行。
渌潺野水鸣空苑,寂历斜阳下废城。
纵辔迎凉看马影,袖鞭寻句听蝉声。
白头散吏元无事,却为兴亡一怆情。

送王殿直
郑 獬

玉尺新裁白纻衣,杨花纷泊满衫飞。
少年不怕风尘恶,污却郫泥走马归。

除夜自石湖归苕溪十首(其八)
姜　夔

题注：此诗录寄诚斋,得报云:所寄十诗有裁云缝雾之妙,思敲金戛玉之奇声。

桑间篝火却宜蚕,风土相传我未谙。
但得明年少行役,只裁白纻作春衫。

浣溪沙(其四)
晏几道

白纻春衫杨柳鞭,碧蹄骄马杏花鞯。
落英飞絮冶游天。南陌暖风吹舞榭,
东城凉月照歌筵。赏心多是酒中仙。

秋夜读书
蒋恢

白纻乌纱不耐凉,晚风吹月上莓墙。
旧书重读添新味,二尺檠边夜正长。

次韵酬陆放翁
潘柽

瘦藤白苎岸乌纱,随分酬春领物华。
西崦三椽休问舍,南湖一带近栽花。
眼昏客枕多储菊,肺渴僧庖屡借茶。
无事闭门便早睡,清灯唤起为吟家。

赠李隐士
释行海

白纻为衣草结庐,相逢犹问世何如。
每弹山水忘忧曲,懒上王侯自荐书。
白眼鸥边窥宇宙,清樽月下宴樵渔。
时情任似长亭柳,才向秋风日日疏。

颂古一百首(其四十一)
释智愚

短裤长衫白苧巾,咿咿日下急推轮。
洛阳路上相逢者,尽是经商买卖人。

这些创作情况说明在整个宋代,特别是广大的江南地区,上至达官贵人,下到贫寒士子,乃至平民百姓、方外僧道,无不喜欢穿白纻衣衫。白纻衣衫在宋代的流行风靡,从物质基础上讲,是源于白纻种植①的普遍和加工技术的上乘。《中国长江流域开发史》在"第六章　唐和五代长江流域开发的继续发展与经济重心的逐渐南移"中,专辟一节"第四节　长江流域白纻与红菱的开发(附纸张)",利用翔实的历史资料充分证明当时"白纻生产得到了极大的发展,长江流域各州县几乎无不出产白纻,成为贡品"的事实。该书第 231 页论述宋代经济作物的扩大时,特别指出:

> 长江流域的一些地区以异军突起之势而成为麻和麻布的重要产区,它们是:
>
> 山南道——峡、归、夔、阆州(以上今属四川);澧、朗州(今属湖南);复、郢州(今属湖北)。
>
> 淮南道——滁、和、舒(今属安徽);楚(今属江苏);蕲、安、黄(今属湖北)。
>
> 江南道——常(今属江苏);湖(今属浙江);婺、宣(今属安徽);岳、道、郴(今属湖南);虔、吉、袁(今属江西)。
>
> 剑南道——邛、蜀、彭、汉、绵、雅、嘉、眉、简州、永康、石泉军(今属四川)。
>
> 这些地区不仅麻的种植较为普遍,而且加工技术也是上乘的。

正是白纻的大量种植和加工技术的普遍提高,使唐代还显得十分珍贵的贡品白纻在宋代可以走进百姓人家。尤其难能可贵的是,宋代有多首诗歌描写洗纻和织纻的劳动过程。

洗苎歌
释居简
白水浣白纻,濯濯霜不如。
亭匀拣经纬,霜澌寒疏疏。

---

① 万绳楠等:《中国长江流域开发史》,合肥:黄山书社,1997 年版,第 166—170 页。

天质本无玷,况复随时染。
秋阳曝皓皓,不受红紫诒。
丹茸碧缕明相掩,玉手纻纱秋潋潋。
拜了穿针楼上月,细与天孙话新洁。

白苎歌
释居简

经纱才上机,梭飞玉擸擸。
怕君寻春迟,落机宽裁衫。
春心乱如蓬,冉冉随春霏。
芳径晓沾露,软尘红上衣。
归来恨尘污,澌衣浣纱处。
难澌芳露痕,易澌衣上尘。

建剑风土
陈藻

瞰水比连阁,开山上下庐。
四时篁有笋,两岸鳝多鱼。
白纻男抽剥,新丝女卷舒。
吾曹嗟跋涉,不合早看书。

白苎歌
戴复古

雪为纬,玉为经。一织三涤手,织成一片冰。
清如夷齐,可以为衣。陟彼西山,于以采薇。

寄衣词
翁卷

手织白纻纤且长,生著宜热熟宜凉。
以比妾心齐素洁,制成游子远衣裳。
君心相厚未相薄,衣来还得称君目。
愿君服之无弃捐,映君颜貌长如玉。

白纻歌
谢翱

江头蓬沓走吴女,浣水为花朝浣纻。
昼随晴网晒日中,夜覆井栏飘白露。
织成素雪裁称身,夫为吴王戍柏举。
田家岁织供布缕,独夜讵知妾愁苦。

尽管这些诗歌有的并不是单纯咏白纻，但综合起来看，就能够连缀起剥纻、洗纻、晒纻、织纻、制衣、寄纻的全过程，还再现了男女分工协作、昼夜晒露白纻的细节，女子织纻前的精心准备和织纻时的心理活动，它们就像一幅幅鲜明生动的风俗画，记录下当时民间劳动和生活的美好场景。

从精神追求上讲，喜穿白纻与宋人的审美格调密切相关。众所周知，唐代文化开放、外向、色彩浓烈，而宋代文化简直是走向另一个极端，呈现出保守、内向、色彩淡雅的一面。"它不是汹涌澎湃的洪波巨浪，裹挟着众多的波涛向前奔腾；而更像一泓汩汩前行的河水，在缓缓流动中显露出韵味悠长的环环涟漪"。①用这段话概括宋人的审美再贴切不过。程朱理学产生于北宋，是社会经济政治发展的理论体现。这种文化心理结构也对宋人的审美情趣和理想产生了深刻影响。审美视角出现了从外部的客体世界向内在的主体世界的聚缩和回归，审美对象专注于宽和娴静、温婉美丽、纤小细微、赏心悦目的阴柔之美，即为感官和心灵所自由把握的美。宋词温柔婉约，宋瓷细洁净润，宋画由繁及简，由实及虚。它们共同表现出对神、趣、韵、味的追求，彼此呼应，相互补充，成为一代美学追求。同样，宋代服饰趋向于简洁质朴，"妇人之衣，不贵精而贵洁，不贵丽而贵雅，不贵与家相称，而贵与貌相宜"（李渔《闲情偶寄·衣衫》），这段话也一样适合于宋代男子。宋人尚白，宋初男子主要穿皂袍与白袍，其中无官的士人尤喜白袍，如周密在《齐东野语》中描述黄庭坚与友人雅集，"尝约同社友剧饮于南雪亭梅花下，衣皆白"。白袍是士庶阶级最常穿的衣服，在宋代的绘画作品中也尤其多见。凉衫，亦叫白衫，曾是宋中期都城士人为方便出门骑行时创制的一种服装，蒙在朝服外遮挡灰尘，后来由于紫衫被废，凉衫遂兴起于士大夫之间，

---

① 霍然：《宋代美学思潮》，长春：长春出版社，1997年版，第85页。

甚至成为官员的便服,直接穿白凉衫办公。纵观古今,白色一直是男子喜爱的颜色,但到了南宋有所改变。元脱脱《宋史·舆服志》记载,孝宗乾道初年,礼部侍郎王曮上奏"窃见近日士大夫皆服凉衫,甚非美观,而以交际、居官、临民,纯素可憎,有似凶服"。于是禁服白衫,除在大街、道路上骑马时可以穿白纻衣外,其他场合不许穿着白纻衣。自此之后,凉衫只用于凶服了,因此宋人周煇在《清波杂志》中说:"至今四十年不改。前此,仕族子弟未受官者皆衣白,今非跨马及吊慰不敢用。"一种民间风气被朝廷禁止,可以从反面证明它的流行程度。而白纻衫以其清、凉、薄、洁的性能最能体现宋人的美学追求,所以,以"白纻衫"为代表的白纻服饰才经常出现在宋人笔下。文化史名家冯天瑜在《中华文化史》一书中对宋代文化这样论述:"所谓宋型文化,则是一种相对封闭、相对内倾、色调淡雅的文化类型。有宋理学着意于知性反省,造微于心性之间;两宋古文舒徐和缓,阴柔澄定;宋词婉约幽隽,细腻雍容;宋诗'如纱如葛','思虑深沉'。"其中"宋诗'如纱如葛','思虑深沉'"简直可以说就是从"白纻"意象中提炼出来的句子,形象贴切到无以复加的程度。下面再引几首,以见出宋人对白纻衫的特别喜爱之情。

送张汝霖纠左冯翊六绝(其四)
赵　鼎

花发城南苑路迷,衫裁白纻马如飞。
月明洛水黄昏后,犹有游人唤渡归。

宿新喻县戏为俳体
黄彦平

短短长长柳,疏疏密密衫。
秧深先熟稻,叶贵再眠蚕。
御暑乌油伞,伤春白纻衫。
乡风尽江右,魂梦莫湘南。

谒金门
孙光宪

留不得,留得也应无益。白纻春衫如雪色,扬州初去日。

轻别离,甘抛掷,江上满帆风疾。却羡彩鸳三十六,孤鸾还一只。

菩萨蛮(其一)
贺 铸

朱甍碧树莺声晓。残醺残梦犹相恼。薄雨隔轻帘。寒侵白纻衫。

锦屏人起早。惟见余妆好。眉样学新蟾。春愁入翠尖。

亿仙姿
贺 铸

白纻春衫新制。准拟采兰修禊。遮日走京尘,何啻分阴如岁。

留滞。留滞。不似行云难系。

第七,白纻歌在宋代民间广为传唱,但这里出现一种奇怪的现象,宋人以白纻歌为题的诗词中,反倒很少直接出现白纻歌,大约200首有"白纻"意象的诗句、词句中,将近一半是咏唱白纻歌的。例如:

送毛得一秀才归淮上(其一)
穆 脩

江天梅雨昼萧萧,送别愁吟白纻谣。
处士才高融未荐,骚人魂断玉方招。
自伤枥骥心千里,空美冥鹏志九霄。
酒罢征鞍迢递去,不堪回首木兰桡。

浣溪沙
舒 亶

白鹭飞飞点碧塘。雨荷风卷绿罗裳。管弦竞奏杂鱼榔。

游女谩能歌白纻,使君不学野鸳鸯。桃花空解误刘郎。

暮春杂兴(其三)
葛起耕

闭门花落又春深,白纻歌残对晚斟。
惆怅年来心绪恶,一庭烟草绿沉沉。

陌上花八首(其五)
晁补之

吴歌白纻怨芳菲,肠断怀王去不归。
陌上如今小花伴,山前山后白鹇飞。

菩萨蛮·过吴江
张表臣

垂虹亭下扁舟住。松江烟雨长桥暮。白纻听吴歌。佳人泪脸波。

劝倾金凿落。莫作思家恶。绿鸭与鲈鱼。如何可寄书。

吴宫词
张嵲

新妆间花光,口脂杂蕊气。相对两生春,停杯自成醉。
高歌白苎舞西施,半夜雨来宫锦移。
明日重来歌舞地,宫水浮花绕宫树。

云 间
张蕴

倦倚柁楼闻鹤唳,半生此地一经过。
机云故宅荒凉月,湖海新秋浩荡波。
晓艇红莲商客市,夜窗白苎女儿歌。
吟边冷被沙鸥笑,衣化京尘鬓亦皤。

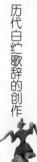

和刘舍人夏雨喜霁
李曾伯
古戍春归叹寂寥,老槐阴下鬓萧萧。
正愁雨久人情厌,且喜天晴物意饶。
歌吹遏云传白苎,旌旗拂日翳红蕉。
月边休听啼鹃恨,只把诗篇与酒销。

劝客饮
郑獬
谁解西回沧海波,且听白苎数声歌。
人生所得只如此,世事到头无奈何。
酒海莫教空濛落,金堆安用郁嵯峨。
古今共是一丘土,只有刘生得计多。

次韵陆岩老祠部见寄五首(其二)
葛胜仲
绕郭芙蓉十里城,画桥烟水接东瀛。
蘋洲倒照苍山影,花濑遥闻白苎声。
问舍求田应犯虑,浮家泛宅未忘情。
催科拙似阳公考,敢觊屏风录姓名。

偶作
释行海
乾坤独往欲逢谁,只有文王识钓丝。
豪杰尽生龙斗日,太平须见凤来时。
风前莫听凉州曲,月下长歌白苎辞。
自笑不如南海燕,年年秋社是归期。

种桑
释居简
无衣可奈何,桑树百余窠。
拙计不及此,瘠田谁种它。
绿荷供楚制,白苎入吴歌。
金谷虽佳丽,知谁所得多。

和素斋口占兼简戆庵
释居简
岸巾斜日倚庭柯,调度疏明似小坡。
长铗不弹秋寂寞,短檠更问夜如何。
青云旧约联镳上,白苎新闻对酒歌。
秉钺登坛谁独步,今淮阴更办多多。

自　嘲
郑　獬
乐府休翻白纻歌,樽前已怯卷红螺。
壮心虽欲未伏老,争奈秋来白发何。

龙女祠后塘自生荷花数枝与史诚之更相酬和（其三）
司马光
荷底清涟照绮罗,长安公子旧情多。
踌躇不去知君意,重唱吴音《白纻歌》。

洛春谣
司马槱
洛阳碧水扬春风,铜驼陌上桃花红。
高楼叠柳绿相向,绡帐金銮香雾浓。
龙裘公子五陵客,拳毛赤兔双蹄白。
金钩宝玦逐飞香,醉入花丛恼花魄。
青蛾皓齿别吴娼,梅粉妆成半额黄。
罗屏绣幕围寒玉,帐里吹笙学凤凰。
细绿围红晓烟湿,车马骓骓云栉栉。
琼蕊杯深琥珀浓,鸳鸯枕镂珊瑚涩。
吹龙笛,歌《白纻》,兰席淋漓日将暮。
君不见灞陵岸上杨柳枝,青青送别伤南浦。

野　步
刘子翚
野步忘归远,春心不自休。
管弦非老伴,风雨定花仇。
柳暗深深路,溪寒小小楼。
谢娘歌白纻,此意可忘忧。

过中京后寄和贡两弟

刘 敞

归鞍蹀躞弄轻尘,满眼韶光破宿云。
去国几愁歌白纻,上天真喜望缇群。
华林雪尽莺先啭,广陌风多草竞薰。
我欲还家千日饮,益须酿酒张吾军。

某往岁侍大人守丹阳粗知此郡之盛复戏成小诗呈子高

刘 敞

自古佳丽地,到今风物奇。
群山尽回抱,绿水止逶迤。
事体存都会,繁华盛昔时。
秋声雄鼓角,晓色乱旌旗。
楼观浑飞动,林峦互蔽亏。
子鹅留客饮,白纻送歌词。
太守贵如此,郎官清可知。
虚投射堂策,深恨著鞭迟。

春晚写望

宋 祁

不觉春芳晏,翻成客望劳。
草平天一色,风暖燕双高。
击辖争轻慷,书旗衔缥䌽。
随宜歌白纻,都士半云袍。

从时间看,春夏秋冬、阴晴朝暮、月下风前,随时吟唱;从环境看,室内厅中、溪边山前、平陆旷野,随地歌咏;从歌者身份看,州郡官僚、文士学子、农家儿女、恋人游子、出家释子,无不以白纻抒情释怀;从情景、心绪看,歌楼酒宴、亲朋离别、惆怅寂寞、野步散心、羁旅山川、田间劳作,几乎处处都能听到优美婉转、时而清亮、时而缥缈的白纻歌声。与之形成鲜明对照的是,宋人除几首拟作前人白纻舞之外,几乎没有一首真正描写白纻舞的诗歌,这似乎进一步印证了白纻舞在唐代中后期趋于消亡的论点。

第三节
元明清白纻歌创作

检索搜韵网,发现辽金元时期创作白纻歌11首,涉及白纻意象的诗歌115首;明代创作白纻歌118首,涉及白纻意象的诗歌590首;清代创作白纻歌32首,涉及白纻意象的诗歌180首。由于部分诗歌所系年代为"宋末元初""元末明初""明末清初",存在两种现象,为避免重复计算,整个元明清时期,以"白纻歌"(包括白纻舞歌、白纻辞及词牌《白纻》)为题的诗歌(词)大约150首,涉及白纻意象的诗歌大约800首。尤其是有明一代,所创作白纻歌和含有白纻意象的诗歌均各占历代总和的一半左右,呈现井喷之势。通览元明清时期的白纻歌,虽有一定新意,部分作品艺术质量上乘,但总体上并没有给人带来过多惊喜,创作数量表面繁盛的背后,是诗人对白纻歌传统题材的重复,没有大的艺术突破。不过,毕竟数量庞大,从中还是能够发现一些规律性问题,对我们了解这一时期白纻歌的流行及当时的审美风尚有一定意义。下面,以明代白纻歌为主进行讨论,兼及元代、清代。

第一,这一时期白纻歌主题远绍晋唐,以歌咏西施与吴王的"吴宫"题材占据绝对优势。更仔细一点分析,主要是受到唐代诗人李白、王建、元稹等人"白纻歌"的影响,几乎对之亦步亦趋。特别是明代诗人处处模仿唐诗,是明人"诗必盛唐"复古理念的具体实践。这一点和宋人白纻歌创作截然不同。试举数例:

白纻歌
（元末明初）戴良

阖庐宫中夜挝鼓,宫树乌啼月未午。
玉缸提来酒如乳,白纻衣成向君舞。
美人醉起行步难,腰间珂佩声珊珊。
肯缘娇爱减君欢,宝钗堕地不敢言。
宫中门户多无数,君恩反复日几度。
明朝重着舞时衣,心中已道不相宜。

吴宫四时白纻词
（明）孙蕡

其 一

姑苏台上春风和,江花乱落江水波。
交疏杨柳绿参差,华筵夜列开绮罗。
当筵西施间群娥,朱颜为君起微酡。
自拈红牙节清歌,飞花着人思繁多。
华月耿耿度斜河,疏星出河夜欲过,
乌啼哑哑奈尔何。

其 二

阊门辇路薰风时,江光潋滟芙蓉披。
翠羽霓旌照洲渚,銮舆出游初避暑。
西施含颦娇不语,群娥斗起歌白纻,
回风舞袖为君举。歌声窈窕一何长,
白纻之白白如霜。木瓜花红荔子香,
东江月出西江光。银壶酒多乐未央。

其 三

馆娃宫畔风萧萧,芙蓉陨香杨柳凋。
银河影淡乌鹊桥,荧荧双星丽碧霄。
美人微醉脸红潮,筵前举袖催玉箫。
举歌白纻斗娇娆,越罗楚练风飘飘。
此时奉君情欲绝,铜龙夜深宫水咽,
银床低转梧桐月。

其 四

北风吹江日宛宛,江天飞雪帘栊满。
美人台上斗腰肢,羽觞流霞照华琯。
筵前西施含醉眼,歌停绿水声欲缓。
群娥玉环低款款,别宿台前水仙馆。
芙蓉帐高锦云暖,侬觉寒宵作那短。

白纻舞歌
(明)李孙宸

其 一

吴宫初制白纻衣,轻如薄雾色如脂。
遗赠佳人称体宜,舞袖未举烟云霏。
凝睇流盼光容仪,掌上轻盈态欲歌。
应节投袂不自知,腾空绝迹纷陆离。
舞余抗身自矜奇,四座呦呦鬼神疑。
春心挑荡君好持,为君更酌金羽卮。

其 二

春阳明媚风花香,君王无事永歌昌。
馆娃趋步响瑶珰,徵歌按拍杂笙簧。
逸态徐舒回鸾凰,将行复引声为长。
中曲再变听不遑,流风回雪乃无常。
鸣丝奋肉满中堂,颓然放体任纵横。
万岁千秋乐未央,愿君蹋歌及年光(以上舞曲)。

白纻歌
(明)李贞

吴娃二八罗縠轻,皓腕玉指弹秦筝。
七盘一曲四座惊,垂手顿足如有情。
左按右拍旋风生,纤尘不动念态情。
可怜一顾倾人城,盛情不再西日倾。
常恐零落悲秋英,及今踏歌莫停声。

白纻词二首
（明）郑学醇

其 一
姑苏台上春日长，百花洲畔春花芳。
昼欢未足夜筵张，华灯灼灼舒红光。
云屏锦帐兰蕙香，横箫挟瑟出幽房。
朱唇宛转发浩倡，余音袅袅浮雕梁。
金壶滴月流西方，酣歌缓舞殊未央。

其 二
天河荧荧横鹊梁，阊门半启秋风凉。
吴娥窈窕斗华妆，越罗楚练蒙素襀。
促樽合坐飞瑶觞，樽前起舞摇明珰。
引商激羽声琳琅，含情托意一何长。
东江月出西江光，芙蓉露下杨柳霜。

白纻词六首
（明）黎景义

其 一
桃花发，柳叶蓊，苎罗山畔采薪女。
渌水不歌歌白纻，飘飖罗縠随声举。
红颜窈窕绝世微，少年青春朝露晞，
香车驷马莫言归。

其 二
姑苏台上春飔和，馆娃宫中春酒多。
美人二八扬青蛾，为君引满玉颊酡。
须臾激楚蠡朝霞，一声翻落庭前花，
借问承欢有几家。

其 三
白纻之白白何如，当筵起舞为欢娱。
琴瑟钟鼓箫簧竽，应节轻盈妙疾徐。
转雪回风长带舒，忽然垂袖停踟蹰，
含情忍泪欲何须。

其 四

芙蓉如绣柳如烟，吴娃越婢纷留连。
舞衣绰緆催管弦，惊鸿翔燕何翩跹。
丝萝乔木恩极天，远期万岁乐延年，
不惜歌舞侍琱筵。

其 五

手中簧冷为君煖，嚼徵含商清且远。
鹤来凤下行云卷，流水潺湲情不断。
乌啼城上铜龙转，西方月明低款款，
行乐不遑秋夜短。

其 六

越罗楚练秋云轻，环佩葳蕤兰蕙馨。
娇娆十四已知名，可怜一顾倾人城。
月影花间下辇迎，含羞掩扇难为情，
愿作平原双慎令。

这些白纻歌全都围绕"吴宫"主题,尽管都写得珠圆玉润,情调悠扬,但模仿痕迹很重,诗人们竭力想象吴宫的种种景象,极力铺陈描写,但总让人感到感情投入不深,既没有六朝时少年般的新鲜华艳、妖娆靡丽,也没有唐代的款款深情、美刺讽咏,同时也缺少宋人的本真与闲适。明清白纻歌大量描写"吴宫"主题,说明诗人们在情感深处认同白纻歌乃是古代吴歌之一种,但诗歌思维趋于一致,诗歌构思产生惯性,诗歌结构模式化,诗歌内容雷同化。不过,在传统题材的笼罩下,也有少数诗歌拓展出一些新意。上引第一首《白纻歌》最后四句"宫中门户多无数,君恩反复日几度。明朝重着舞时衣,心中已道不相宜",就颇能平中见奇。宫中美人要赢得君王持久的欢心,既要和别的宫女美人钩心斗角,又要和时间抗衡,努力保持美好的容颜,这是白纻歌中常描绘的美人心理。但此诗往前拓展一步,这位美人想到了"君恩反复",君王的恩情反复无常,捉摸不定,无论自

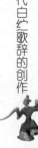

己怎样承欢侍宴，曲意逢迎，都不能保证君王永远宠爱自己，就像自己今天喜欢华丽的舞衣，明天可能就不再喜欢一样，即使明天重新穿在身上翩翩起舞，但心中明白，这舞衣的款式已经过时，准备新换舞衣了。由己推人，想到君王身边成千上万的美人都在争宠示爱，想到君王的喜新厌旧反复无常，她不禁悲从中来，对未来充满莫名的恐惧。从今天的视角看，这首诗上升到人性的高度，它已经不是在批评君王的寡情薄恩，也不单是同情美人的色衰见弃，而是抒发了命运的不可把握，有一种深沉的悲痛隐隐贯穿始终。而黎景义的《白纻词六首》在结构上也颇具特色，其一相当于引子或序曲，描写少女西施在故乡苎罗山下的自然山水间的劳动与生活，意在歌咏西施天生丽质，与其后五首吴宫歌舞生活形成鲜明的对照，很像电影中不断闪回的蒙太奇镜头。这组诗巧妙地勾连起山水与宫廷、自然少女与宫中舞女、天真烂漫与九曲回肠、今朝行乐与内心惶恐等之间的矛盾，并在两者之间达成微妙的平衡，因此拓展了白纻歌的时空跨度，扩大了白纻歌的艺术容量。

第二，元明清诗人对白纻歌和白纻舞歌的区别有比较明确的判断。唐代只有寥寥几首白纻歌的舞曲歌词，宋代只有杨万里一人写过《白纻歌舞四时词》，而且有些名不副实，名虽曰舞，实际上和舞没有多少关系。明清诗人在诗题上明确了白纻歌与舞的分别，尽管在诗歌内容上歌与舞的区别往往不是非常明显，但毕竟注意到白纻歌与舞的侧重点不同，虽多为悬想、模拟之词，然也似乎说明白纻舞或继承白纻舞的某些表演形式在民间可能仍偶有演出。

白纻舞歌
（明）李攀龙

其　一

华镫参差月舒光，笛箫笙竽琴瑟张。
馆娃窈窕夜未央，西施起舞属吴王。

《白纻》飒沓零繁霜,浮云绰约凝且翔。
将绝复引歌为长,回身急入促管藏。
扬跗摩跌匝洞房,流风徘徊生绣裳。
答桴应节蹈鼓行,挺钗欲堕复不遑。
罗袖缭绕满中堂,与志变化无恒常。
诸工竞写忽已忘,迁延就次进羽觞。

其 二
二八齐容罗象筵,《激楚》之结独秀先。
《白纻》萧索阳春前,回风飞雪相流连。
玉腕缭绕萦繁弦,朱唇宛转含蹁跹。
将行复却私自怜,愿君蹋歌及盛年。

其 三
春日荏苒花落英,吴姬起舞媚前楹。
回身顿趾迅且轻,纤尘暗暧不及生。
投袂一转《激楚》成,徘徊复进为新声。
二八敛手停鸣筝,中曲再变豪竹惊。
如矜若怨意未明,余姿逸态犹纵横。
妙技绝世色倾城,谁能顾眄感人情?

其 四
双袖徐起若有思,逸态一放横难持。
淫衍诘屈纷陆离,流纵曳縠风委迤。
萦尘逗节利屣施,纤形赴曲影不知。
纤腰欲结行缀移,众变沓至生繁姿。
踌躇中止人尽疑,浮腾绝迹称神奇。
游精荡志君自治,大乐万岁远如期。

白纻舞歌
(明)胡俨

其 一
锦筵银烛照樽俎,丝竹悠扬荐芳醑。
美人醉来白纻舞,红袖低垂娇不举。

其 二
玉佩丁东罗袂红,纤腰对舞绮筵中。
落花宛转萦芳丛,密雪飘飘回晓风。

白苎舞歌
（明）黎景义

馆娃宫中白玉堂，朱门翠钥金仓琅。
木难帏幕火齐床，暖风微微沉水香。
西施起舞白苎扬，裾袂掩映零秋霜。
萦尘集羽纷相羊，旋武凌霞响靡廊。
满庭击节和鸣珰，轻埃不起清且凉。
雾鬟侵眸流绿光，纤肢百转如垂杨。
疑随彩云天际翔，将阑复作态非常。
徘徊转盼属君王，华烛频更欢未央。

白纻舞歌诗
（明末清初）邝露

其 一

韶风澄涤霁金堂，椎钟展苓鸣篪簧，
天翟威凤敛翳皇。绛树徐起召阳阿，
翠帔飘摇垂绿罗。织雪为袍裂作巾，
玉腕便旋泛无尘，旸若潏渊浮烛银。
流散熠耀充雕楹，翔鹄乍止琼树莳，
倏如惊飙驰白霓。钘山苹泽飞雪来，
夭矫莹洁明河颠。玙情瑾睐暧当人，
瑶池珠泽绕筵生。紫空接景布流光，
琳璃浩叠心飞扬，尽神以舞安可忘？

其 二

掺傀人袂游其宫，璃花宕晖日照容。
回鸾荣尘独秀先，折腰翘袖施婵媛。
光耀杂沓阒斑璘，扬蛾促蹋态无方。
将却复引谁目成？鸿惊未陟浮云翔。
参差下上翼屡平，如矜似慕娴若疑。
丛兰冲风不胜枝，流虹走电瞬难谐。
联组万规出入其，偕志曼衍勤变化，
四座欢跃谁能持？

其 三

二八端容结妙音,办球比籁酬凄清。
蕨姑属舞态仙仙,投节赴曲纤形颜。
雯征霙坠齐纷翻,似断欲连相续环。
娇怨诧笑繁生仪,精发新声媚弦歌。
旋流惊风醉明霞,长喻细袅回轻波。
翕如春林拚宵光,随手拨散凝复行。
蹈繁扞促均翱翔,瞰月晃朗度银潢。
迅捷转忽藻若神,垂珰锵玉不敢鸣。
今日《白雪》和《阳春》,音容万化如合并,
欢来何盛伤人心。

其 四

春云薄霭林初晖,秋兰被砌华露璀。
悲弦亮管月入帷,丝竹未御心先摧。
含情起舞属君思,杂沓应歌折且游。
送盼流精凤将雏,中缓颓立写怨疑。
光风乍息偃复翅,离合清曙飘晨熹。
朝云断续光淋漓,徘徊思鸟翔且徐。
忼慷转侧不能留,音度袂转良辰移。
春花已尽秋兰萎,但愿歌舞无别离。
芳年昭质远如期,千秋万岁心相知!

从这些命名为"白纻舞歌"的诗歌中能够看出,其重点是对舞女舞姿舞容的描写。总体而言,这些描写尽管很生动,甚至舞蹈场面飒沓缤纷,令人眼花缭乱,但无论是其新奇惊艳的艺术性还是其心理刻画的深度均没能超越六朝,而且像邝露的诗歌还用了不少生僻字,抒情的流畅性受到阻断,更是影响读者对白纻舞原本具有的行云流水般艺术本质的欣赏。但是我们也要看到,明清诗人对白纻歌、舞概念的区分和理解是一种历史的进步,诗人们把握住白纻歌舞的主体是舞而不是歌,对舞姿、舞态、舞容、舞台变化的细致刻画,塑造了较为生动的舞台人物形象,其结果就是白纻歌舞的情节得到加强,这也应当与当时戏剧发展繁荣的现

实有关。这些描写被注入明清时期的审美观念,六朝时对新奇惊艳的追求已让位于明清时对悠久传统的咀嚼与回味。本来,白纻舞注重抒情,情节在白纻舞中是次要的、辅助性的因素,现在,白纻舞在一如既往保持强烈抒情性的同时,因为舞姿舞容的大量展示而强化了其曲折多变的情节,诗的叙事功能仍不突显,但白纻舞的戏剧性成分越来越多,演出时间越来越长,呈现舞蹈、戏剧融合之势。所以我们认为这是当时戏剧发展与白纻歌舞创作相互影响、互为因果的产物(图六十一)。

第三,这一时期诗人全面模仿六朝白纻歌的各类形式。首先,元明清的白纻歌绝大多数都以组诗形式出现,而且2—7首数量不等,极尽华丽铺陈之能事。上引诸诗也多如此,再如明王廷陈《白纻辞》:

图六十一
明代戏曲舞蹈窗雕

其　一

高堂邃宇施翠帷,兰膏明烛散朱辉。
二八接武步舒迟,被服姣丽光陆离。
弹筝鸣瑟商羽移,喜溢欢忺不自持。
转盼含嬉属所私,累觞劝君君自知。
主人既醉客不辞,烛灭缨绝珠履遗。

其　二

朝露未晞夜霜零,众芳凋歇鹧鸪鸣。
逝者如斯不复停,人生百年命忽倾。
为君秉烛纵游行,三星在户参差明。
腾觚飞爵何纵横,垂罗映縠耀朱缨。
众中不言怀隐情,色授神驰流目成。
士女杂坐交和歌,斗转参横奈夜何。

其　三

投君汉滨之玉佩,献君洛浦之明珰。
感君提携祝寿昌,舜日尧年乐未央。
为君楚舞纨袖扬,乍开乍合低复昂。
矫若白鹄云中翔,雕楹绮阁回素光。
竽瑟会节间笙簧,乐极悲来起彷徨。
共指皎日轮肝肠,乌白马角誓不忘。

其 四

吴歈蔡讴调不同，众伶合作如一宫。
流郑激楚溯回风，姱姿修态纷追从。
人声丝竹各竞工，燕赵齐秦射代供。
曜灵西藏曲未终，繁灯列炬亘筵红，
皎如初日辉帘栊。

其 五

娱酒沉歌费白日，绝代佳人何可失。
若恋似矜态非一，持觞递进娇相迫。
左推右引侠气溢，簪珥堕落宁复索。
文窗朱缀开洞房，锦衾瑶席施象床。
五色杂组系流黄，复帐中薰百和香。
层轩曲槛俯回塘，鸳鸯䴔鹈罗成行。
生丁盛世福运昌，四时为乐允无疆。

从诗意分析，这五首诗歌乃是写一整夜的白纻舞演出。第一首从"兰膏明烛散朱辉"开始到"烛灭缨绝珠履遗"结束，是初夜的一场完整的白纻歌舞。第二首从"三星在户参差明"开始到"斗转参横奈夜何"结束，是深夜的另一场歌舞。人物的神态也从首场"转盼含嬉属所私，累觞劝君君自知"的少许克制转变为第二场"众中不言怀隐情，色授神驰流目成"和"士女杂坐交和歌"的无所顾忌、放浪形骸。第三首没有明确的时间概念，可以看作对第二首"士女杂坐交和歌"的具体展开，看起来好像是一对对男女对天发誓永远相爱直到天荒地老，实际上都是为放纵肉欲而逢场作戏。第四首好像是谢幕时的大集合，人影杂沓，丝竹纷繁，场面富丽堂皇，缤纷热烈，其实这既是高潮又是落幕。第五首是事后的追叙，少了当时的热烈，多了酒醒后的省思，仿佛一位男主人公在独自回味当时的艳遇，不禁又心神不宁起来，当然最后还为自己堕落的欢愉找到一个冠冕堂皇的理由"生丁盛世福运昌，四时为乐允无疆"。组诗的频繁出现，必然带来白纻歌叙事情节的增强，虽它们和真正的戏剧尚有一段距离,但其戏剧性因素增加却是不争的事实。

其次,大规模标明模仿、续作晋白纻歌、鲍照白纻歌、梁白纻歌、白纻四时歌,这种现象一方面说明中国传统诗歌发展到元明清时期,体裁、形式创新的路子已经走到尽头,但一时又找不到更好的替代方式,另一方面也说明传统诗歌形式在总体僵化的背景下尚未耗尽局部活力,仍然可以作为文人士大夫遣兴抒情的主要选择。如明于慎行《白纻舞歌晋体》:

兰膏明烛秋夜长,齐讴秦吹响洞房。
二八徐舞为仙倡,纨袖拂面飞朝霜。
游龙宛转双雁行,如却复进低且昂。
朱唇妙响含宫商,凝娇流态不可详。
弦悲管急欲断肠,人生百年如电光。
春华未落秋风凉,盘中美酒琥珀香。
凤腊麟脯充圆方,君今胡为不尽觞,
生逢圣世乐且康。

明郭之奇《续晋白纻舞歌诗》:

舞衣乍着双罗飘,却步帘屏近且遥。
呈躯欸举意盈饶,翔止低昂颜矜骄。
疾徐生节鸣佩瑶,宛转长褕称身腰。
进从飞鸟翼回飘,退旋秋水袜轻漂。
明明如月向风摇,下上流华云所招。
云风忽止倚羞娇,半发朱唇兰气敲。
回眸挥手助笙箫,掠鬓将前众企翘。
四座光临不敢罢,随其所见目成挑。
掌上当年疑汉妖,白纻歌章有晋谣。
凡百君子乐清朝,观舞能言友宾佻。

于慎行、郭之奇都是明朝后期朝廷大臣,当时也都诗名鼎盛,但这两首模仿《晋白纻舞歌诗》都写得中规中矩,乐而不淫,哀而不伤,这固然与晋体白纻残留的娱神等原始功能有关,更与作者以"君子"心态进行仿拟关系密切,作者得处处留心,适可而止,防止滑向宫体诗的靡丽,因而很难直击人心。

于慎行还有《白纻辞鲍照体》三首:

其 一
雕轩洞户组帐悬,垂珰结佩舞少年。
凝眸欲笑却复前,鸣弦激管流芳烟。
惊鸿乍散白鹄旋,如矜若怨姿变迁,
低鬟拂袖私嫣然。

其 二
月横星高四壁寒,秦筝激响赵瑟弹。
满堂霜雪飞罗纨,含宫咀徵曲未阑。
杳然流目意楚酸,春华委谢秋露泮,
君今不采谁为欢。

其 三
张曲筵,陈芳醑,月下妖童白纻舞。
弦悲管促双袖举,桃花水边三月雨。
吴宫乌啼明星微,西风拂幌木叶飞,
堂上烛灭君宁归。

与鲍照原诗相比较,于慎行这三首诗氛围、情调都与鲍照极其相似,唯一不同的是改换了主角,鲍诗明确"荆王流叹楚妃泣",咏霸王别姬,而于诗易为"吴宫乌啼明星微",叹吴王西施。咏叹主角的变动在作者也许是出于无意,但泄露了作者的潜意识。在作者脑海深处,他所模仿的其实是李白、元稹等人的唐之白纻歌,而形式上却蹈袭六朝白纻歌。这说明处于高峰期的唐诗给明清诗人带来了巨大的压力,他们不敢与唐人正面交锋,只好与六朝诗人在诗歌形式上争胜。

明杨慎曾创作过两首《梁白纻舞歌》：

其 一

仙人六著帝台棋。高张洞越吹参差，
二八递代三商移。含娇客彩冈容仪。
流云不度华星迟。炉火九微镫九枝。
腾觚飞爵朱颜怡。传空引满客忘疲。
满堂不语心相知。

其 二

英英白纻雪色光，机杼出自寒女房。
裁作舞衣双袖长，吴娃魏粲自相将。
宛转顾步双鸳鸯，俨若星月舒其芒。
发如结旌体如翔，秋药被风兰袅香。
回身再拜捧瑶觞，千秋万岁侍君王。

杨慎可谓明王朝第一博学之士，该诗题后原有小注："方云虽使沈约复生亦当心服。"不知小注中的"方"氏确指谁，但他的这句评点可谓精准。杨慎在明代的地位相当于沈约在南梁的地位，都是当时的文化领袖，梁白纻歌的代表作就是沈约的《四时白纻歌》，杨慎拟作两首《梁白纻舞歌》无疑是以沈约为标杆和对象的。这再一次证明明人有意避开唐诗锋芒而选准六朝诗人作为自己比拼的对象。不过，就诗意看，沈约的组诗乃是应梁武帝之命而作各诗前半段，后半段由梁武帝续作，虽然没有什么社会意义，但是题旨集中，深情绵邈，杨慎的拟作自有传神之处，如"传空引满客忘疲。满堂不语心相知"，引而不发，令人心旌摇荡，但杨慎的社会责任感可能没有用对地方，在以宫廷宴乐为主题的白纻舞歌中，突然插进"英英白纻雪色光，机杼出自寒女房"这么两句，也许诗人暗含讽喻劝谏的念头，其情可悯，但无意间破坏了整首诗协调的氛围。所以就诗论诗，"方云虽使沈约复生亦当心服"这句话可能稍稍抬高了杨慎。

明人更喜欢拟作四时白纻歌。前引孙蕡《吴宫四时白纻词》，其他像李云龙《白纻四时歌四首》、胡应麟《白纻四时词四首》、徐熥春夏秋冬《白纻曲四首》。现分别移录于下：

李云龙《白纻四时歌四首》：

其 一

华堂日暖花气薰，舞衫初试春山云。
弦娇管催中欲焚，流盼将心送与君。
鸳鸯生在天池上，双宿双飞谁忍分。

其 二

渐台阴阴云作峰，睡屏掩映红芙蓉。
枕郎右臂侧向东，鞋弓蹴荐理新腔。
梦回香汗沾罗袖，唤取桃红扇底风。

其 三

西风鸣条暮山紫，露花夜落芙蓉死。
筵前烧烛照秋空，河汉茫茫天在水。
为君更唱舞罗衣，歌长酒多君莫归。

其 四

雕帘绣幕流霜气，一片氍毹铺地底。
围炉炽炭烧肥羊，醉倒君怀娇不起。
与君愿托青松枝，百岁根株长不移。

胡应麟《白纻四时词四首》：

其 一

东园桃李争春阳，美人如花簇华堂。
弯弓舞袖搴罗裳，沈香亭北春茫茫。
东风吹歌绕画梁，回眸一盼神飞扬，
我醉欲眠黄金床。

其 二

南原日长蝴蝶飞，朱楼画阁临芳池。
美人含娇拂罗衣，歌喉宛转浮云驰。
流商刻羽知音稀，纤腰起舞光陆离，
我醉欲罢黄金卮。

其 三

西堂雨霜胡雁来，中天皎月璃云开。
纤歌过云夜徘徊，美人击筑秋风哀。
华阳碣石俱蒿莱，荆卿渐离安在哉，
我醉欲上黄金台。

其 四
北风萧萧撼陵谷,白雪飘花满平陆。
何处阳春斗歌曲,云锦缠头舞鸲鹆。
美人修蛾无矜粟,素手垂垂照寒玉,
我醉欲买黄金屋。

徐熥春夏秋冬《白纻曲四首》:

春日白纻曲
辛夷半落桃花开,金羁宝瑟上春台。
佳人倦倚阑干曲,两两黄莺飞相逐。
夏日白纻曲
绿池风来菡萏香,临流照影见妍妆。
隔花忽听郎歌调,自取齐纨障巧笑。
秋日白纻曲
庭槐初落秋气深,月中玉腕捣清砧。
东家倡妇恣行乐,酒阑更说罗衣薄。
冬日白纻曲
玉肌起粟寒相侵,金壶美酒对君斟。
麝兰香气罗衾满,夜长转觉氍毹煖。

值得注意的是,这三组四时白纻歌都没有明确的歌咏主题,只是泛泛地歌咏男女恋情,它们集中了六朝以来与白纻歌情调相似的许多恋情题材,裁取化用唐诗宋词中的一些名章隽语,按春夏秋冬时序分章而歌。尤其是胡应麟的《白纻四时词四首》,更是精心结撰的游戏之作。如果孤立地看这些诗歌,均有引人入胜之处,一旦放在诗歌史上考察,情形立刻大变。这些四时白纻歌基本上沉溺于传统而不能自拔,鲜有意境的拓展和思想的升华。

上述各类白纻歌多以组诗形式出现,除诗人们与前代诗歌争胜心理之外,怕也不能排除同代诗人一争高下的心理。这两种心理都是推动艺术发展进步的动力,但争强好胜的心理一旦过头就会变成负担,成为艺术进步的阻力。大家抛却最初的真情实感,竞相模拟,在技巧和辞藻上争一日之短长,炫耀自己的才华,而诗歌越来越脱离实际生活,成为无根的浮萍,诗歌新鲜的质素越来越少,逐渐苍白无力,这也从一个侧面反映了明代诗人总体创造力的孱弱。现在以这种眼光回过头来,打量一下元代为数不多的几首白纻歌,倒让人有点新的感受。

白苧曲送朱元长之胶州同知
(元)陆仁

白纻皎皎净凝华,皎如明河流素霞。
想当浣濯蹋江沙,江水青青兰紫芽。
金窗无人思绰约,裁作春衣使君著。
使君有行隔千里,流飙莫遣车尘起。
车尘起,浣白苧,愿君服之保明洁,
载歌《白纻》与君别。

雪轩高士以白纻制服作歌戏赠
(元)周权

经冰纬玉纷纵横,三盥寒露方织成。
晓机裂下不敢玩,一道雪瀑来中庭。
天然精洁不可浣,犀熏麝染惭吴绫。
制成素服轻于雪,雅称仙官锵佩玦。
星斗离离夜插橡,高兴飘飘白银(一作云)阙。
乘风便鞚紫鸾车,琼箫吹落蓬莱月。

答甘允从寄海东白纻
(元)虞集

海国练衣雪色明,寄将千里见高情。
著随野鹤浑相称,行近沙鸥亦不惊。
江露满船歌醉起,炉烟携袖忆诗成。
秋风游子偏愁予,谁采芙蓉共晚晴。

白苧词
(元)王士熙

窄衫裁苧清如水,踏茵起舞云层层。
纤手宛转拂轻燕,画鼓逐拍凉州遍。
长衢蹀躞去马蹄,五更残月闻莺啼。
谁能不思更不忆,独倚朱门望云立。
庭前碧树垂晚花,来禽熟时郎到家。

白苎词送孟季成崇明同知
(元)张端

歌吴歌,舞吴舞,吴儿蹋浪鸣双橹。
春风衮衮送行舟,新除使君衣白苎。
君衣一何素,娟娟照青年。
飘摇举长袖,亦足相回旋。
白衣之白白于鹭,看时莫使缁尘污。

歌白苎
(元)李仲南

娇如花,美如玉,越溪女儿十五六。
光风入帘睡初足,起画修眉远山绿。
飞香走红三月心,一声白苎千黄金。
高堂客散灯火深,醉鬓斜钗夜沉沉。

和陆放翁白苎词
(元)陈泰

美人独宿青楼空,素烟不断杨柳风。
含情脉脉剪刀里,一片湘江明月中。
去年秋机织双杼,裁寄征夫送寒暑。
望断辽阳信不归,长夜停梭听鹦鹉。

白苎词
(元)傅若金

白纻白,白如霜。美人玉手亲自浣,
制作春衣宜短长。春衣成有时,远行归无期。
愿君着衣重爱惜,风尘变白能为黑。

陆仁与张端二人的诗都是送友人远赴异地为官,做知州的副职同知,他们的构思是相同的,以白纻之白喻人格操守之清白,一曰"车尘起,浣白苎,愿君服之保明洁",一曰"白衣之白白于鹭,看时莫使缁尘污",都是希望朋友不要为腐败的官场风气所污染,而要持身清正。周权和虞集两诗均题咏白纻衣,周诗着重描写制作白纻衣的艰辛过程、白纻衣衣料的珍贵,虽名曰"戏赠",实际上饱含情感,反映了作者高雅的情操、高洁的志趣。虞诗是为答谢友人从远方寄来白纻衣而作,诗风清雅,感情清真,境界清华,虽没有多少社会意义,但自是真情流露。其他几首白纻歌虽然也是和作或模仿之作,但都轻盈纯净,颇有民歌风味。与明代动辄一大串组诗相比显出其价值的可贵。两相对照,似乎还能得出这样的推论:一是好诗要选准一个好的支点、落脚点。这个支点、落脚点来自于日常生活,并且需要作者敏锐地抓住日常生活中所蕴含的诗意。二是诗可以写得清浅,但不能臃肿,不要企图在诗歌中塞进多余的思想或意义。

与明代白纻歌相比,清代白纻歌创作同样没有多少值得称道之处,数量不多,内容、形式、风格均继续沿袭明代。如陈恭尹《四时白纻歌五首》:

春白纻

新林生叶花交飞,珠帘初日流素晖。
洞房夜烛光力微,起舞君前歌露晞。
宛如游龙翩如鸿,骨柔态变不可终,
高举长袖云回风。凤文双履金缕衣,
长跪为君擎玉卮,芳年逝者已若斯。

夏白纻

草萤本质昔已枯,化身今比明月珠。
飞君华堂缀交疏,何况贱妾不肖躯。
能歌巧笑工步趋,长眉的皪承清眄。
不敢自许众道殊,幸离下土升阶除。
云房别馆如天居,奉君颜色今夕初。
秣君驷马豆以刍,醉君吏士人石醑。
愿因微风达区区,昼长夜促乐斯须。

秋白纻

素衣轻举襫袿红,朱唇不动音微通。
如骄似怨不自容,翩若芙蕖秋被风。
轻弦细语传纤手,寄心赠君君不有。
白云东下雁南飞,令颜一去不复归。

冬白纻

氍毹匝地朱复殷,鸣环顾步何姗姗。
文犀约臂辟重寒,含声未吐气若兰,
左顾右盼生光澜。堂上清歌林外啭,
积雪遥光凝玉面。双心一意俱回旋,
百媚邀君流一眄,千秋万岁非所羡。

夜白纻

天阶璧月霜始凝,玉绳西倚银汉横。
杯疲客醉不自胜,佳人含笑烛下兴。
垂辉振彩四座惊,轩轩忽若朝霞升。
人生快意不在他,高贤嘉会酒且多。
秦箫激越齐瑟和,日月逝矣如流波。
永夜如年君弗歌,百年如夜将奈何。

王邦畿《白纻辞》:

满天明月花欲光,朱颜绮陌草欲香。
歌声婉转夜何良,千尺高竹来凤皇。
翩翩双袖金凤翔,抑之不下高不昂。
白云为衣水为裳,流盼忽及心不忘。
佳人变化何太神,光华软玉能屈信。
盈盈独立如停云,胡然疾转如轻轮。
明珠十乘夜照人,桃花李花当青春。
嘉宾满座酒满罇,今日之乐难具陈。

屈大均《白纻曲》:

翠幌开春夜,琼楼敞碧天。
美人似明月,飞过彩霞边。
举袖当花客,扬歌应凤弦。
芳心君不见,徒为拾珠钿。

再如牛焘《拟四时白纻舞四首》：

其 一
雁行斜倚十三弦，朱弦玉柱罗象筵。
娇喉逐莺啭，茜袖迎风翩。
柳腰不如弓腰软，踏尽阳春落花天。

其 二
清歌入拍起旋娟，飞管促节舞少年。
香尘萦宝袜，飞絮湿钿蝉。
鱼沉雁落惊风雨，贴地凌波步步莲。

其 三
商声哀怨转愁颜，短歌留目未肯前。
鞋尖浑无力，蛾眉澹秋烟。
含思宛转恨绵绵，青春一去不复还。

其 四
转愁作娇舞衣寒，含笑一转私自怜。
云裳撩翠䙓，锦袖拥翅鬟。
回眸立见黄金赐，罗衣纷纷雪花砖。

但清代白纻歌创作值得注意的有以下两点：一是边地诗人较多，邝露、陈恭尹、王邦畿、屈大均均为广东人，牛焘是云南丽江人，且陈恭尹、王邦畿同为"岭南七子"，屈大均、陈恭尹和梁佩兰又并称"岭南三大家"，"岭南七子""岭南三大家"都生活于明末清初，思想相近，都有抗清复明之志，壮怀激烈，失败后多隐居不仕，寄兴诗文，"白纻歌"大约为他们人生后期所作，相互之间可能互有影响。再联系明末将领、长期作为袁崇焕幕宾的诗人李云龙也是广东人的事实，似乎可以推定，他们的人生际遇与白纻歌的情调相距甚远，他们创作白纻歌实际上是对人生苦闷的排遣。也就是说，他们的人生取向和艺术趣味并不一致，不能简单地将二者画上等号。二是音乐家参与创作"白纻歌"，牛焘既是诗人，也是音乐家，一生沉沦下僚，沉醉于吟诗弹琴。牛焘这组诗前有小序，解释了自己创作《拟四时白纻舞四首》的动因：

"梁武帝白纻舞,词曰:朱弦玉柱罗象筵,飞管促节舞少年,短歌留目未肯前,含笑一转私自怜。帝命沈约改为四时白纻歌。沈诗余未得见。因爱此词妍丽,演为四时四首,用原词一句叠之。"第二首为解释"旋娟"还有一个小序:"唐法曲多制成十二遍,前六遍有歌无舞,至第七遍名入拍,舞者始起。又燕昭王时广延国献舞者二人,一名旋娟,一名提模。"这组诗歌体现了一位民间音乐家对白纻歌舞的理解,在历代"白纻歌"中别具一格,其中提到的"雁行斜倚十三弦""清歌入拍起旋娟""商声哀怨转愁颜"等,对我们今天复现白纻舞很有启示意义。

颇为可喜的是,明清时期出现了少数女诗人创作"白纻歌"现象。朱妙端有一首《白纻词》:

> 西风肃肃天雨霜,馆娃宫深更漏长。
> 银台绛蜡何煌煌,笙歌劝酒催华觞。
> 美人起舞雪满堂,清歌宛转飞雕梁。
> 君王沉醉乐未央,台前月落天苍苍。

这《白纻词》清新雅丽,写景抒情词气平和。朱妙端(1423—1506年),字仲娴,又字令文,号静庵,海宁(今属浙江)人,著有《静庵集》。朱妙端博览群书,善吟咏,明成化、弘治年间颇有诗名。《玉镜阳秋》评论说:"上方古人,可接李清照、郑允端之武;下视近代,颇出陆卿子、徐媛之右。"清王士禄《宫闺氏籍艺文考略》引《碧里杂存》:"静庵博学高才,遗文垂后,才识纯正,词气和平,笔力雄健,真闺门之懿范,女德之文儒也。"

屠瑶瑟(1572—1600年),字湘灵,鄞县(今属浙江宁波市)人,明代文学家、戏曲家屠隆之女。屠瑶瑟著有《留香草》一卷,事见《明史·艺文志》。她留有一首《春日白苎词》:

> 条风吹花花拂筝,上林宫柳闻啼莺。
> 日暖高台栖落英,翩跹粉蝶双翅轻。

梨花细雨不胜情,夜月宝瑟杳无声。
游人连袂出东城,杏衫榴裙挟玉笙。
贱妾不言泪暗倾,别恨萦牵羞独行。

这首诗的意境与晚唐韦庄小词《少年行》非常接近,很可能是她少妇时期真实心情的写照。但一想到这样一位富有才情的女子29岁就香消玉殒,不能不令人痛心。

清代才女徐德音也有一首《白纻歌》:

羲和六辔回苍龙,长红小白纷作丛。
纤枝绰约随流风,翩翩冶态如惊鸿。
一寸眉峰晕春碧,酒潮欲上莲腮赤。
热心拟化百枝镫,长倚君王照瑶席。

徐德音(1681—?)约生活于清乾隆年间。字淑则,大家闺秀,钱塘(今浙江杭州)人。好学,精《文选》,浏览百家,至老犹坚持日阅书一寸。尝客南京,为袁枚诗弟子。《续修四库全书总目提要》高度评价徐德音,认为她是有清一代第一闺秀诗人。的确,徐德音的《白纻歌》虽然也只是在传统里打转,但能以健笔写柔情,清新脱俗,别开生面。

在元明清800多首咏及白纻的诗歌中,95%以上是"白纻歌"或"白纻衣"意象,说明这一时期民间比唐宋时期更加广泛地传唱白纻歌,更加风行穿着白纻衣(衫)。其中有几点值得特别关注。

首先,白纻歌不断有新曲推出。

寄皇甫子循佥事

王世贞

籍甚时名在,翛然晚境长。
五言唐大历,群从鲁灵光。
白苎多新曲,青袍少旧行。
近闻宽胜事,箫鼓出横塘。

许顺叔自吴门入蜀，无所遇。
复游楚访余，秋夜邀酌钟楼话旧，漫赋
邓云霄
吴楚相期动隔年，重逢怀抱转凄然。
悲秋已过黄花节，按曲新裁白苎篇。
万里烟波冯子铗，一床书画米家船。
湖南山水堪图咏，知汝行囊有蜀笺。

乙卯闰中秋，同林愚庵、钟柱明、族兄玉宇集袁伯益江上园亭，
泛舟弄月，醉后留宿时呼琵琶伎不至，但雅歌清谈而已
邓云霄
商调重裁白苎词，中秋两度快传卮。
爱他月朗江清处，不怕风高露重时。
溟海好投任氏钓，蹄涔堪笑习家池。
望来空水连南斗，乘兴沧江任所之。

从"白苎多新曲""按曲新裁白苎篇""商调重裁白苎词"等诗句中，窥知明人喜创制白纻新曲，而创制新曲亦非凭空臆造，而是"按曲新裁"或"商调重裁"，推陈出新，有本有源，脉络清晰。这一事实颠覆了通常印象中明清时期只是重复前朝白纻歌的观念。

其次，白纻歌不仅被人声传唱，而且被之管弦。

答赠谷明府嗣兴
王世贞
蚤闻垂橐大江还，谢病春深薜荔关。
岂为避仇之海上，欲留题句满人间。
樽前白苎空矜调，镜里黄金可驻颜。
我亦元龙无客礼，云门碧树许谁攀。

过清源李宪使宴作
王世贞
河山初执手，天地一掀髯。
月拥齐藩节，霜回汉使幨。
宦途乡语细，军令酒杯严。
白苎调歌管，青衣度舞帘。
香抄云子饭，洁称水晶盐。
笳鼓行营急，兰膏北海淹。
金吾应不怕，为许夜厌厌。

"樽前白苎空矜调"就是人声清唱白纻歌以为酒宴助兴,"白苎调歌管"就是用笙笛之类管乐器吹奏白纻歌的调子。而六朝白纻歌给人的印象是,舞女在跳白纻舞的时候自己在唱白纻歌,载歌载舞,规模庞大的乐队则以各种乐器合奏配合舞女歌舞。"白苎调歌管,青衣度舞帘"则表明身着青衣的舞女腰肢柔媚,以曼妙的舞姿从绣帘之内款款而出,而乐工则吹奏白纻歌调,和谐地配合着舞女演出。

再次,在上千首白纻歌中,唯一一次出现"白苎机"。

园居二首(其二)

张元凯

买得钓鱼矶,依然昼掩扉。
小窗摊蠹简,斜日晒牛衣。
亭子乌皮几,山妻白苎机。
柴桑不开径,彭泽敢言归。

张元凯是明代中期诗人,吴县(今江苏苏州)人,在世时诗名不彰,《四库全书》评价他"其诗大抵推陈出新,不袭窠臼,而风骨遒上,伉壮自喜,每渊渊有金石声。所作《西苑宫词》《静志居诗话》,谓其高出世贞之上。他如《北游》诸律,亦多不失矩矱。盖其才华本富,又脱屣名利,胸次旷夷。故当琅琊、历下之派盛行,而能不囿于风气,宜世贞之心折不置矣"。这首《园居二首》当是作者闲居田园时的写实之作。"亭子乌皮几,山妻白苎机"如实地描绘了家居生活,"白苎机"就是他的妻子日常纺织白纻的织布机。上节提到宋释居简《白苎歌》中也写道"经纱才上机,梭飞玉攕攕。怕君寻春迟,落机宽裁衫",明人范宗晖《谢赐衣》也写道"吴蚕作茧缲车鸣,机中白苎新织成。高堂捧出绮丽生,光彩夺目四座倾。并刀裁就迭雪轻,华裙曳地稳称情。我歌白苎翻新声,移商换羽曲调清。君不见夷门嬴,三千人中身独荣。信陵当日倘未遇,安得千古遗芳名"。三首诗前后辉映,但释居

简、范宗晖毕竟没有直接点出"白苎机"。在历代上千首白
纻歌中,仅张元凯唯一一次写出"白苎机",实属难能可贵。

复次,明、清诗人多次咏及"白苎城"这一特指名称。

送董春水返云间
(明)何淮道

春风动庭树,之子又孤征。
鼓枻况香浦,归吟白苎城。
别愁人易老,古调怨难平。
我亦穷途客,栖栖空复情。

送金道存往松江
(明)欧大任

柳花扑酒驿门前,白苎城头望泖烟。
若共吴侬怀粤客,木兰还送渡江船。

寄题董子元城南草堂
(明)欧大任

博士春秋尔最长,竹林繁露满山房。
赤乌碣在晴岚散,白苎城高海气凉。
屏倚隐囊看搦管,窗含明月醉持觞.
书成差自强人意,不必将归五岳藏。

赠何翰林致仕居金陵次文太史韵
(明)许毂

金马来时动镐京,银鱼焚后别西清。
才人岂厌承明地,高士元多谷口情。
买得曲池堪斗鸭,种成芳树好藏莺。
秦淮亦是机云宅,乡梦休过白苎城。

南乡子·华亭吊古
(明)天随子

风雨满长亭,鹤唳滩头梦未平。
故国王孙何处去?伤情,烟月空濛白苎城。
往事恨飘零,江上青山云自横。
闻说莼鲈秋更好,凄清,漫忆风流张步兵。

青浦道中追感陈黄门先生

(清)陈维崧

不识云间路,今来白苎城。
朱楼歌管歇,黄竹客帆行。
世事惊南北,交情隔死生。
陆机原上土,流泪自纵横。

华亭杂感(其一)

(清)元璟

木落霜清白苎城,暮砧才动旅魂惊。
揽衣力尽秋星影,访旧听残邻笛声。
画手有神同鹤瘿,诗坛无主散鸥盟。
青溪一曲红桥路,今日何人肯好名。

南浦·赠双溪凌秋渚,兼寄家湛思帷孺

(清)董俞

苕溪不遇,却相逢、在白苎城边。一见飞扬跋扈,挥洒乱云烟。暂学韩康卖药,知通人、游戏本相兼。看白狼选胜,赤乌吊古,落叶句尤妍。

不浅莼鲈逸兴,趁秋光、独泛淀湖船。与尔樽前慷慨,心事两相怜。寄语吾家双伯氏,溪山何处数流年。此时只合,高歌痛饮落花前。

清萧芷厓《秋居杂兴》也有诗句曰:"书台穷目稻畦平,泽国风高白苎城",颇能描绘出白苎城独特的地理风貌。松江,是上海历史文化的发祥地,古称华亭,别称云间。上海市地志办《上海地区湮没名镇一览表》载:

名称	旧属	位置	河道水系	镇情
白苎城	隶华亭县	金山区境北部	黄浦江水系	一名白苎汇。置废年代不详,宋代还留有遗迹。南宋绍熙《云间志》称"在县(华亭,今松江)南四十里,高一丈,周回一万步。旧经云:地生野苎,因以得名"。

《读史方舆纪要》卷二十四《江南六　苏州府　松江府》

有"松江府南四十里有胥浦城,相传梁大通六年筑,以地接胥浦而名,又南十里有白苎城,俗名白苎汇,亦海滨备御处云"。① 照此说白苎城在胥浦城南十里。又,《云间志》载,张泾闸在县南四十八里。以此推,张泾闸应在胥浦城南八里、白苎城北二里。明张世美《刑部郎中吴君贞石碑记》云:"去松城南五十四里为张溪镇。"将这些信息综合起来,白苎城在胥浦城南十里,在柘山北,应该离张溪不远,近张泾闸。白苎城应该是古海盐古柘湖遗址,也就是说应在今甸山北,那里离古张泾闸不远。白苎城的具体方位或许容学者再行考证,但大体来说松江就是白苎城是没有问题的,因此,明清时多位诗人径称松江为"白苎城",白纻历史上曾经是吴地特产,唐宋时期其主要产地在松江府、齐安郡、蕲春郡、宣城郡、新安郡、宜春郡、江华郡、湖州、常州、赣州,松江排名第一,而且历史上曾有"苏(苏州府)松(松江府)财赋半天下"之美誉,可见明代中晚期称之为"白苎城",其来有自。今天,松江区尚有白纻路,算是对白苎城的残缺记忆。如果能对白苎城作综合考察,当是一件十分有意义的事情。

最后,元明清时期还有若干诗人亲临白苎山访古探幽。

元末明初的当涂人陶安,是朱元璋的重要谋士,大明开国功臣。他写过一首七律《四望亭》:

> 松声如诉老桓奸,白纻纤歌污楚山。
> 南北东西春眼底,古今兴废夕阳间。
> 半天荒井泉花碧,千载残基碣藓斑。
> 万壑清风扫遗臭,野僧云卧竹阴闲。

诗有作者题注:"(四望亭)在白苎山,桓温歌舞之地,旧名楚山,以其歌白苎,遂名。有桓公井。"可知元明之际白苎山顶建有四望亭,而陶安也延续了传统对桓温的看法,斥之

---

① 顾祖禹:《读史方舆纪要》,北京:中华书局,2005年版,第1200页。

为"老奸",看到荒凉的桓公井,当年桓温为观看白纻舞而建的舞榭歌台只剩下残基,诗中说"野僧云卧",说明附近应有寺庙或道观之类建筑。果然,稍后的巢湖人郭奎就作有两首《赠白纻山庵道人杨玄中》:

其 一
四望亭前姑孰溪,道人种玉住山西。
古松数株秋满屋,青鸟月明时一啼。

其 二
青山如龙云气深,玉阶凉露滴秋林。
司马将军白纻曲,五枝花里付鸣琴。

他还有一首《暇日访杨廷举》:

故人杨伯起,作尹似陶潜。
白纻山前宅,荆华半覆檐。
溪鱼鲜可食,崖蜜熟应甜。
把酒谢知己,平生清且廉。

郭奎的诗歌交代了白苎山环境及其周边山水和丰饶的物产,鱼米之乡的姑孰如在画境。广东新会人林枝桥,明神宗万历年间授当涂令,写过《登白纻山作二首》:

其 一
桓公酺燕地,罗绮骄春丛。
舞态余回雪,歌声逗结风。
宾客三千醉,杂沓待鸣钟。
繁华能几时,转瞬成蒿蓬。
双鹤阵云寂,丹凤梁月空。
时时见樵牧,指点认故宫。
驰景信靡停,秉烛亦已熄。
寄谢世间人,为乐及从容。

其 二

兹山未称高,群阜胡若抱。
当其歌逸时,云霞四面集。
响夏忽若低,衣飘复如袭。
洒洒滴春华,至今芳草湿。
灼灼芙蓉姿,尚染胭脂汁。
宾从纷流水,委蛇朱履跋。
颐指山岳颓,风云惟呼吸。
不是孟参军,谁能不失色。

看来这位县太爷心态从容,比较认同桓温,对白苎山上的白纻歌舞作了缤纷灿烂的想象,对桓温、孟嘉在此留下的魏晋风流充满深情的怀想。

清代滁州全椒人、《儒林外史》的作者吴敬梓曾游白纻山并赋一首五律《白纻山》,文辞简练,见解超脱,显示了诗人不同流俗的历史意识:"白纻佳名在,兹山空翠微。春风回冶步,夜月舞文衣。伏枥歌声壮,龙蟠王气非。可儿谁指墓,惆怅向斜晖。"吴敬梓认为,桓温一代豪杰志向远大,像曹操一样,老骥伏枥,东晋王朝早已王气委顿,言下之意可以取而代之,但最终功败垂成,令人惆怅。

比较上引四位明清诗人的白纻山诗作,可以看出诗人们不同的历史主张,隐隐浮现出这一时期历史观念的变迁与演进,但是所有的诗人都对白纻歌投去深情的一瞥,说明白纻歌的艺术魅力已经深深流淌在中国人的血脉之中。

第四章
白纻歌舞对后世戏剧的影响

中国的戏曲从远古的"巫觋"、周代的歌舞《大武》《史记》中记载的"优孟衣冠"到秦汉的《东海黄公》、南北朝的《踏摇娘》、唐代的《参军戏》等,大多含有人物和故事成分,可谓是戏曲的酝酿阶段或萌芽状态,而宋代南戏则是载歌载舞、说表兼重、兼蓄杂技的一种戏曲艺术形式。[①] 有关戏曲艺术与古歌舞的关系,王国维先生在《宋元戏曲史》开篇就提出中国戏曲起源于上古之歌舞,而"歌舞之兴,其始于古之巫乎?巫之兴也,盖在上古之世"。[②] 并认为《九歌》中丰富的乐器、舞者华丽的服装、抒情的舞、对唱(合唱)的歌、装扮者的拟神表演已朝着有特征和个性的方向发展,具备"后世戏剧之萌芽"。戏剧理论家齐如山先生在《国剧身段谱》中进一步提出"戏剧之身段与古来之舞是有直接关系的了。戏中的身段、步法、表情以及种种动作都是由古舞嬗变而来的"[③]的观点。齐如山还对众多的戏曲身段和古舞的关系作了比较、分析和考证,指出其传承关系。将中国古代舞

---
① 张庚、郭汉城主编:《中国戏剧通史》(上),北京:中国戏剧出版社,2007年版。
② 王国维:《宋元戏曲史》,北京:中华书局,2010年版,第2页。
③ 齐如山:《国剧身段谱》,北京:北平国剧学会,1935年版。

蹈分为三种：运动舞、祭祀舞、美术舞。其中"美术舞"就是指源于先秦、盛于汉魏两晋南北朝的俗舞。唐代杜佑《通典》中将公莫舞、巴渝舞、白鸠舞、白纻舞等列为杂舞，宋陈旸《乐书》中把鞞舞、拂舞、公莫舞、白纻舞等列入俗部的"舞"部分。齐如山就在于把这一作为娱乐的"美术舞"应用、改造、创新于戏剧舞台上，使"戏曲舞蹈化"。"从艺术渊源的角度看，中国戏曲身段动作的创作灵感在很大程度上来源于古舞。戏曲毕竟不同于舞蹈，可齐如山的这些解释在古舞与戏曲身段之间建立起直接联系。经他这么一解释，戏曲舞台的身段表演便呈现出一种'体系'的味道，而这一身段表演体系整个来源于汉魏两晋南北朝的古舞"。[①] 可见戏曲的根源是歌舞，汉魏两晋南北朝的舞蹈给予戏曲艺术以美的形象、优美的身段，戏曲中保存了丰富的传统舞蹈艺术，尤其是戏曲中的"水袖"更是体现了中国古舞的风韵。白纻舞源起于江南吴地，盛行于六朝到唐代中期，由于朝代的更迭，政治中心北移，白纻舞又脱离其生长环境，唐宋以后白纻歌舞式微了，但并没有消失，只是离开了宫廷乐舞的形式，回到民间的土壤，依然在民间流传。"元明为南北曲的戏剧时代，舞蹈为剧曲所代替，舞艺收摄于剧艺，舞人转化为剧人"。[②] 白纻舞的舞姿舞容，以潜移默化的方式滋润和影响着其他艺术门类，尤其是融化到"以歌舞演故事"的戏曲里。下面我们以昆曲、京剧为例，探讨白纻歌舞对戏曲艺术形式的影响。

[①] 陈维昭：《齐如山的戏曲实践与汉魏俗舞》，《浙江大学学报（人文社会科学版）》，2012年第3期。
[②] 常任侠：《中国舞蹈史话》，上海：上海文艺出版社，1983年版，第110—111页。

第一节
以魏良辅、梁辰鱼为核心
看昆曲艺术与白纻歌舞的关系

昆曲原为昆山腔。宋元南曲戏文流播到江苏昆山地区,吸收、融合了地方语言,后经过"精于南辞、善作古赋"的顾坚等一批文人和戏曲家的改进,从而形成了昆曲的雏形——昆山腔。昆山腔的产生据魏良辅《南词引正》记载:"元朝有顾坚者,虽离昆山三十里,居千墩,精于南词,善作古赋。扩廓帖木儿闻其善歌,屡招不屈。与杨铁笛、顾阿瑛、倪元镇为友,自号风月散人,其著有《陶真雅集》十卷、《风月散人乐府》八卷行于世,善发南曲之奥,故国初有'昆山腔'之称。"①从这段记载看,元朝末年,居住在昆山的顾坚,善作辞赋,且精于南曲,不屈从权贵,喜欢"与杨铁笛、顾阿瑛、倪元镇为友",这些文人士大夫精通词曲,善弹乐器。据史料载,昆山望族顾阿瑛经常在家中玉山草堂与文人往来唱清曲,歌姬表演歌舞,或弹奏乐器。元代诗人萨都剌曾在《过鲁港驿和酸斋题壁》诗中说:"吴姬水调新腔改,马上郎君好风采。"吴姬所唱的正是顾坚等文人雅士创立的清唱昆山腔,可见昆山腔与南朝以来的白纻舞辞,都具有与文人士大夫一样的审美和艺术情趣,讲究唱词韵律之美。此外,昆山腔的产生,还应与当地的民情风俗有关,六朝以来,昆山一带民间盛行吴歌,"所谓吴歌,便是流传于这一带小儿女口中的民间歌曲"。②顾颉刚先生说的"这一带"正是他家乡吴中地区(现苏州市),明人徐渭认为吴地民间曲调"颇相谐和,殊为可听,亦吴俗敏妙之事"。正因为这些早已存在

---

① 张庚、郭汉城主编:《中国戏剧通史》(中),北京:中国戏剧出版社,2007年版,第399页。
② 顾颉刚:《吴歌小史》,北京大学《歌谣》周刊,1936年第2卷第23期,第1页。

的艺术因子，才使得昆山腔迅速兴起与发展。明代中期杰出的戏曲音乐家魏良辅经过多年潜心研究古今乐律，梳理了腔调和语言的关系，使得昆山腔在吴侬软语的方言基础上，又吸收了北曲的可用之处。经魏良辅改革后的昆曲"轻柔婉转"，因而被称为"立昆之宗"。昆山腔"五音以四声为主，四声不得其宜，则五音废矣"。① 所谓"五音以四声为主"就是音乐旋律，即宫、商、角、徵、羽五音，依字的平、上、去、入四声而定。演唱时注重唱口细腻，字正腔圆，咬字吐音讲究平、上、去、入四声与曲调旋律的和谐。从而形成了一种新的声调——水磨调，听起来更加细腻婉转、舒缓悠长。水磨调，俞平伯在《〈振飞曲谱〉序》中解释说："其以'水磨'名者，吴下红木作打磨家具，工序颇繁，最后以木贼草蘸水而磨之，故极其细致滑润，俗曰水磨功夫，以作比喻，深得新腔唱法之要。"为此，昆曲中委婉的歌唱，听起来是字正腔圆，一波三折，像水磨出来一样的光滑、流丽婉转，如行云流水般流畅、悦耳动听，改良后的昆山腔具有清柔缠绵、委婉悠远的风格，不仅迎合了文人士大夫的艺术情趣，很快在上流社会盛行，也为平民百姓所喜闻乐见。

　　文人雅士争相使用昆腔的"水磨调"进行传奇剧本的创作。首先，文人士大夫在他们的戏曲创作中，运用中国古代诗词韵律和元曲的元素，将诗话的语言融入曲中，提升了昆曲的文学价值，剧本中的诗词歌赋，形成昆曲独特的文化品位；其次，文人们把看待社会和人生感悟，自然地融入昆曲的音乐和唱腔中，因此，曲调显示出惆怅、缠绵的情怀，也赋予了昆曲"一唱三叹"特有的节奏舒缓、意境曼妙的品格，使昆曲成为一种高度文人化的典雅艺术。

　　居住在昆山的晚明著名戏剧作家梁辰鱼"起而效之，考订元剧，自翻新调，作《江东白苎》《浣纱》诸曲"。梁辰鱼"工

---

① （明）魏良辅：《曲律》，《中国古典戏曲论著集成》，北京：中国戏剧出版社，1959年版，第5页。

诗及行草,尤善度曲,精于音律"。① 他将"水磨调"应用于其撰写的传奇剧本《浣纱记》中,使得从元朝末年到明代嘉靖年间,一直停留在散曲清唱阶段的昆山腔,成为有史以来第一部真正意义上的昆剧。梁辰鱼也被推为"曲中之圣"。

梁辰鱼的散曲集名为《江东白苎》,今存《江东白苎》二卷,《续江东白苎》二卷,"白苎"即"白纻";郭茂倩的《乐府诗集》里收集了50余首白纻舞歌诗;南朝以后,由于在文坛上有着重要地位的文人如沈约、梁武帝都参与写白纻舞辞,尤其是沈约等人提出,"约等文皆用宫商,以平上去入为四声,以此制韵,不可增减,世呼为'永明体'"。② "永明体"强调诗歌中的声韵格律,形成了舞辞重"情"与重"韵"的特色。白纻舞辞的雅化对梁辰鱼影响巨大,"于是稍取建安、六代之作而拟之,得若干首"。③ 他本人写有大量的乐府诗,收在《鹿城诗集》中。梁辰鱼还模仿南朝梁沈约的《四时白纻歌》,写下了《四时白苎舞歌四首》(《春白纻》《夏白纻》《秋白纻》《冬白纻》)。其《四时白苎舞歌四首》在诗作的意韵上掌握得非常准确,和沈约的《四时白纻歌》一样,注重舞辞诗歌的抒情韵致,曲词讲究典丽蕴藉,追求韵律和谐和悦耳。梁辰鱼将"白纻"作为自己散曲的名称,也体现了他喜爱白纻舞辞婉约的词风。梁辰鱼在《浣纱记》里十分讲究语言藻丽修饰,曲词富于文采。

梁辰鱼生活的明代已是由盛转衰的多事之秋,奸臣严嵩把持朝政,残害忠良,东南沿海受到倭寇侵扰,有心报国的士人往往无用武之地,世间哀鸿遍野,万马齐喑。王世贞在《赠梁伯龙长歌后》中指出:"伯龙艺益高,名益起,而穷日益甚。"这说明梁辰鱼怀才不遇,他的诗文中也常有"慷慨忧

---

① (明)梁辰鱼著,吴书荫编集校点:《梁辰鱼集·前言》,上海:上海古籍出版社,2010年版,第1页。
② 转引自方铭主编:《中国文学史(魏晋南北朝隋唐五代卷)》,长春:长春出版社,2013年版,第48页。
③ (明)梁辰鱼著,吴书荫编集校点:《梁辰鱼集·梁伯龙古乐府序》,上海:上海古籍出版社,2010年版,第34页。

生之感"，然而却无法通过仕途之路报效国家。从明代文人士大夫咏白纻歌诗看，多是"拟古"的作品，反映的多是西施与吴王"吴宫"的题材，梁辰鱼通过东汉赵晔撰的《吴越春秋》及民间故事，汲取了"吴宫"主题内容，集大成地创造了《浣纱记》，拓展了这一传统题材的意蕴。通过笔下的越王勾践、吴王夫差、伍子胥、范蠡等历史人物，借吴越争霸的故事讽喻现实，表达了对国家兴衰历史规律的思考。

《浣纱记》被认为是最早以昆曲样式上演的明代传奇，集"水磨调"和传奇文学、舞台表演于一身，使昆曲保持了几百年的兴盛。《浣纱记》全剧共45出，以范蠡和西施悲欢离合的爱情为线索，描述春秋时期吴越争霸的历史故事，吴王夫差灭越国后，骄奢淫逸，而越王勾践卧薪尝胆，并采纳上大夫范蠡的计策，将深明大义的美女西施进献给吴王，使其沉溺于酒色，荒于国政，杀害忠臣，最终夫差被杀，吴国灭亡。范蠡功成身退，带着恋人西施驾舟泛湖而去。

《浣纱记》问世后，明代文学家王世贞有诗咏梁辰鱼："吴阊白面冶游儿，争唱梁郎雪艳词。"[1]明代戏曲评论家吕天成在《曲品》中则赞曰："丽调喧传于《白苎》，新歌纷咏于青楼。"[2]清丽幽雅的昆曲得到了文人士大夫的推崇，富家游冶子弟和青楼歌儿舞女争相传唱，昆曲《浣纱记》在社会上得到迅速传播。《浣纱记》除曲词受到南朝以来舞辞声韵格律的影响外，在戏曲舞蹈中也吸收了白纻舞的元素，在第一章我们曾介绍了明张岱《陶庵梦忆》中描述当时西施向吴王献舞的歌舞场面，这是明传奇《浣纱记》中的表演场景。戏曲中西施的舞蹈表演十分动人，"西施歌舞，对舞者五人，长袖缓带，绕身若环，曾挠摩地，扶旋猗那（婀娜）……"西施长袖缓带舞起来，像圆环一样围绕在身边，动作轻柔，婀娜多

---

[1] 转引自〔日〕青木正儿等：《品梅记》，北京：文化艺术出版社，2015年版，第14页。
[2] 陈益：《梁辰鱼的昆曲中州韵》，《寻根》，2017年第3期。

姿,显示出"长袖善舞"的风韵。"长袖"使得纤弱的西施舞出恢弘的气势。其舞姿的"轻柔"之美与吴地的乐舞风格尤其是白纻舞极为相似。白纻舞的长袖质地轻盈,色泽莹润,舞袖动作千变万化,在运用上可以呈现飞扬、翘起、卷绕等充满动感的造型,也会形成直线、折线、曲线等线条丰富的立体画面。流畅的长袖不仅从视觉上延长了舞者纤细的手臂,而且有助于塑造仪态万千的各种舞姿,抒发出舞者内心的情感,增强了白纻舞的抒情性。"昆山腔的舞蹈表演,基本上包括两个方面的成就:一个方面是它适应了抒情性和动作性都很强的演唱场子的需要,创造了许多抒情舞蹈表演,创造了许多单折的抒情歌舞剧"。[①] 可见昆曲擅长抒情性舞蹈表演,是"逢歌必舞",而"长袖"作为戏曲舞蹈中的一部分也得到了长足的发展,衍化为戏曲"水袖",来体现剧中人物丰富的情感和生活内容。丰富多变的舞袖动作,在戏曲里不但形象优美,而且实现了舞蹈以抒情为主向抒情、叙事并重的转化,形成了既经过艺术夸张又吻合剧情的生活化的舞蹈动作,是剧中人物真情流露的艺术呈现。"水袖"最终发展成戏曲表演艺术程式动作的一部分。

第二节
白纻舞对昆曲、京剧表演艺术的影响

中国传统戏剧形式,是包含文学、音乐、舞蹈、美术、杂技等各种因素而以音乐和舞蹈为主要表现手段的戏剧。[②]。昆曲就是诗、乐、歌、舞合一的艺术形式。表演中优美的舞姿细腻而传神,歌唱时配有写意的舞蹈动作,载歌载舞的表

---

① 张庚、郭汉城主编:《中国戏剧通史》(中),北京:中国戏剧出版社,2007年版,第666页。
② 《辞海》编辑委员会编纂:《辞海》,上海:上海辞书出版社,1999年版,第1352页。

演在舞台上创造出如诗如画的艺术意境,尤其是舞姿身段为后来的京剧和地方戏曲所吸收,"甚至连某些表现手法、表现形式也移用过来"。① 正因如此,昆曲赢得了"百戏之师"的美誉。

昆曲舞台上人物身穿的各式服装,在袖口上都有一段白绸,称为水袖。在表演中,演员运用水袖舞蹈,除可以表达人物的内心情感,还能使人物形象更加鲜明、突出。昆曲水袖动作体现的内涵十分丰富,如用扬袖、抖袖、抓袖、转袖、掩袖等来表达人物的内心情感,这些水袖动作,在白纻舞诗中都有记载。如"罗袿徐转红袖扬"(《晋白纻舞歌诗》之三)、"佳人举袖耀青娥"(刘铄《白纻曲》)、"扬眉转袖若雪飞"(李白《白纻辞三首》)。"在昆曲《活捉三郎》中,我们能找到诸多对《白纻舞》中水袖运用的影子,甚至是原形"。②《活捉三郎》是明代戏曲家许自昌撰写的传奇《水浒记》里的一折,是昆曲舞台上一出常演不衰的折子戏。剧中讲述了宋江的侧室阎惜娇,欲以一封梁山的书信逼迫宋江下休书,她要改嫁张文远,最终被宋江刺杀。这是一个为"情"而来、为"爱"而亡的女鬼。阎惜娇夜访生前的情人张文远,深情地叫着三郎,空灵的音乐响起,表演者扬起长长的水袖,并伴随急促的脚步行走在舞台上。长袖飞舞,构成飞动之美、线条之美、韵律之美。"最能体现魏晋南北朝乐舞生动传神的艺术形象与变化多端的节律感的是《白纻舞》"。③ 在唐代诗人李白的《白纻辞三首》中,白纻舞长长的舞袖舞动起来像云彩和天空的白鸿一般飘逸,可见戏曲舞蹈已将白纻舞飘逸灵动的神韵融合到戏曲表演艺术上了,并加以发展,形成了丰富多变的舞袖动作。如昆曲中扬袖分斜扬袖与前扬

---

① 张庚、郭汉城主编:《中国戏剧通史》(中),北京:中国戏剧出版社,2007年版,第650页。
② 郑鑫燕:《吴地〈白纻舞〉中水袖于昆曲中的运用——以昆曲〈活捉三郎〉为例》,《大众文艺》,2014年第3期。
③ 田彩仙:《气韵生动与魏晋南北朝乐舞》,《漳州师范学院学报(哲学社会科学版)》,2006年第3期。

袖两式,而两者皆有左右之分。左斜扬袖:踏左步,双手抖袖,右手提袖至胸间,再向下盖住左袖,同时左袖从右臂里侧穿出,至左上方,用腕力将袖用力抖出,出袖时须舒展挺直;右斜扬袖的动作则与左斜扬袖相反。前扬与斜扬略同,只是正前方出袖。① 通过不同的扬袖方式,体现优美的舞姿身段。

再就是扬袖还能鲜明地表达各种人物不同的内心情感。如《活捉三郎》一出戏中,阎惜娇随着曲牌【骂玉郎】唱"小立春风倚画屏,好似萍无蒂,柏有心。瑚珊鞭指填衡门,乞香茗"一句时,张文远将水袖自然下垂,分置左右两侧,双手以腕转之,使水袖急速地同时向里或向外转动,同时身体徐徐下蹲,来表达他内心的喜悦。同"扬眉转袖若雪飞,倾城独立世所稀"(李白《白纻辞三首》)所描述的十分相似。当张文远唱到"你可记得银蜡下和你鸾交凤滚"之时,阎惜娇羞涩地将长袖轻轻掩于面颊。这种以双袖微掩面部、半遮娇态的动作,与白纻舞中所描绘的"低鬟转面掩双袖"(王建《白纻歌》)十分相似。"昆曲舞姿之妙在于舞蹈的连续性,这与舞乐是一致的,而不同于戏剧动作那样,时时以亮相为主"。②

图六十二
明代刻本《还魂记》
双人舞

昆曲《牡丹亭》,又名《还魂记》,是汤显祖的代表作,《游园惊梦》是《牡丹亭》中脍炙人口的一折戏,杜丽娘在梦中与柳梦梅幽会相爱时,二人通过扬袖、飞袖、水袖在空中交汇,好似情感的交流。搭肩,拂袖,折袖,绕袖,回旋婉转,美妙动人,充分运用水袖的一系列动作,刻画出杜丽娘娇羞又彷徨的心理状态(图六十二)。

当杜丽娘对镜梳妆,伴随着【步步娇】的曲牌,在唱到"没揣菱花,偷人半面"时,为了配合曲词赋予的美妙动感,

① 俞为民:《昆曲》,南京:译林出版社,2013年版,第100页。
② 〔日〕青木正儿等:《品梅记》,北京:文化艺术出版社,2015年版,第45页。

演员在表演上也随舞蹈而动:杜丽娘移步向前,左手轻轻扶桌子,右手向后翻水袖上举,犹如刘铄在《白纻曲》中描绘的一样,"佳人举袖耀青娥,掺掺擢手映鲜罗"。杜丽娘望着铜镜中的面影,随后又踏步向后靠,运用妩媚的眼神,从上到下,顺着右手抬起水袖,再一次看着春香和她手里镜子中的自己,一边唱,一边舞。这组抒情的舞蹈动作,在演唱中被反复运用了三次。这组手袖眼神的表演,令观者欣赏到一个待字闺中的少女,在初春的清晨,娇柔地对镜梳妆的姿态,以及即将走出闺房、走进大自然的期待心情。

常言道"眼睛是心灵之窗",白纻舞除手袖动作外,舞者眉目传情也是表演中的一大特色,如汤惠休诗:"为君娇凝复迁延,流目送笑不敢言",沈约诗"朱光灼烁照佳人,含情送意遥相亲"。这种流波送盼、含笑生姿的描述,在白纻舞诗中十分常见,舞者通过眼神,与观者进行情感交流,增加了欢乐的情趣。可见白纻舞在舞蹈中注重眼神的表演,这一点在戏曲表演中也得到了充分的运用。《梨园原》身段八要中也指出:"眼先引,凡作各种状态,必须用眼先引。故昔人有曰:'眼灵睛用力,面状心中生。'"[1]昆曲表演中,手势和眼神也是密不可分的。昆曲中通常有怒眼、羞眼、媚眼、转眼等。如《活捉三郎》中阎惜娇唱到"乞香茗。我因此卖眼传情,慕虹霓盟心,慕虹霓盟心。蹉跎杏雨梨云,致蜂愁蝶昏,致蜂愁蝶昏。痛杀那牵丝脱纤,只落得捣床捶枕……"阎惜娇用她那妩媚的眼神,表达出对三郎浓浓的"爱意"。昆曲《游园惊梦》是一出重表情的戏,梅兰芳饰演的杜丽娘在与翩翩书生柳梦梅不期而遇时,既惊喜又羞赧,复杂的感情借助于"对眼光"而宣泄,杜、柳这样"对眼光",在《惊梦》折里共有四次,著名表演艺术家俞振飞在饰演柳梦梅时,盛赞梅兰芳的每次"对眼光"都使他身心受到很大的震动。

---

[1] 俞为民:《昆曲》,南京:译林出版社,2013年版,第113页。

昆曲作为中国现存最古老的戏剧之一,在流传的几百年间,无形中将自身的艺术特色渗进其他剧种中。"京剧与昆山腔有着密切的血缘关系,它保留了大量的昆山腔剧目,这种影响关系当然十分明显"。① "昆曲的身段、表情、曲调非常严格。这种基本技术的底子打好了,再学皮黄,就省事得多。因为皮黄里有许多玩艺,就是打昆曲里吸收过来的"。② 京剧,是在清朝乾隆五十五年(1790年)以后,南方的四大徽班陆续进入北京,在以"二黄"为主的声腔中,融合了秦腔,并与楚调(西皮调)合流,形成了所谓的"皮黄戏",后又受到北京语音与腔调的影响。人们就把这种带有北京特点的皮黄戏称为"京戏",戏也是剧,京戏也叫"京剧"。"京剧综合了昆曲和地方戏的特点,在雅俗两种趣味上又得到一次很好的协调。京剧将昆曲市民化、民间化,而将地方戏文人化……"③京剧迅速在全国流行,所以又称为"国剧"。京剧与其他戏曲一样,包含丰富多样的艺术形式和内容——文学、音乐、舞蹈、美术、武术、杂技等,多种艺术表演形式在戏里综合成一个有机的统一整体。

有关戏曲里的"舞容歌声",戏曲理论家齐如山认为:"国剧的原理,有两句极扼要的话,就是'无声不歌,无动不舞',凡是有一点声音,就得有歌唱的韵味;凡有一点动作,就得有舞蹈的意义。"④"无声不歌,无动不舞",可谓是齐如山的艺术宣言,其重点与成就也就在"无动不舞"上。他认为,戏曲舞台上的任何动作都必须是舞蹈化的。齐如山在《国舞漫谈》中认为,在南北曲(他的"南北曲"指昆曲)中"形容词句之舞"还是极受重视的,而"传到皮黄,一切别的舞,虽然都还在,但形容词句之舞,则完全废掉"。所谓"形容词

---

① 张庚、郭汉城主编:《中国戏剧通史》(中),北京:中国戏剧出版社,2007年版,第650页。
② 梅兰芳述,许姬传记:《舞台生活四十年》(第一集),北京:中国戏剧出版社,1961年版,第27页。
③ 叶秀山:《论京剧艺术的古典精神》,《梅韵麒风——梅兰芳周信芳百年诞辰纪念文集》,北京:中国戏剧出版社,1996年版,第61页。
④ 转引自陈多:《中国戏曲美学》,上海:上海百家出版社,2010年版,第62页。

句之舞"指的是"把所歌词句之意义形容出来"的舞蹈。这种舞在"皮黄梆子班中,却很少见。而昆腔中则几乎那一曲都是如此"。① 京剧大师梅兰芳也极为推崇昆剧表演的"歌舞合一"。他多次提道:"在京戏里,夹杂在唱工里面的身段,除了一点带武的边唱边做,动作还比较多些之外,大半是指指戳戳,比画几下,没有具体组织的。昆曲就不同了。所有各种细致繁重的身段,都安排在唱词里面。嘴里唱的那句词儿是什么意思,就要用动作来告诉观众,所以讲到'歌舞合一',唱做并重,昆曲是当之无愧的。"② 于是,齐如山的"无动不舞"便具体化为:仿照昆腔,给皮黄戏设计"形容词句之舞"。③ 齐如山认为古代之舞,其舞法虽多数失传,所幸有咏歌舞的诗词,史料中留存的歌舞文字也很多,如汉魏六朝的《观舞赋》《舞赋》《舞鹤赋》《洛神赋》《白纻舞歌》等。于是他在《国剧浅释》中专门写有一章"舞谱",并绘制了舞谱图,共有156个舞蹈动作,把众多的戏曲身段和古代之舞的关系——作了比较、分析和考证,指出其传承关系。"这些舞姿是齐如山根据历代文人有关舞蹈的文字和古代的人物绘画提炼,命名并与梅兰芳共同编排、运用于舞台演出实际之中的"。④ 如京剧《贵妃醉酒》《天女散花》《嫦娥奔月》等一些剧目里面,歌舞就紧密联系在一起。

《贵妃醉酒》是一出载歌载舞的梅派经典剧目。这出戏的故事情节十分简单,唐明皇与杨贵妃约好在百花亭摆宴,唐明皇临时爽约,改往梅妃宫里去了。贵妃只能独自痛饮,由于她内心抑郁不欢,竟喝得酩酊大醉。夜深酒阑,才带着怨恨的心情,由宫女们搀扶回宫。《贵妃醉酒》的艺术魅力来自于它歌舞并重,具有极强的音乐性和舞蹈性。梅兰芳

---

① 陈维昭:《齐如山的戏曲实践与汉魏俗舞》,《浙江大学学报(人文社会科学版)》,2012年第3期。
② 骆正:《中国京剧二十讲》,桂林:广西师范大学出版社,2004年版,第137页。
③ 陈维昭:《齐如山的戏曲实践与汉魏俗舞》,《浙江大学学报(人文社会科学版)》,2012年第3期。
④ 梁燕:《齐如山剧学研究》,北京:学苑出版社,2008年版,第164页。

所饰杨贵妃在《贵妃醉酒》中的舞蹈,手袖的动作变化很多,如戏一开始,杨贵妃满怀喜悦去百花亭等候唐明皇,一路上兴致勃勃地观赏美景,此时杨贵妃水袖频频舞动,形成优美的曲线,犹如一只飞向百花亭的蝴蝶。当听到"万岁爷驾转西宫了",梅兰芳运用投袖、拂袖、抖袖等多种水袖动作表现杨贵妃的幽怨、凄婉之情。前面我们也介绍了,在自晋以来的白纻舞歌诗中,对手袖的动作描绘十分多,长袖飘逸生姿。梅兰芳在《贵妃醉酒》中的"卧鱼"表演,舞动的水袖,正是把白纻舞手袖的灵活给予放大和加强了,同时水袖舞动的曲线容易引起人们美丽的想象。梅兰芳的《贵妃醉酒》先后在日本、美国和苏联演出,其精湛的表演引起人们一致赞扬,日本观众在《东京日日新闻》上盛赞《贵妃醉酒》绚丽极了。从美的角度说,我从来没有看过这么美的戏。① 正是齐如山"戏曲舞蹈化"的实践,令中外人士对歌舞并重的《贵妃醉酒》叹为观止。

齐如山的《国剧身段谱》就是集中体现京剧舞台演员形体动作的谱式性专著。其中第三章"论戏剧之身段"是该书的精华部分,重点是对袖、手、足、腿、胳膊、腰六个方面舞蹈的整理、阐释。关于袖舞,齐如山认为"自古以来,无论哪一种的舞总离不开袖子,是袖子为舞中最要紧的一件东西。现在戏中对袖子也极为注重……无论生、旦、净、丑,用它的地方都非常之多,处处都极讲求,所以姿势也比别的种类较多"。因此,他总结了72种有关袖的舞蹈,并按照"命名""释义""姿势"进行文字阐释,按照生、旦、净、丑不同的行当进行详细讲述。如绕袖,旦非穿宫装不用此身段。绕袖时眼要看袖子,腰尤须活动。如绕左袖时则腰须斜往后大闪,身子则往前探;绕右袖时身体亦然,比方《贵妃醉酒》二场换

---

① 〔日〕青木正儿等:《品梅记》,北京:文化艺术出版社,2015年版,第131页。

宫装上场,即有此身段。① 并将汉魏六朝的俗舞如《舞赋》《洛神赋》《白纻舞歌》等舞式进行应用、改造、创新于京剧舞台上。齐如山参考唐代李白的《白纻辞三首》、王建的《白纻歌二首》、杨衡的《白纻辞二首》和明代刘基的《白苎词》等,并同梅兰芳一起创造性地将历代文人所写的白纻舞中有关舞蹈的文字进行提炼,运用在《嫦娥奔月》《天女散花》等古装新戏中。②

在此以《嫦娥奔月》为例,梅兰芳在《舞台生活四十年》一书中描述自己表演的《嫦娥奔月·花镰舞》的舞蹈动作时,第一句"卷长袖把花镰轻轻举起。"是先用花镰耍一个花,高高举起。第二句"一霎时惊吓得蜂蝶纷飞。这一枝。"是一手拿花镰,一手把水袖翻起,表示蜂蝶乱飞的意思。第三句"这一枝花盈盈将将委地。那一枝。"是一手背着花镰,一手下指,做一个矮的身段。第四句"那一枝开放得正是当时。最鲜妍。"是一手背花镰,一手反着向上指。③ 其中第三、第四句的舞姿分别采用了刘基《白苎词》和王建的《白纻歌二首》所描绘的白纻舞动作(图六十三)。

图六十三　汉盘鼓舞图

剧的最后,嫦娥在广寒宫看到人间中秋佳节庆贺团圆时,"这底下有一段'袖舞',唱的是南梆子:'碧玉阶前莲步移,水晶帘下看端的,人间夫妇多和美,鲜瓜旨酒庆佳期。

---

① 齐如山:《国剧身段谱》,北京:北平国剧学会,1935 年版。
② 梁燕:《齐如山文集》(第四卷),石家庄:河北教育出版社;北京:开明出版社,2010 年版。
③ 梅兰芳:《梅兰芳谈艺录》,长沙:湖南大学出版社,2010 年版,第 193 页。

一家儿对饮谈衷曲,一家儿携手步迟迟……'一切袖舞的姿态都直接放在唱腔里面……这是我从昆曲方面得到的好处"。① 在这段唱词里,梅兰芳的一些舞姿就来源于杨衡《白纻辞二首》中的舞蹈动作(图六十四)。

步琼（步迟迟 杨衡《白纻辞二首》）

图六十四

从下面几幅图中,可见京剧剧目除继承和发扬白纻舞等汉魏六朝俗舞中的"袖舞"技艺外,更是在腾、跃、旋、转之中将"水袖"这一传统的、独特的技艺,进一步发展成为戏曲表演艺术程式动作的组成部分(图六十五)。

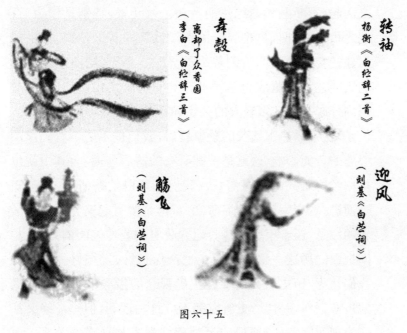

舞縠（离却了众香园 李白《白纻辞三首》）

转袖（杨衡《白纻辞二首》）

筋飞（刘基《白苎词》）

迎风（刘基《白苎词》）

图六十五

---

① 梅兰芳:《梅兰芳谈艺录》,长沙:湖南大学出版社,2010年版,第194页。

第五章
整理、研究、开发"白纻"资源的初步构想

白纻舞作为六朝时期最为鼎盛的歌舞样式早已风流云散,但是在以后漫长的历史长河里,其他多种多样的歌舞继之而起,不断融入白纻舞的一些艺术元素,特别是作为"百戏之祖"的昆曲,更是吸收了白纻歌舞的若干精华,在中国封建社会后期的明清两代大放异彩。今天,昆曲以其深厚的民族艺术底蕴成为享誉世界的非物质文化遗产,正引起国内外越来越多年轻人的关注和喜爱,昆曲传承方兴未艾。但是,在一派热闹繁荣的景象背后,我们也不能不看到浮躁心态的负面影响,这就是基础研究的落后与薄弱,其中就包括白纻舞研究的相对滞后。我们选择白纻舞研究,就是知难而进,希望为此贡献绵薄之力,也希望引起这方面专家学者的注意,还希望引起一些地方政府和艺术院团的兴趣,共同把白纻舞这一珍贵的历史遗产保护好、发掘好、利用好。我们认为,历史研究需要在正确观念的指导下尽可能详尽地占有资料,一切历史研究都不应急功近利,但是最终又都应为现实服务,需要研究者处理好学术与现实的关系。面对白纻歌舞资料至今仍处于零散、分散状态,为有效开发白

纻资源,现提出如下初步构想。

第一节
收集整理出一套资料丰富、相对完整的《白纻歌舞资料汇编》

  白纻歌舞自晋至唐风靡朝野,盛行五六百年,成为中国古代最具代表性的民族歌舞之一,对后世戏剧的产生和发展具有深远影响。但历来对白纻歌舞的研究很不充分。《乐府诗集》中,白纻舞属于舞曲歌辞之杂舞类,我们遍检《乐府学》创刊以来的所有论文,关于白纻舞的论文只有寥寥数篇,遍搜知网,也只有若干篇涉及白纻舞的论文,其中有几篇硕士学位论文,但没有发现一篇专论白纻舞的博士学位论文。再对这些论文稍加考察,专论宋元明清时期白纻歌的论文也是一片空白。我们遍检资料,由此得出结论,发现除对《乐府诗集》所录白纻歌辞研究相对丰富以外,对宋以后1000多年来的白纻研究不仅十分薄弱,而且存在极其严重的误解。如《汉魏六朝诗鉴赏辞典》在赏析王俭《齐白纻》时说:"此舞以白纻作舞衣与舞巾,在乐歌相伴下,舞女扬袂顾盼,翩跹作舞,徐疾顿挫,皆中节度,令观者目醉神迷。历代文士留下了不少咏白纻舞的篇什,直至宋代'永嘉四灵'之一的翁卷还写有《白纻词》一篇,为此类篇咏之绝响,后此即不见记载。"①这一判断与事实完全相反。实际上这1000多年来的白纻歌创作数量蔚为大观,仅搜韵网现在收录的宋以后涉及白纻歌舞意象的诗词就已达1000多首。但由于明清诗词整理研究等基础工作滞后,不可避免地造成搜韵网等许多诗词网络收集诗词的大量遗漏。比如今人

---

① 《汉魏六朝诗鉴赏辞典》,上海:上海辞书出版社,1992年版,第806页。

吴书荫整理的《梁辰鱼集》,其中《鹿城诗集》共收录梁辰鱼诗 1094 首,[①]梁辰鱼的散曲集就命名为《江东白苎》,可见梁辰鱼对白纻歌有多么深的情感。如果再联系梁辰鱼又是昆曲《浣纱记》的作者,就更能深入理解白纻歌舞与后世戏曲之间剪不断、理还乱的渊源关系了。而搜韵网现在只收录梁辰鱼诗 6 首,可以说梁辰鱼诗基本失收,其《四时白苎舞歌四首》基本不被人所知,今照录如下:

春白纻
白纻纤洁如春云,绿窗裁剪稳称身。
妆成夜台催唤频,舞来盈盈不动尘。
倏忽变化如有神,拍停入破回回新。
曲终走下鸳鸯裀,偎人微喘气未匀。
春夜迢遥欢未足,丁丁莲漏催银烛,
为君再舞《俞儿》曲。

夏白纻
清池曲馆芙蕖香,新织纤衣窄袖长。
妖姬对舞出洞房,回身杂珮声锵锵。
华裀细蹴抑复扬,宛如白凤双回翔。
情来转盼殊未央,满堂狎客倚醉狂。
曲终缠头不知数,他日逢郎又何处?
倚栏黯澹空凝伫。

秋白纻
高秋玉露零瑶空,广庭桂枝红玉丛。
美人起舞明月中。蹙金氍毹紫芙蓉。
长袖转褶生旋风,初疑行云无定踪。
忽复蜿蜒如游龙,神妙恍惚不可穷。
主人旨酒葡萄液,座客千钟应不惜,
阳乌西飞复东织。

---

① (明)梁辰鱼著,吴书荫编集校点:《梁辰鱼集》,上海:上海古籍出版社,2010 年版。

冬白纻

奉觞劝客客勿喧,流风回雪盈前轩。
且看《白纻》舞仙仙,皎如海鹤思孤骞。
一低一昂却复前,纷纷翠毯遗花钿。
回头一笑私自怜,不知心在若个边。
围炉薰笼在东阁,彻夜华灯掩绣幕,
凤枕鸳衾任栖托。

今人李国章标点整理的清代天才诗人黄仲则《两当轩集》[①]共收录黄仲则诗 1170 首,词 216 首,而搜韵网现在只收录黄仲则诗词 55 首,占其现存诗词总量的 4%。黄仲则的诗词多次写到白纻山,如诗《清明日偕贾稻孙、顾文子、丁秀岩登白纻山》、词《买陂塘·登白纻山》,还有诗句"歌残《白纻》辞官阁,吟断青山上客舟"(《太白楼留别史邝庵》),也全未收录。

清末潘誉恩的《白纻舞歌》就更不为人所知了。

铜龙滴尽星河低,明灯光彻红玻璃。
花奴姣好颜如蛲,云鬟十二飘轻袿。
鼓声三通华堂西,彩毡织出双狻猊。
垂手小立香肩齐,舞裙灿炫摇云霓。
飞花两袖芬芳携,腰肢宛转琼裾褫。
翩然而止眼欲迷,一声报晓惊晨鸡。

由此可以推断,明清时期尚有相当数量的白纻歌文本不见于通常的文献。文本的整理研究是"白纻"资源开发的前提。有关高校、研究机构和地方志办公室可以申请立项,组织专家学者加以搜集。由于白纻歌舞是集歌、舞、文为一体,仅"文"一项,就包括诗、词、曲、赋等多个种类,所以需要考古、文物、舞蹈、音乐、文学、地方志等多个门类的专家分工协作,才有可能较好地收集整理出一套资料丰富、相对完

---

① (清)黄景仁著,李国章标点:《两当轩集》,上海:上海古籍出版社,1983 年版。

整的《白纻歌舞资料汇编》。考虑到这项工作较为复杂,耗时较长,前期亦可精选部分白纻歌舞资料,出版一个选本,以后不断积累完善。总之,这是一项基础工作,必须尽快着手,以期为将来"白纻"资源的各种开发利用提供历史依据和文献文本。

第二节
开动创意思维,策划文旅项目,将白纻山打造为"中国山水实景演出发源地"

当涂境内的白纻山原名楚山,是因为东晋大司马桓温酷爱白纻歌舞,驻镇姑孰时常常带领大批歌妓在楚山演出白纻歌舞,此后,楚山才改名为白纻山。自大诗人李白首次咏及白纻山,后世不断有诗人登临白纻山而歌之咏之,遂使白纻山与其附近的翠螺山、大青山、天门山、小黄山一道,成为江南诗山。这里,姑且不说相对有名的李白《姑熟十咏·桓公井》(桓公井就在白纻山上,为白纻山遗迹之一),单看明清时期两篇有关白纻山的赋文,就知道白纻山的历史文化积淀是相当深厚的了。这两篇赋几乎都湮没在历史烟尘之中,很少有人知道,故在此揭橥。康熙《太平府志》中有明代当涂县人祝銮撰写的《白纻山赋》:

> 姑孰城之东,有山曰白纻者。晋桓温嬉游之地,宋孝武搜狩之场。维巅有松,郁郁苍苍。凌霄汉以屹立,与日月而齐光。俨乎虬龙之蟠,隐然虎豹之藏。自开辟以迄于今,吾不知其历几星霜矣?爰有梵宇是为兴国院焉,处岩穴之间,当林樾之胜。秋实春华,晨钟暮磬。一尘不到,六窗俱净。梧桐实凤凰之巢,蓬蒿岂鵾鹍之径。有硕人君子谋而居之,芝户兮药房,兰楣兮桂宇。寒薜荔兮鬝茅茨,抚松杉兮友麋鹿。列左图与右

书,考来今与往古。岂徒逃乎空虚,亦曰遂其容与！于是启芸室,集鸿生,遵白鹿之轨范,萃武彝之精英,感深山兮伐木,步芳汀兮采蘅,盖不啻青山之谢朓、采石之李白,放浪诗酒,陶写性情而已。载惟先世,翊龙以兴。泰山黄河之誓,丹书铁券之承。奕叶煌煌、麟趾绳绳,岂曰劳乎汗马？亦将奋乎云鹏尔。乃仰卧龙之风,为玄豹之隐。蹑陟巇之层蹬,引汲海之修绠。文武为万邦之宪,竹帛垂千载之炳。惟翱翔乎艺苑,斯优游乎道境。盖静者动之基也,翕者辟之机也。匪闳其中,声曷以蘱？匪厚其藏,施曷以昌？泉之烈烈,其来如决。云之绵绵,霈及八埏。夫道以言显,言以心会。与其得之于糟粕之余,孰若求之于意象之外。于是,风生松间,万壑鸣籁,天宇澄彻,江山如绘。乃相与歌崧高之诗,瞻景山之峰,眺决莽之野,穷尧禹之封。殆沈沈茫茫,莫知其所穷也。但见黄鹄九霄,横江孤鹤,相与翱翔于廖廓也。

祝銮,字鸣和,号篁溪,当涂人。明代正德三年(1508年)进士,授礼部主事,历郎中。作为明嘉靖《太平府志》总裁修纂官,祝銮对白纻山充满深厚的感情,他借白纻山抒发自己的人生见解和感慨,增加了白纻山的历史厚重感。

再看晚清吴楷的《白纻山梅花赋·以背山面溪双树婆娑为韵》：

  花古凝香,山空点黛;白纻名高,红梅影对。
  待明月兮未来,思美人兮宛在；
  斯时老屋寒烟,当日歌群舞队。
  忆窈窕兮雾锁鸦环,空冷落兮云横鹤背。

  忆昔桓大司马,出镇雄关。
  招郗生之幕客,集王谢之仙班。
  陶写丝竹之内,风流裙屐之间。
  清讴一阕,妙舞双环。
  青山泪湿,红袖花殷。

羌得闻乎此曲,遂以名乎斯山。

地以人传,名因事见;纭按朱丝,词徵黄绢。
水木写其清华,岩壑郁其葱蒨。
爱植名花,爱开芳燕。
忆姑射之冰肌,梦罗浮之仙眷。
倚长笛兮一声,妒新妆兮半面。

当其曲终金缕,唱彻铜鞮,
吻合尊兮促席,纷纸醉兮金迷。
此花于是舒笑靥,绽新蕤。
斗琼姿而月偃,扶艳质而云低。
绮罗春荻,兰麝香齐。
俨相逢于庾岭,知不隔乎前溪。

及夫英雄逝水,事业怭泷。
烟已消乎绝巘,潮空打乎寒江。
此花于是撑瘦骨,俯晴矼。
倚林峦以终古,凌风雪而不降。
先青春兮九十,飞翠羽之一双。

犹且琼堕凉云,珠沉砑雾。
垂高袂兮翩翩,抱岁衣兮故故。
四时乐府之词,五月江城之路。
鹤守今朝,莺啼前度。
千年细雨高楼,一带斜阳古戍。
人云处士之花,我忆将军之树。

客有灵墟独往,采石频过。
泛牛渚而温郎迹古,登青山而谢客愁多。
惟见依依磵树,郁郁岩柯;霏霏香国,寂寂烟螺。
欢霸图之不再,问良会兮如何?

谁复结想于秋娘之曲,而怆怀于春梦之婆也哉?
爰为之歌曰:梅花零落古山阿,忆否当年白纻歌?
肠断金城大司马,树犹如此感婆娑。

此文因晚清著名廉吏、皖东清史上唯一的封疆大臣吴棠记载才有幸流传下来。吴棠专门为此文写过一段跋语："族兄次山师（吴楷，字次山），嘉庆癸酉拔贡，己卯举人。官广西临桂县，升泗州府知府。著作甚富，皆遗失。仅存此篇，亦得之王笏亭郎中处。棠应童子试时，初学为赋，每呈一艺，辄喜见颜色。特向先大夫言：'叔无忧贫，弟必为后起之秀。'回忆师恩，辄为怆然。师无子，以胞侄炳经嗣。炳经，廪生，江苏候补知县，署奉贤，有声。受业弟棠谨识。"此赋虽作于晚清，但艺术想象力非常丰富，对白纻歌舞演出的时空环境、情绪氛围、高雅格调，以及歌儿舞女的媚人舞姿、心理活动都有详细的铺陈，与祝銮赋的历史感怀形成鲜明对照。在此基础上增加一些情节，创作出一台大型山水实景白纻歌舞应该不是特别困难的事。

　　今天的白纻山区位优越，交通便捷，宁马高速当涂出口的正对面就是白纻山。山上古迹颇多，较著名的有桓公井、挂袍石、四望亭、卧仙杯、齐云亭、兴国禅寺等，今仅存桓公井、挂袍石，笔者2018年6月曾登白纻山实地探访。桓公井据传为当年桓温所凿，井水清澈，终年汩汩，井下有泉，常年不涸。传说桓温曾用此水饮马，故又称"饮马泉"。现在，桓公井仍有一脉细泉，其南方上坡不远处就是挂袍石，石上刻满文字，部分尚可辨认释读，从挂袍石向南望去，大青山横亘天际，两山之间，一片平畴沃野，青山河、姑溪河像两条白亮的丝带，在绿野间蜿蜒飘动，宁芜高速、宁安高铁并排纵贯其间，景色极其优美，令人心旷神怡。想当年，大司马桓温手握重兵，在此欣赏白纻歌舞之际，将战袍披挂巨石之上，俯瞰山下自己一手建造的壮丽的姑孰城，遥望建康，心中一定充满"天下之大，舍我其谁"的万丈豪情，说不定他还会亲自为白纻舞女们吹笛击鼓呢。在桓公井西边，山间尚有明显的古代建筑的台基遗痕和面积广阔的平台，想来就是当年桓温欣赏白纻歌舞的场地。我在场地上还捡得一块云纹瓦当，也许就是东晋旧物，让人无限怅惘。李白当年一定亲临此地，不然，《姑熟十咏·桓公井》不会给人以如此生动的现场感："桓公名已古，废井曾未竭。石甃冷苍苔，寒泉湛孤月。秋来桐暂落，春至桃还发。路远人罕窥，谁能见清澈。"只是当时李白已经感叹"路远人罕窥"，他想象不到，1200多年后的今天，桓公井仍然深藏山间，周边一片荒草藤蔓，常年很少有人到访。1936年4月，时任南京《旅行杂志》记者的洪素野曾现场踏访白纻山，随后写下一篇游记《白纻青山带雨游》，此文收入1944年中国旅行社印行的《皖南旅行记》一书中。文中，洪素野几经辗转终于登上白纻山，忽遇山中一位僧人，便向他询问何处为桓温登临地，僧人谓"即此便是"。如今，僧人早已驾鹤归去，山间尚有零星几处规模极小的祠庙，粗朴简陋，供奉来历不明的各方神圣，从残留的火纸和香烛看，偶有附近乡民来此祭拜，但不管怎么说，白纻山的一脉香火总算继承了下来。历代地理典籍《读史方舆纪要》《方舆胜览》《舆地纪胜》《太平寰宇记》等，都对桓温在此举行白纻歌舞表演加以记载。因此，将白纻山打造为"中国山水实景演出发源地"、将桓温命名为"创意中国山水实景演出的鼻祖"具有充足的历史依据。

可在规划先行的前提下，以桓公井上方的白纻广场为核心，逐步复建四望亭、卧仙杯、齐云亭、兴国禅寺等古代建筑，修缮桓公井，清除挂袍石周围的杂树，突出挂袍石的地标意义，将历代典籍中关于白纻山的记载铭碑勒石，再从上千首白纻歌中选择精品力作，在全国范围内征集书法作品，形成白纻山诗歌廊道。同时，将白纻山纳入周边旅游线路，打通白纻山—小黄山—采石矶（含小九华山、宝积山）—大青山—横山—白纻山旅游环线。依托宁马高速，使大青山、白纻山分别成为马鞍山江南地区南北旅游门户和游客集散中心，进一步打响白纻山"中国山水实景演出发源地"品牌。

第三节
加强区域合作，扩大白纻歌舞的影响

"吴宫"是白纻歌的首要主题，其遗址在江苏苏州，西施故里就是今天的浙江诸暨，明清诗人屡屡咏及的白纻城就是今天的上海松江，白纻山在安徽当涂，以上四地分别属于苏浙沪皖，恰好都在长三角经济协作区内。在第三章中，对白纻城与白纻山已征引一些文献，下面先了解一下诸暨苎萝山和姑苏"吴宫"的有关情况。清代吴江人杨淮（字蓣兰）撰《古艳乐府》，其中有一首《白纻歌》并序：

西施生于越之苎萝村，姓施氏，家居村之西，名因称焉，有国色。越方图沼吴之计，遂居之为奇货。饰以罗縠，教以歌舞，令范蠡进于吴，夫差果大悦，乃释越。于是建姑苏之台，创馆娃之宫。步响屧廊，棹锦帆泾，歌舞吴宫，追欢日夜，以底于亡。吴亡后，西施随范蠡泛五湖而去。或曰："沉之江以谢鸱夷。"未详孰是。

苎萝村里柳絮飞，几家女儿制罗衣。
怪底西家有之子，乱头粗服浣纱溪。
乱头粗服天姿绝，何物老媪生国色。
向人含颦默无言，背人挥泪娇难匿。
一朝应诏入吴宫，珠衫汗湿怯晓风。
歌舞追欢乐未央，运筹衽席建奇功。
奇功就，伯图覆。画桨芙蕖瘦，胥台麋鹿走。
响屧郎空馆娃秋，抱香残月昏黄候。

这首《白纻歌》明确无误地告诉人们，苎萝就是白纻，西施浣纱，浣的就是白纻纱。无独有偶，曾任诸暨图书馆馆长、《诸暨县志》编辑的当代人杨士安曾写过一篇短文《苎萝与苎萝山》：

古人云："从来地以人传，人以异传；异可传人矣，人可传地矣。"西施,以其报国爱乡之志,沉鱼落雁之容而得千古颂扬,此"异可传人"也;苎萝山以其西子之所出而得名播中外,此"人可传地"也。

苎萝之名盛矣。东汉《越绝书》早有"美女西施、郑旦……出于苎萝山"之载;《吴越春秋》亦有"苎萝山鬻薪之女曰西施"之录。唐代,李白(701—762)有"西施越溪女,出自苎萝山"之作;宋之问(656?—712)有"山薮半潜匿,苎萝更蒙遮"之篇;李欣(或作齐己,863—937)谓:"薄暮归去来,苎萝生碧烟";李商隐(813—858)云:"亦若暨罗女,平旦妆容颜";徐寅《西施赋》:"苎萝之山,越水之湾,恐是神仙之化,忽生桃李之颜";崔道融《西施诗》:"苎萝山下如花女,占得姑苏台上春。"迨宋,秦观有"苎萝村冷起闲愁"之词;范成大有"不见苎萝人,空吟若耶曲"之诗。至元,张翥曾题"西施浦头鸿雁声,苎萝山下於菟行";贡师泰每叹"当时何事太情多?不悟危机出苎萝"。彤管斑斑,史籍昭昭,无可胜数。此苎萝诚有荣于暨耶!

苎萝山固以西子而传矣。或问:"何为苎萝?"答曰:"苎萝者,苎麻也。"晋郭璞《本草注》云:"苎,江东人呼为苎罗。"苎萝,又作苎罗。唐陆德明(550?—630)释文:"纻,字又作苎。"西施之所浣者,苎纱也;西施之所织者,苎布也。苎麻乃荨麻科植物,多年生草本,其茎部柔韧而有光泽。或供纺织,或供制网,亦可用作造纸,其根,则可入药。苎萝山之与岐黄,有缘久矣。前此1400余年之南齐,已有诸暨苎萝山屠氏女为人治病之说。据《南齐书》记载:"诸暨东洿里屠氏女,父失明,母痼疾,亲戚相弃,乡里不容。女移父母远住苎萝,昼樵采,夜纺绩以供养……(后学习医道),为人治病……邻舍人有中溪蜮毒者,女试治之,自觉病便差……为人治疾,无不愈。"此恐为吾暨医学之最早见诸正史者也。

如今,虽浣纱古石依旧,然柴门蓬户难觅也。西施故里,已面貌焕然矣![1]

此文虽短,但引经据典基本讲清了苎萝山、苎萝、西施、

---

[1] 《诸暨报》,1991年12月1日。

浣纱的关系，再一次证明苎萝其实就是后世所讲的白纻，西施浣纱就是西施浣白纻纱。清代宋湘《范蠡载西施图歌》其一也直接咏道"白纻衣边浣纱泪，乌栖台侧采莲歌"。苎萝山上现在还有为数众多的西施遗迹群。西施浣纱这一故事启发后世创作大量的白纻歌。

白纻歌里的"吴宫"无一例外都是指吴王夫差为西施修建的"馆娃宫"。馆娃宫旧址在今苏州西南的木渎灵岩山上。相传现在的灵岩山寺大殿，即是建在馆娃宫殿堂旧址上。山上现今尚存吴王遗迹和古迹有：吴王井、梳妆台、玩花池、玩月池、响廊、琴台、西施洞、智积井、长寿亭、方亭等。园林学家认为，馆娃宫是中国历史上一座比较完备的早期园林，当然也是苏州园林的雏形。和苎萝山、白纻山、白纻城一样，古往今来文人墨客也为馆娃宫留下数不清的诗词歌赋，这里仅各举一位明、清诗人的诗歌以略作感受。

古六宫诗六首·吴宫
(明)邓云霄

南国佳人自苎萝，屧廊香径夜经过。
啼乌渐散城头鼓，斜月潜窥帐底歌。
金虎气沉三尺剑，红颜春载五湖波。
千秋胜地多游女，笑上荒台踏绿莎。

伤吴宫
(明)邓云霄

馆娃宫畔暮烟迷，响屧廊中返照西。
莫话吴王当日事，恐惊寒鸟一时啼。

吴宫曲
(清)俞兆晟

馆娃春深昼寂寂，美人列坐弹瑶瑟。
自裁白纻六铢衣，回雪流风侍君侧。
清歌珠串裛入云，梁尘不动花缤纷。
繁弦急管停复作，当筵催进泥金裙。
军声殷殷来槜李，犀甲晶莹照秋水。
破楚门东铁骑围，君王夜醉扶不起。
《白纻歌》残事已非，洞庭渔唱雨霏霏。
至今城上乌啼急，犹听吴娘夜捣衣。

由于白纻歌舞研究的滞后,上述四地似乎从未想过合作问题。我们认为,以白纻歌舞为纽带,合作研究开发白纻歌舞资源是有益的。其一,联合召开白纻歌舞学术讨论会,有助于汇集高校、学术研究机构学者和地方文史学者的智慧,取长补短,加快形成研究白纻歌舞的热烈气氛。我们注意到,各地方学者都在孤立地研究,眼界和学术层次都不高,不能形成阵势,缺乏影响力。而高校学者多数只注重文本,多作学理推演,很多结论悬在半空,如果能够做好结合文章,对推进白纻歌舞研究当起到事半功倍的效果,提升学术档次,影响力也会大大增强。其二,可以从源头上阻止一些无中生有、急功近利事件的发生。例如,在浙江省内,萧山和诸暨就为西施故里产生了一些矛盾,且前后争论长达30年之久,"萧山造假西施故里"一事在网上闹得沸沸扬扬。① 客观地看,萧山因政绩冲动而举止过火,引来全国诸多一流专家的批评,但毕竟只有诸暨一地努力在以正视听,效果并不明显,如果有多地联合研讨,造假事件就有可能得到很好的处理,最终平息下来。其三,各地合作实施区域联动,还可以相互借鉴,共同对外宣传白纻歌舞,形成集束效应,同时差异化开展景点建设,吸引游客。

第四节
编创一台现代大型山水实景歌舞《白纻歌舞》

在我们有限的阅读范围内,2014年北京舞蹈学院诸葛丽娜的《四时白纻舞的由来与发展》和2016年江南大学解亚飞的《吴地乐舞"白纻舞"考论》两篇硕士学位论文对编创山水实景歌舞《白纻歌舞》有着直接的借鉴意义。

---

① 《西施故里之争何时休》,《光明日报》,2016年11月8日05版。

前者以沈约的"四时白纻歌舞"为核心,通过对"四时白纻舞"的复现,探索中国古典舞在当代重建中的两个问题,一是如何考证古代舞蹈的遗存,二是如何以形象化的手段复现考证的结果——特别是袖舞。该文指出对于"四时白纻舞"的复现,是指在某种程度或不同程度上再造文献上的古代舞蹈及文本本义,与完全地或绝对地"再现"有着本质上的区别。而事实上,"再现"无论在理论上或是在实践上看来都是不可能的。该文研究的价值在于将静态的历史材料鲜活直观地呈现在舞台上。首先,这种呈现基于对白纻舞历史资料遗存的研究,从传统文化中去破解,同时借鉴舞蹈"活化石"——戏曲舞蹈、民间舞蹈等所传递出的遗存信息,发现并重新解读历史。其次,需要展开自己的想象和联想,创造性地将这些静态的历史材料动态化、技术化。只有当我们将深入了解和挖掘的中国传统舞蹈文化与已经掌握的技术融合在一起,才能使思考变成实践。最后,复现中国古代舞蹈的本质是如何提炼和发展其舞蹈语言,这不仅属于继承传统舞蹈文化的问题,而且是中国古典舞是否能够获得丰富的创作源泉的关键。古典舞的创作必须沿寻"守格、破格、创格"这条道路,这个"格"既是中国传统舞蹈文化所特有的思想观念,也是舞蹈身体语言形态的具体所指。

后者在分析"白纻舞"魏晋时期"淳朴热情"—南北朝时期"奢靡艳丽"—隋唐时期"从容雅缓"的艺术特色嬗变轨迹后,回归"白纻舞"的乐舞本体,结合相关历史资料,运用"以诗补史"的方法,整理并论证"白纻舞"的舞容乐貌。从"白纻舞"的舞蹈服饰、舞蹈动作、演奏乐器、演奏乐曲等方面进行梳理分析,探寻出"白纻舞"轻盈流动的动作特点、思慕仙境的意境追求,以及浓情艳逸的表演风格。更为重要的是,此文在"'白纻舞'的演奏乐曲"一节专门介绍了两首白纻古曲,并对两曲作了简要分析。先移录于此:

图六十六 十三弦筝曲《白纻》译谱

译谱篇·横笛谱译谱

白 柱

选自《博雅笛谱》
叶栋 解译

图六十七 横笛《白柱》译谱

关于"白纻舞"乐曲,在日本保存的《仁智要录》和《博雅笛谱》中,分别记录了筝曲《白柱》一首,笛曲《白柱》一首。按照叶栋先生的分析,《白柱》即《白纻》,叶栋先生在《唐乐古谱译读》中有详细的论述:

"唐代,歌《白纻》甚盛。《大日本史》三四八'般涉调曲'有《白柱》,注云:'白柱'亦与'白纻'音相近,盖同曲。《仁智要录》筝曲《白柱》注云:'拍子九,一说拍子八。'如按两小节一乐句、一句辞,则原曲大致是'拍子八'。但该曲谱第三乐句扩展一小节,第三句辞末三字予以反复,故全曲实为'拍子九'、十八小节、四乐句(2+2+3+2)。该曲旋律流美、清澈,富有'调轻白纻曲,歌遏碧云天'之感"。

《大日本史》中认为"白柱"与"白纻"发音相近,应该是同一曲目。我认为这种解释是可取的,《仁智要录》和《博雅笛谱》收录的大都是唐代曲目,"白纻"又是唐代重要的乐舞之一,并且历史文献中没有记录与"白纻"相同发音的其他曲目,因此这样的推断是合理的,"白柱"即"白纻"。

按照《大日本史》的记载,"白纻"属于三四八"般涉调曲",拍子有拍子八或者拍子九,按照叶栋的分析,筝曲《白柱》应该是拍子九,正好与李白的《白纻辞三首》相对。这些古曲经过中国音乐工作者的辛勤研究,已经被译为五线谱,昔日的古代乐曲,如今能够再现于世,为"白纻舞"的复现注入了新的生命力。

近期,邓岩欣先生又将这个古谱整理成现代简谱并试唱出来,有幸聆听的人都感觉古意盎然(图六十八)。这些资料极其珍贵,为我们复现或创制《白纻歌舞》提供了难得的原始素材。但是,它们都只立足于唐代以前的文献,宋元明清的白纻歌没有涉及,这就需要结合前文提到的有关赋文和诗词作品,进行创意想象,创造出既有传统意蕴,又有时代气息的新的白纻歌舞。

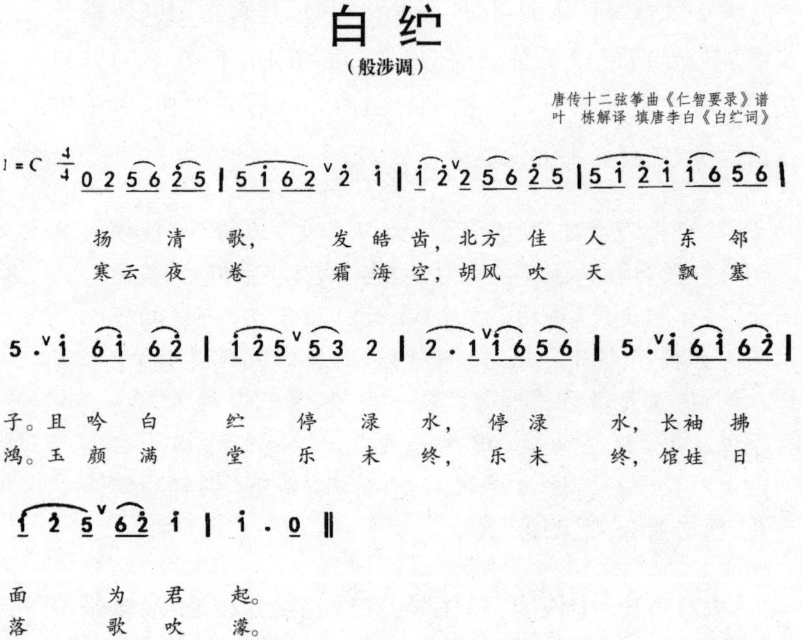

白　纻
（般涉调）

唐传十二弦筝曲《仁智要录》谱
叶　栋解译　填唐李白《白纻词》

[简谱乐谱]

扬　清　歌，　　发皓齿，北方　佳　人　　东邻
寒云夜卷　　霜海空，胡风吹天　　飘塞
子。且吟白　纻停渌水，停渌水，长袖拂
鸿。玉颜满堂乐未终，乐未终，馆娃日
面　　为君　起。
落　歌　吹　箫。

图六十八　邓岩欣整理的简谱

在本书作者的影响及提供的相关基础研究资料的基础上,已有艺术家开始涉足创作白纻歌舞。作曲家王怀坚为《晋白纻舞歌诗》谱曲,曲调婉转,风格悠扬,颇具民族传统气息,已经被搬上舞台试演。剧作家李冶金创作了七幕歌舞剧剧本《白纻春秋》,该剧本首次以白纻歌舞的形式将东晋大司马桓温形象推向当代艺术舞台。桓温西灭成汉,三次北伐,最后功败垂成,还被一些历史学家看成觊觎皇位的一代枭雄,成为悲剧性的历史人物。但他不畏艰难险阻,一生追求国家统一,同时胸襟豁达,善于发现、利用各类人才,自身也兼具名士性格。本剧歌颂历史人物为国家统一作出的贡献,同时发掘白纻歌舞的历史文化资源,将两者有机结合,尝试创造出新颖的艺术形式。该剧歌、舞、诗相结合,均属原创。舞姿舞容是对文献深入研究后的提炼融合。音乐借用唐代流传下来的古谱融汇当今流行的古风创作而成。唱词绝大多数为作者新创,少量直接取自《乐府诗集》,但这些新创歌词格律完全按照《平水韵》创作的,显示了作者深厚的传统文学功力。更为难得的是,新旧诗词的意境能够很好地融为一体,以至于一些颇有修养的作家也很难分清哪首是古诗,哪首是新作。该剧虚实结合,把战争推向远景或回忆中,把桓温和凌赟的情感推向前台,英雄气和儿女情互为交织,儿女情以英雄气为支撑,英雄气因儿女情而动人,剧情波澜起伏,大开大合,雄浑细腻,底蕴较深,摆脱了一般戏剧的浅薄、煽情和苍白。但一些专家认为,该剧剧本仍然需要深度打磨,才能最终搬上舞台。2017年,当涂县白纻歌舞演艺有限公司和安徽师范大学音乐学院合作《白纻歌舞》,申报2018年国家艺术基金。并将《晋白纻舞歌诗》曲,由中国歌剧舞剧院吴庆东导演编为《白纻韵》舞蹈,参加了安徽省第二届"群星奖"比赛,进入决赛。目前所有这些创作都还只是尝试性的初创,离成熟的大型歌舞剧还有很大一段距离。2017年,由中国歌剧舞剧院、中共马鞍山市委宣传部、马鞍山市文化和旅游委员会联合出品，国家艺术基金资助剧目推出的大型原创舞剧《李白》已在北京、合肥、马鞍山等地演出，《光明日报》专文论该剧"在呈现上精致细腻、唯美写意，似一缕清风，吹来了中国舞剧艺术不断进取力求创新的时代之风"。① 该剧中《白纻舞》一段，极其精彩，时长约7—8分钟，艺术地复现了盛世大唐江南地区和平安宁的时代特质、地域特点以及劳动人民安居乐业、乐享山水的日常生活。虽《白纻舞》只是一个精彩片段，但它给了我们充分的信心，如果以此为基础，充实艺术情节，将完全可以扩展为一部完整的舞剧。

2017年，中共中央办公厅、国务院办公厅印发《关于实施中华优秀传统文化传承发展工程的意见》，意见指出要"坚持创造性转化、创新性发展"原则，要"挖掘和保护乡土文化资源"，"善于从中华文化资源宝库中提炼题材、获取灵感、汲取养分，把中华优秀传统文化的有益思想、艺术价值与时代特点和要求相结合，运用丰富多样的艺术形式进行当代表达，推出一大批底蕴深厚、涵育人心的优秀文艺作品"，强调"注重实践与养成、需求与供给、形式与内容相结合，把中华优秀传统文化内涵更好更多地融入生产生活各方面"。加强对白纻歌舞的研究和对其研究成果的艺术转换，就是脚踏实地地落实意见精神，相信在不久的将来，一台既有浓厚传统韵味，又有鲜明时代特色，兼具独特地域风情的白纻歌舞一定会呈现给广大观众。

---

① 《光明日报》，2018年3月16日16版。

参考文献

【专著】

[1] 齐如山. 国剧身段谱. 北京:北平国剧学会,1935.

[2] 洪素野. 皖南旅行记. 中国旅行社,1944.

[3] 杨荫浏. 中国音乐史纲. 上海:万叶书店,1952.

[4] (清)严可均校辑. 全上古三代秦汉三国六朝文. 北京:中华书局,1958.

[5] 梅兰芳述,许姬传记. 舞台生活四十年(第一集). 北京:中国戏剧出版社,1961.

[6] (梁)萧子显撰. 南齐书. 北京:中华书局,1972.

[7] (晋)陈寿撰,(宋)裴松之注. 三国志. 北京:中华书局,1973.

[8] (唐)房玄龄等撰. 晋书. 北京:中华书局,1974.

[9] (梁)沈约撰. 宋书. 北京:中华书局,1974.

[10] (后晋)刘昫等撰. 旧唐书. 北京:中华书局,1975.

[11] (唐)李延寿撰. 南史. 北京:中华书局,1975.

[12] 余冠英译. 诗经选译. 北京:人民文学出版社,1978.

[13] (宋)郭茂倩编. 乐府诗集. 北京:中华书局,1979.

[14] 欧阳予倩主编. 唐代舞蹈. 上海:上海文艺出版社,1980.

[15] (汉)许慎撰. 说文解字. 北京:中华书局,1981.

[16] 宗白华. 美学散步. 上海：上海人民出版社，1981.
[17] （清）何文焕辑. 历代诗话. 北京：中华书局，1981.
[18] 孙景琛，吴曼英编著. 中国历代舞姿. 上海：上海文艺出版社，1982.
[19] 丁福保辑. 历代诗话续编. 北京：中华书局，1983.
[20] （宋）庄绰撰，萧鲁阳点校. 鸡肋编. 北京：中华书局，1983.
[21] 逯钦立辑校. 先秦汉魏晋南北朝诗. 北京：中华书局，1983.
[22] 常任侠. 中国舞蹈史话. 上海：上海文艺出版社，1983.
[23] （清）黄景仁著，李国章标点. 两当轩集. 上海：上海古籍出版社，1983.
[24] 景印文渊阁四库全书. 台北：台湾商务印书馆，1983.
[25] 中国艺术研究院音乐研究所，《中国音乐词典》编辑部编. 中国音乐词典. 北京：人民音乐出版社，1984.
[26] 孔祥星，刘一曼. 中国古代铜镜. 北京：文物出版社，1984.
[27] （东汉）赵晔撰. 吴越春秋. 北京：中华书局，1985.
[28] 唐圭璋编. 词话丛编. 北京：中华书局，1986.
[29] 李德身. 王安石诗文系年. 西安：陕西人民出版社，1987.
[30] （明）杨慎. 升庵诗话笺证. 上海：上海古籍出版社，1987.
[31] （梁）宗懔撰，宋金龙校注. 荆楚岁时记. 太原：山西人民出版社，1987.
[32] 董楚平. 吴越文化新探. 杭州：浙江人民出版社，1988.
[33] 阴法鲁，许树安主编. 中国古代文化史. 北京：北京大学出版社，1989.
[34] 于平. 中国古典舞与雅士文化. 长春：吉林教育出版社，1992.
[35] 中国大百科全书·舞蹈卷. 北京：中国大百科全书出版社，1992.
[36] 王能宪. 世说新语研究. 南京：江苏古籍出版社，1992.
[37] 卢德平主编. 中华文明大辞典. 北京：海洋出版社，1992.
[38] 汉魏六朝诗鉴赏辞典. 上海：上海辞书出版社，1992.
[39] （宋）王象之撰. 舆地纪胜. 北京：中华书局，1992.
[40] 何星亮. 中国图腾文化. 北京：中国社会科学出版社，1992.
[41] 王利器撰. 颜氏家训集解. 北京：中华书局，1993.
[42] 余嘉锡撰. 世说新语笺疏. 上海：上海古籍出版社，1993.
[43] 续修四库全书. 上海：上海古籍出版社，1995.
[44] 王运熙. 乐府诗述论. 上海：上海古籍出版社，1996.
[45] 苏东天选释. 诗经新释选. 北京：文化艺术出版社，1996.

[46] 吴功正.六朝美学史.南京:江苏美术出版社,1996.

[47] 梅韵麒风——梅兰芳周信芳百年诞辰纪念文集.北京:中国戏剧出版社,1996.

[48] 万绳楠等.中国长江流域开发史.合肥:黄山书社,1997.

[49] 郑永晓.黄庭坚年谱新编.北京:社会科学文献出版社,1997.

[50] 霍然.宋代美学思潮.长春:长春出版社,1997.

[51] 邹文生,王剑等.陈楚文化.沈阳:辽宁教育出版社,1998.

[52] (唐)李白著,(清)王琦注.李太白全集.北京:中华书局,1998.

[53] (汉)郑玄注,(唐)孔颖达等疏.礼记正义.北京:北京大学出版社,1999.

[54] (西汉)司马迁.史记.北京:中华书局,1999.

[55] 李泽厚.美学三书.合肥:安徽文艺出版社,1999.

[56] 周勋初文集(第一卷).南京:江苏古籍出版社,2000.

[57] (梁)钟嵘撰,吕德申校释.钟嵘《诗品》校释.北京:北京大学出版社,2000.

[58] 冯双白等.图说中国舞蹈史.杭州:浙江教育出版社,2001.

[59] 吴广平编注.宋玉集.长沙:岳麓书社,2001.

[60] 杜月村.楚辞新读.成都:巴蜀书社,2001.

[61] 钱玄等注译.周礼·春官·笙师.长沙:岳麓书社,2001.

[62] 黄中骏.湖北传统乐舞概论.武汉:长江文艺出版社,2001.

[63] 蒋英炬,杨爱国.汉代画像石与画像砖.北京:文物出版社,2001.

[64] 刘恩伯编著.中国舞蹈文物图典.上海:上海音乐出版社,2002.

[65] 周汛,高春明.中国古代服饰风俗.西安:陕西人民出版社,2002.

[66] 高书林编著.淮北汉画像石.天津:天津人民美术出版社,2002.

[67] 郭淑芬等编.常任侠文集.合肥:安徽教育出版社,2002.

[68] 马汉国主编.微山汉画像石选集.北京:文物出版社,2003.

[69] (宋)祝穆撰.方舆胜览.北京:中华书局,2003.

[70] 杨天宇撰.周礼译注.上海:上海古籍出版社,2004.

[71] 杨荫浏.中国古代音乐史稿.北京:人民音乐出版社,2004.

[72] 罗宗真,王志高.六朝文物.南京:南京出版社,2004.

[73] 骆正.中国京剧二十讲.桂林:广西师范大学出版社,2004.

[74] 袁禾. 中国古代舞蹈史教程. 上海：上海音乐出版社，2004.
[75] (清)顾炎武撰. 肇域志. 上海：上海古籍出版社，2004.
[76] 孔凡礼撰. 苏轼年谱. 北京：中华书局，2005.
[77] 文怀沙. 屈原招魂今译. 天津：百花文艺出版社，2005.
[78] 古方主编. 中国出土玉器全集(安徽卷). 北京：科学出版社，2005.
[79] 费振刚,仇仲谦,刘南平校注. 全汉赋校注. 广州：广东教育出版社，2005.
[80] 顾祖禹. 读史方舆纪要. 北京：中华书局，2005.
[81] 于北山. 陆游年谱. 上海：上海古籍出版社，2006.
[82] 王士伦,王牧编著. 浙江出土铜镜. 北京：文物出版社，2006.
[83] 李修松. 先秦史探研. 合肥：安徽大学出版社，2006.
[84] 南京市博物馆编. 南京文物考古新发现. 南京：江苏人民出版社，2006.
[85] 冯普仁. 吴越文化. 北京：文物出版社，2007.
[86] (宋)乐史撰. 太平寰宇记. 北京：中华书局，2007.
[87] 张㧑之译注. 世说新语译注. 上海：上海古籍出版社，2007.
[88] 张庚,郭汉城主编. 中国戏剧通史. 北京：中国戏剧出版社，2007.
[89] 陈振裕. 战国秦汉漆器群研究. 北京：文物出版社，2007.
[90] 梁燕. 齐如山剧学研究. 北京：学苑出版社，2008.
[91] 王宁宁. 中国古代乐舞史. 太原：山西人民出版社，2009.
[92] 李泽厚. 美的历程. 北京：生活·读书·新知三联书店，2009.
[93] 梁海燕. 舞曲歌辞研究. 北京：北京大学出版社，2009.
[94] 王国维. 宋元戏曲史. 北京：中华书局，2010.
[95] 安徽省文物考古研究所,铜陵市文物管理局编. 皖江汉魏铜镜选粹. 合肥：黄山书社，2010.
[96] (明)梁辰鱼著,吴书荫编集校点. 梁辰鱼集. 上海：上海古籍出版社，2010.
[97] 梅兰芳. 梅兰芳谈艺录. 长沙：湖南大学出版社，2010.
[98] 彭松. 中国舞蹈通史(魏晋南北朝卷). 上海：上海音乐出版社，2010.
[99] 沈从文. 中国古代服饰研究. 北京：商务印书馆，2011.
[100] 王克芬. 万舞翼翼——中华舞蹈图史. 北京：中华书局，2012.
[101] 方铭主编. 中国文学史(魏晋南北朝隋唐五代卷). 长春：长春出版社，2013.

[102] 俞为民. 昆曲. 南京:译林出版社,2013.

[103] 聂非,张曦. 鉴赏与投资:辨藏中国古代漆器. 天津:百花文艺出版社,2013.

[104] 王克芬. 中国舞蹈发展史. 上海:上海人民出版社. 2014.

[105] 绿净评注. 诗经评注. 上海:上海三联书店,2014.

[106] 梁宇. 汉代袖舞研究. 武汉:华中师范大学出版社,2014.

[107] 蒋勋. 美的沉思. 长沙:湖南美术出版社,2014.

[108] [日]青木正儿等. 品梅记. 北京:文化艺术出版社,2015.

[109] 孙景琛总主编. 中国乐舞史料大典——杂录编. 上海:上海音乐出版社,2015.

[110] [法]艾黎·福尔. 世界艺术史. 北京:中国财政经济出版社,2015.

[111] 顾鸣编著. 风雨跌宕三百年——东晋南朝时期的姑孰. 芜湖:安徽师范大学出版社,2016.

【论文】

[1] 赵青芳. 南京市北阴阳营第一、二次的发掘. 考古学报,1958,(01).

[2] 柳涵. 邓县画像砖墓的时代和研究. 考古,1959,(04).

[3] 闻性真. "白纻舞"小考. 舞蹈丛刊,1958,(01).

[4] 温少峰,袁庭栋. 古文字中所见的古代舞蹈. 成都大学学报(社会科学版),1981,(02).

[5] 陈桥驿.《水经注》中记载的农田. 中国农史,1982,(01).

[6] 牟永抗. 绍兴306号战国墓发掘简报. 文物,1984,(01).

[7] 肖梦龙. 江苏丹徒大港母子墩西周铜器墓发掘简报. 文物,1984,(05).

[8] 春秋时期吴王余眛墓得到确认. 文汇报,1986-05-23.

[9] 殷亚昭. 先吴古舞考. 艺术百家,1987,(02).

[10] 浙江省文物考古研究所. 余杭瑶山良渚文化祭坛遗址发掘简报. 文物,1988,(01).

[11] 于平. "万舞"与"蛙文化". 舞蹈论丛,1989,(01).

[12] 黄翔鹏. 舞阳贾湖骨笛的测音研究. 文物,1989,(01).

[13] 王明达. 反山良渚文化墓地初论. 文物,1989,(12).

[14] 殷亚昭.从《白鹤舞》到《白纻舞》——吴舞探索.文史知识,1990,(11).

[15] 殷伟仁.谈谈吴人的"文身断发"风俗.文史知识,1990,(11).

[16] 李永飞.七千年的瑰宝.光明日报,1993-05-09.

[17] 王克芬.荟萃交流 异彩纷呈——论魏晋南北朝文化·乐舞.文艺研究,1998,(05).

[18] 卢海鸣.六朝时期建康的语言状况辨析.东南文化,1999,(05).

[19] 费秉勋.楚辞与楚舞.古典文学知识,2000,(05).

[20] 刘刚.关于宋玉《舞赋》的问题.辽宁大学学报,2002,(04).

[21] 蒋苏黎.飘逸与轻绝的涟漪——试说"白纻舞".长沙大学学报,2004,(03).

[22] 梁海燕.舞曲歌辞研究.2005年度首都师范大学硕士学位论文.

[23] 方孝玲.《白纻》舞、歌、辞考论.2006年度安徽大学硕士学位论文.

[24] 田彩仙.气韵生动与魏晋南北朝乐舞.漳州师范学院学报(哲学社会科学版),2006,(03).

[25] 田彩仙.六朝"白纻舞歌辞"的发展及审美价值.文艺研究,2006,(08).

[26] 方孝玲.《白苎歌》:从乐府到元曲.合肥师范学院学报,2008,(05).

[27] 梁海燕.汉唐舞曲乐府诗探析.南华大学学报(社会科学版),2008,(06).

[28] 陈春.《白纻舞》的溯源探流.鄂州大学学报,2008,(07).

[29] 方孝玲.《白纻辞》的拟代——兼论乐府诗拟代中的复变规律.安徽农业大学学报(社会科学版),2010,(02).

[30] 方孝玲,吴怀东.《白纻辞》与七言诗体的发展.宁夏师范学院学报,2010,(02).

[31] 方孝玲.《白纻歌》考.合肥师范学院学报.2010,(07).

[32] 毛小华.古称《渌水》今《白纻》——《渌水》与《白纻》的关系探微.乐府学,2010,(12).

[33] 王子初.中国音乐考古的十大发现.星海音乐学院学报,2012,(02).

[34] 李宏梅,朱华东.皖南出土鸟首饰件考.东方博物,2012,(03).

[35] 陈维昭.齐如山的戏曲实践与汉魏俗舞.浙江大学学报(人文社会科学版),2012,(03).

[36] 杜运通.《白纻舞歌辞》价值论.乐府学,2012-04-30.

[37] 李立,李传荣.汉代巾舞长袖舞向着歌舞戏发展的演变态势.南都学坛,2013,(06).

[38] 杨名.论《白纻舞》的发展与唐代《白纻辞》的创作.西昌学院学报(社会科学版),2014,(03).

[39] 郑鑫燕.吴地《白纻舞》中水袖于昆曲中的运用——以昆曲《活捉三郎》为例.大众文艺,2014,(03).

[40] 诸葛丽娜.四时白纻舞的由来与发展.2014年度北京舞蹈学院硕士学位论文.

[41] 韩文娟.桓温研究——以与文人的交游及其创作为中心.2014年度山东师范大学硕士学位论文.

[42] 王子初.近年来我国吴越音乐考古资源的调查与研究.艺术百家,2015,(01).

[43] 孙玲.浅谈江南民间舞《白纻舞》的古今流传.艺术教育,2015,(05).

[44] 郭殿忱.唐人咏《白纻》乐府诗异文校释.北京舞蹈学院学报,2016,(02).

[45] 解亚飞.吴地乐舞"白纻舞"考论.2016年江南大学硕士学位论文.

[46] 陈益.梁辰鱼的昆曲中州韵.寻根,2017,(03).

[47] 程章灿.英雄桓温和他的文学圈.文史知识,2017,(03).

[48] 闫伟康.试论中国古代舞蹈的文学书写与当代创作——以当代作品《白纻舞》与《胡旋舞》为例.北京舞蹈学院学报,2018,(02).

[49] 王岩,李一平.魏晋乐舞中所呈现的美学思想——以《白纻舞》为例.艺术评鉴,2018,(07).

[50] 解亚飞.隋唐"白纻舞"的演变与融合.艺术教育,2018,(09).

后 记

《白纻歌舞研究》是 2015 年度省宣传文化领域拔尖人才项目,在写作过程中,我们不断与相关专家学者就这一问题进行探讨,课题有所延伸,最后遂定名为《白纻舞及其歌辞的文化解读》。

写完本书的最后一个字,那个夜晚我如释重负,但内心却难以平静,许多事情浮现在眼前。2014 年 7 月,我离开了我热爱的文博工作岗位,随后又遭遇疾病,伤痛之后,看似多舛的命运背后,却被一双更大的手接住了。多年来,我对学术的执着,也许感动了上苍。机遇垂青着追求她的人,一直喜爱的白纻歌舞研究就像一束阳光,穿透清晨。我终于明白原来这才是我所喜爱的。新的生活开始了,我潜下心来,全身心地和曹化根先生一道专心从事白纻歌舞专题研究。曹化根先生学养深厚,在资料收集、结构把握、内容编写上常常有独到的见解。更多的是感叹自己是如此幸运,三年来,我们通过查阅文献资料、阅读相关书籍,并进行民间采风和实地考察,完成了《白纻舞及其歌辞的文化解读》书稿的撰写。该书约十六万字,六十余幅图片,分为五个章节,第一章白纻舞的渊源,第二章白纻舞的形成、流变,第四章白纻歌舞对后世戏曲的影响,由我撰写。第三章历代白纻歌辞的创作,第五章整理、研究、开发"白纻"资源的初步构想,由曹化根撰写。

在写作中,我也结识了喜爱白纻舞这一话题的老师和朋友们,并得到了他们的鼓励和无私帮助。安徽工业大学文法学院赵子文教授、《马鞍山日报》资深编辑、六朝史专家顾鸣两位先生有宽厚慈祥的长者之风,学识渊博,本书在资料的利用、观点的提炼乃至文字的修改等方面,都凝聚了两位先生的心血。其中,顾鸣老师提出了史论文体的语言可以换作散文化的语言的建议,增加了这本书的可读性。文学博士、南京金陵科技学院程宏亮教授,在繁忙的教学工作中,挤出时间,认真审阅书稿,提出了有益的意见。令人非常感念的是,安徽省政协副主席、教授、博导李修松先生,中国乐府学会会长、博导吴相洲先生,中国人民大学教授、博导袁济喜先生,在肯定本书价值的同时,也从多方面提出了十分有价值的建议,使本书得到了进一步的完善。中国古床博物馆创办人、热爱中国传统文化的刘维先生,在本书写作前期的采风、资料收集等方面给予了无私的帮助和支持。王怀坚老师、赵西鳌老师、邓岩欣老师、张朝晖老师在音乐方面给予指导和帮助;郭翠华老师、李治金老师、夏冰老师是曹化根先生和我一路走来的知音朋友,白纻歌舞一直是我们讨论的话题。他们真切的话语,经常会碰撞出思维的火花,令我身心受益。邓雁女士对本书的封面设计,多所用心,增添了本书的意境神韵;孙艺峰、冉冉,两位年轻人不厌其烦地编辑图片并协助整理参考文献书目,陶泽芳女士参与了资料整理。感谢中国人民大学教授、博导袁济喜先生百忙之中为此书赐序,揄扬之情增添了我们继续前行的动力。本书出版得到了马鞍山市文联领导的多方关照及文联的经费支持,安大出版社姜萍等各位老师,精心审读书稿,订正了不少疏误之处。

  由于白纻歌舞原始文献极其匮乏,基础研究相当薄弱,尽管我们有些准备,真正动手撰写时仍然感到困难重重。现在,书稿虽然完成了,但我们知道还存在不足,专家、老师们提出的一些极具学术意味的观点,比如:白纻歌与柏梁体及七言歌行的关系,白纻舞与巾舞等相似舞蹈的异同,沈约、李白等名家创作白纻歌的专章研究,等等,都尚未能充分展开。我和化根先生对此心存感念,待资料渐丰来日有暇时再作更进一步的研究。

  感谢我的家人,尤其是兄嫂在生活中对我无私的关爱和照顾,让我安心阅读和写作。还有许许多多曾经给予我无私关爱的老师、同事、同行,曾经给我阳光和欢乐的朋友,必然在我内心留下永恒的印记,我也将怀着一颗感恩的心,努力前行,成为最好的自己。

2018 年 3 月 26 日